(大阪経済大学研究叢書第80冊)

創造的中小企業の存亡
生存要因の実証分析

江島由裕 [著]

Survival
of Creative Small and Medium-sized Enterprises
Yoshihiro Eshima

東京 白桃書房 神田

序　文

　本書は，創造的中小企業の生存要因を，戦略と組織のマネジメントの視点から探索的に分析を加えた実証研究である．

　現在，日本には中小企業が 400 万社以上存在して，企業全体に占める割合は 9 割を超えている．中小企業で従事する人の割合も全体の約 7 割を占めるなど，日本の経済社会における中小企業の存在は極めて大きいといえよう．この重要な役割を担う中小企業の経営の実態は，戦後の混乱期から 1960 年代までは脆弱であったものの，その後，日本が経済発展していく中で変貌し，大きく成長を遂げる中小企業の登場など多様化した姿をみせるようになってきている．その象徴的な現象として，1960 年代以降に登場した中堅企業やベンチャー企業の存在があげられるが，こうした企業群は，独自の技術や高い市場占有率を保有し，従来の中小企業の概念では捉えにくい特徴を示す．この新興企業グループは，新たな市場を探索し，技術革新や事業創造活動を通じて企業を発展させようと試み，その活動の広がりが，地域産業の新陳代謝を促して，地域経済や一国経済の発展に大きく寄与することが世界的に知られるようになってきている．本書で扱う創造的中小企業とは，こうした役割を担う中小企業である．

　創造的中小企業の存在は，経済社会を発展させていくための重要な経済基盤を提供しているといえよう．創造的な事業活動の継続と発展は，技術革新や雇用創造に結びつき経済発展に欠かせない機能を内包していることは間違いないだろう．しかし，その経営実態は必ずしも明らかになっているとはいえない．創造的中小企業はどのような経営課題に直面しているのか．それに対してどのような戦略やマネジメントに取り組んでいるのか．また，そもそも，どの程度の創造的中小企業が厳しい経営環境の中で生き残り，逆に衰退していっているのか．その存亡の鍵はどこにあるのか．こうした問題意識

は，創造的中小企業の経営や政策立案において重要な意味をもつといえるが，十分な研究蓄積が進んでいるとはいえないのではないだろうか．

中小企業は潤沢な経営資源を持たないにもかかわらず，日々，取引先からの値下げ要求や生産調整，貸し渋りや貸しはがし，経営パートナーの裏切り，人材の引き抜き，ライバル社からの新製品の登場など生存リスクと隣り合わせで経営にあたっている．経営問題や企業存続の危機は何の予兆もなく突然やってくることも多いだろう．中小企業は，まさに過酷な生態系の中で生存競争を繰り返す生き物と捉えられよう．

しかし，こうした環境下でも，中小企業は生き残るために日々努力をして，自らの力で生き抜く方法を考えて実践している．ただし，残念ながらすべての中小企業が存続し続ける訳ではない．その中には，急成長を遂げる中小企業もあれば，失速して廃業を余儀なくされる企業もいる．技術力をもち新たな事業を探索する創造的中小企業といえども，安心はできない．高度な技術をもっていながら商品開発に失敗したり，販売に関する知識が乏しいために残念ながら廃業する創造的中小企業も多数存在する．その背後には，マネジメントの諸問題が隠れているはずである．生き残る創造的中小企業と失速して衰退する創造的中小企業との違いはいったいどこにあるのだろうか．本研究は，創造的中小企業の生存要因を探索的に分析して，発見事実と理論的かつ実践的含意を導きだすことを目的としている．

日本には，創造的中小企業の存続や消滅に焦点をあてた研究蓄積はみられるもののその数は少なく，かつ定量分析に基づく包括的な実証研究の蓄積はごく僅かであるといえよう．欧米諸国と比較してその研究ギャップは小さくはないだろう．本研究がその差異を克服する一助となるとともに，日本の中小企業生存研究の先駆けとしてその発展に寄与することを願っている．

本研究は創造的中小企業の生存に影響を与える諸要因を定量的に分析を試みている点に特徴をもつ．その分析の基礎となった調査は，創造的中小企業の経営実態に関わる2つのアンケート調査と1つの生存実態調査であり，これら3つの調査結果を組み合わせて多角的な視点から創造的中小企業の生存要因の分析を試みている．さらに，設立10年を迎える創造的中小企業の生存状況についてアンケート調査を実施し，アーリーステージの苛酷な競争環

境を克服した企業の姿とその要因について分析を加えている．

　通常，中小企業経営に関わる定量データを大量に収集することは困難で，多くの中小企業研究は，政府統計や政府報告書に頼る傾向が強い．しかし，本研究ではこの点を克服して，先行研究を踏まえたうえで質問票を設計し大規模なアンケート調査を実施し，把握が難しいとされる中小企業の戦略や組織のマネジメントに関わる経営情報を入手している．

　前述した4つの調査に関して，まず創造的中小企業の経営実態に関わる2つのアンケート調査については，上智大学の山田幸三教授と米国ドレクセル大学の故黒川晋助教授（当時）との共同プロジェクトとして2度にわたって実施している．2000年に第1回目の調査を実施して，創造的中小企業の経営トップ1233社から回答を得て，2002年には同じ回答企業に対して第2回目の調査を実施している．こうして，2000年時点でのマネジメントに関わる経営情報とともに，2002年時点での経営情報とをあわせた2時点間の創造的中小企業経営のパネルデータを構築することを可能とした．

　次に，創造的中小企業の生存実態に関する調査は，上記2つの共同プロジェクトを補完するかたちで筆者独自で2004年に実施している．この調査では，第1回目の創造的中小企業の経営実態に関わるアンケート調査に回答した1233社すべてに対して，電話による生存実態調査を行い創造的中小企業の生存実態を確認している．本研究では，この3つの調査結果から得られた創造的中小企業の経営に関わる情報をもとに，創造的中小企業のマネジメントと生存に関わる独自のデータベースを構築し，生存要因について多角的かつ包括的に分析を行っている．しかし，この調査は企業の生存あるいは非生存を単にビジネスを継続しているかどうか，という一点からみており，存続企業の生存状態については把握していなかった．そこで，生存リスクの高い創業初期段階を乗り越えた創造的な中小企業の生存状況（成長状況）を把握するために，設立10年の創造的な中小企業への実態調査を2008年に独自で実施した．そこでは，1997年，1998年，1999年に日本で設立された企業で2008年10月時点で存続している企業を対象に計5200社の企業に調査を実施している．

本書の構成は以下の通りである．まず第1章では，本研究の問題意識と研究の意義について述べる．そこでは，経済社会における中小企業の存在の大きさとともに，中でも創造的中小企業が経済社会に果たす役割の重要性について指摘する．多くの先行研究は，社会的富や雇用はすべての企業から平等に生み出されている訳ではなく，一部の独創的で創造的な企業の技術革新や事業創造活動を通じて創出されていることを主張する．しかし，企業は永遠の存続を保障されているわけではなく，創造的中小企業といえども例外ではない．本研究は，創造的中小企業が長期にわたって存続し発展することに意義を見い出して，その要因を解明することを目的としているが，本章ではこの点を踏まえて，企業の生存実態を国内外の先行研究を通じて明らかにしている．特に，欧米諸国の研究成果から，各国の経済状況や事業環境は異なるものの，共通して企業の新陳代謝は激しく，企業存続の厳しさを浮き彫りにしている．そこでは，新規開業企業の約半分は5年で市場から退出していることを示す．一方，日本企業の生存率に関わる研究はいくつかみられるものの，創造的中小企業を対象とした研究は少なく，さらにマネジメントの視点から生存要因を定量的に分析した研究はほとんど例を見ない．本章では，この点について問題提起し，日本の創造的中小企業の生存要因を分析する意義と必要性について論じている．

第2章では，本研究全体の分析枠組みを提示するとともに，中小企業の生存要因に関わる国内外の先行研究について考察を加えている．本研究は，中小企業を環境と相互補完性をもつオープンシステムとして捉え，企業組織と環境との関係性は，企業のライフサイクルの各段階によって異なるとの認識にたっている．そのため，企業の存続に影響を与える戦略や組織のマネジメント要因の分析には，経営環境の変化と企業の発展段階との関連性を十分に考慮しながら検討を加えている．このような本研究の視座も国内外の諸関連研究の動向を踏まえて組み立てたものである．

こうした分析視角を踏まえて，第2章では長寿企業の経営の本質および中小企業の生存や消滅に関わる国内外の実証研究をサーベイして，生存要因に関わる4つの主要因を導出している．それらは，企業属性，事業環境，戦略と経営姿勢，経営資源に関わるものである．ここでは，これら4つの点につ

いて，これまでの研究からわかったことや，まだ十分な理解が得られていない点など，国内外の中小企業の生存要因分析に関わる先行研究の整理を行い，その理解を深めている．その上で，本研究が扱う創造的中小企業の生存要因分析の枠組みと実証分析で用いる諸変数を提示している．ここでの考察結果は，第 3 章以降の創造的中小企業の生存要因の測定に関わる変数を検討する上での土台となっている．

　第 3 章では，前章で提示した分析枠組みを用いて，実際に創造的中小企業の生存要因を分析している．ここでは，日本の中小企業政策が大きく転換した 1990 年代後半に，その象徴的な制度として導入された「中小企業の創造的事業活動の促進に関する臨時措置法」（創造法）によって認定を受けた中小企業を実証分析の対象とした．

　第 3 章では，この創造的中小企業のマネジメントと生存の実態を，大規模アンケート調査と生存実態調査を通じて把握し分析している．その結果，2000 年から 2004 年の創造的中小企業の生存率は，全体で 86.7%，若年企業で 77.2% であることがわかった．また，創造的中小企業の生存要因の分析の際には，創造的中小企業に共通する生存要因とともに，若年企業や成長企業に特有の生存要因についても検討を加えている．創造的中小企業が過酷な経営環境を乗り越えて存続を可能とする要因はどこにあるのか．ハザードレート（危険水域）の最も高い時期にある若年企業が危機を乗り越えるための鍵とは何か．そして，成長軌道に乗った中小企業が失速せずに存続し続けるためには何が必要か．こうした極めて実践的な経営課題について，分析結果は国内外の先行研究結果とも比較しながら考察を加えて発見事実と知見を導き出そうと試みている．

　しかし，ここでの分析は，創造的中小企業の 1 時点でのマネジメント状況に注目をしたものであった．すなわち，1233 社の 2000 年時点でのマネジメントの違いとその後の生存状況との関係性を分析したものである．現実の企業経営は，経営環境の変化に適合していくためにダイナミックに変容しているのではないだろうか．その経営の変容こそが，企業の存続に影響を及ぼしているはずである．こうした実践的な経営課題に接近するために，次章では，創造的中小企業の 2 時点間のマネジメントの変化に注目をして生存要因

を分析している.

　第4章では，前章で導出した創造的中小企業のマネジメントに関わる生存要因をさらに掘り下げるために，その中核となった戦略，経営姿勢，事業環境に焦点を絞り，その変化とその後の生存状況との関係性について分析を加えている．そこでは，2000年と2002年に実施した創造的中小企業のアンケート調査結果をもとに構築したパネルデータを用いて，創造的中小企業のマネジメントの変化を測定し，その差異と生存状況について分析している．創造的中小企業の戦略変化，経営姿勢の変化，事業環境の変化が，その2年後の生存にどういった影響を与えたのか．この点について，前章での実証分析から導いた生存要因に関わる6つの仮説に対する検証や国内外からの研究報告との比較を行いながら，新たな発見事実の提示とそれらがもつ意味について考察を加えている．厳しい経営環境の中で，創造的中小企業は，どのように経営の舵をきっていくべきなのだろうか．本章の考察結果から重要なマネジメントの示唆を提示している.

　続く第5章では，第3章や第4章が創造的中小企業の生存あるいは非生存に焦点を当てたのに対して，その存続状況，すなわち生存を勝ち得た企業の成長状況の違いに注目している．調査分析の結果，企業設立直後の厳しい経営環境を乗り越えた存続企業の中にも，大きく成長しながら生存している企業とそうでない企業が存在していることがわかった．特質すべき点は，わずか全体の4.8%（上位25社）の企業が10年間の雇用増加数全体の約半数の雇用を生み出し，同様に2.9%（上位14社）の企業が売上高増加額全体の約半数を創出していたことである．ごく少数の生存企業ではあるが，大きく成長して全体を牽引していた．また，こうした生存状況の違いに影響を与える諸要因についても分析を実施している．なお，本章の記述は江島（2010，2011a）に大幅に加筆・修正を加えて再構成されている.

　第6章ではこれまでの実証分析結果や考察結果を整理・要約するとともに，本研究全体から導き出された論点について検討を加えている．創造的中小企業が生き残る鍵とは何か．また，創造的中小企業の存続と非存続の背景要因をどこに見い出すのか．本章では，この研究命題に対する根幹的な解を創造的中小企業の「企業家的な戦略志向性（EO: Entrepreneurial Strategic

Orientation)」に置き，それを支える補完要素として「環境適応」と「協働の仕組み」をあげ，それらの有機的な相互作用の重要性について論じている．また，近年世界的に議論が活発化している EO の捉え方や概念定義を含む理論化に向けた諸課題について論点を整理した上で，本研究からの分析成果について新たに解釈と考察を加えている．さらに，実証分析を通じて明らかになった発見事実や知見から，日本の中小企業支援政策への実践的含意について英米諸国での政策を参考にしながら問題提起している．そして，最後に本研究では十分には扱いきれなかった，残された研究課題ならびに今後の創造的中小企業の研究領域の発展に向けた諸課題についても言及している．

　本書の執筆に至るまでには多くの方からのご指導やご協力を頂いている．最後に，こうした方々への感謝の言葉を述べて序文を締めくくることとしたい．まず，公私にわたり長年ご指導を賜り，研究者としての姿勢について厳しくご教授頂いてきた上智大学経済学部の山田幸三先生に対して心からお礼を申し上げたい．思い起こせば，山田先生との出会いは 1999 年に遡る．私が旧株式会社三和総合研究所（現在の三菱 UFJ リサーチ＆コンサルティング株式会社）から岡山大学へ赴任した当初，英国での在外研究から帰国したばかりの山田先生（当時岡山大学経済学部）とお会いして，研究プロジェクトを開始したのがお付き合いの始まりであった．それから今日まで 10 年以上，共著書論文や共同学会発表は国内外あわせて 10 本を越える．先生は，よく研究者を芸術家に例えられて，作品（研究アウトプット）の重要性を強調される．つまり，成果（論文や著書）で正々堂々と勝負しろ，という意味だ．時間を要する調査を極めて貪欲かつ効率的に進め，切れ味鋭い分析と考察は，未だに顕在で驚きとともに尊敬の念は堪えない．これまでの学恩に応えるべく一層研究に精進したい．
　もうお 1 人忘れてはならない方がいる．それは故黒川晋先生（米国ドレクセル大学）である．米国での学会活動の道を切り開いて頂き，米国流の研究スタイルからその生きざままで，強く私の研究姿勢に影響を与えている．海外で活躍する数少ない新進気鋭の日本人研究者で，これからと言う時にあの J. A. Timmons とほぼ同時期に他界された．残念でならない．「毎日が勉

強・挑戦・サバイバルの連続」と良く連呼されていた．年末から年始にかけては全米経営学会（Academy of Management）の年次大会向け論文執筆に追われ，終了時には自身の1年の成長率を計算されていた．黒川先生には及ばないものの，この研究マインドを引き継ぎ，グローバルに戦える研究者へと成長していきたい．先生のご冥福をお祈り申し上げたい．

大阪商業大学の金井一頼先生（大阪大学名誉教授）には，本研究書の執筆プロセスにおいて多岐にわたるご助言と叱咤・激励を頂戴した．数少ない日本のアントレプレナーシップ研究者のお1人である金井先生からのお言葉は本研究の論点を絞り，深める点において大いに参考になった．ご多忙の中，貴重なお時間を割いて頂いたこと，改めてお礼申し上げたい．

私の友人であり共同研究者でもある Brian S. Anderson（Assistant Professor of Leeds School of Business, University of Colorado）とは，本研究に関わる最新の米国や欧州での議論について頻繁に意見交換をさせてもらった．また，欧米流の研究スタイルについても大いに参考にした．彼らは，研究課題に対するアプローチがモジュール型で緻密で科学的であり理論志向型である．彼との交流を通じて，そうした研究スタイルの理解を深めて，一部，本書にも取り入れることができた．

日本ベンチャー学会，日本中小企業学会，全米経営学会（Academy of Management），国際中小企業学会（ICSB: International Conference of Small Business）での研究発表の場や論文の査読プロセスを通じて，国内外の研究者の方々から貴重なご意見を頂いた．すべてのお名前をここで列挙できないが，有益なご指摘を頂き，何度となく本研究の構成や内容に改定を加えさせて頂いた．あらためてお礼を申し上げたい．専門を同じくする学会の諸先生方からの鋭いご指摘や疑問，反論なしに，本研究の議論は深まらず多くの点で不十分な分析と考察で終わっていたであろう．特に，本研究書が国内にとどまらず海外における最先端の研究動向を踏まえた内容にしたいとの趣旨から，国際学会での研究発表を通じて各国の新進気鋭の研究者と議論できたことは有益であり，刺激的な研究交換の場となった．また，実務家の方々からも現場経験に基づく中小企業経営の苛酷な実態や政策課題について，私が主宰した産業政策研究会の場を通じて把握することができた．十数

名からなる産業政策研究会は，近畿経済産業局，大阪府，大阪市，神戸市などの中小・ベンチャー企業支援政策に直接関わる実務担当者や経営コンサルタント，中小企業診断士など経営現場に張り付き経営トップとともにマネジメントに携わる専門家などから構成され，約2年間にわたり定例研究会を通じて議論を行ってきた．そこでの議論は，まさに本研究の仮説や発見事実を現場サイドから解釈し説明を加える場となり，とても有益な情報と知見を得ることができた．感謝申し上げたい．

　岡山大学ならびに株式会社中国銀行からの寄附講座「産業・技術創生学（中国銀行）」に対してもお礼申し上げなければならない．本書の中心的な調査研究活動の1つである創造的な中小企業の第1回調査が可能となったのは，同講座の存在があったためである．その協力なしには本研究も成し得なかっただろう．深く感謝申し上げたい．また，岡山大学経済学部の中村良平教授には赴任当初の不慣れな大学での研究生活や学術研究面で大変お世話になった．中村先生のご指導やご尽力がなければ，そもそも本研究のスタートラインに立つことができなかった．先生との出会い，その後の温かいお付き合いを通じて大学人としての自覚と自信も持てるようになった．お礼申し上げたい．

　お忙しいところ本調査にご協力を頂いた中小企業の経営者の方々に対してこの場を借りてお礼を申し上げたい．実証研究を中心に据えて実施してきた本研究の頼りは，数十社にのぼる中小企業経営者へのインタビュー調査結果と，計4回にわたる中小企業経営トップへの大規模アンケート調査結果である．合計延べ2000社を超える中小企業経営者のご協力のお陰で本研究が実現できたと言っても過言ではない．ご多忙の折，本業へのメリットが直接見えない学術調査に対して，一問一問，正確かつ誠実にご回答頂き，頭が下がる思いだ．研究成果が中小企業経営の発展にいかされるように今後とも努力を重ねていきたい．皆さまのご協力に対して改めて感謝申し上げたい．

　なお，本書は上智大学大学院経済学研究科に提出した学位論文に新たな章を追加し，大幅に加筆・修正・再構成を加え，大阪経済大学経大学会の出版助成を受けて出版されたものである．

　白桃書房の編集部の平千枝子氏と東野允彦氏には，本書の出版をご快諾頂

き，また筆者の緻密さに欠けた煩雑な原稿の編集作業をお引き受け頂き，大変お世話になった．ここに記してお礼を申し上げたい．

　最後に私事で恐縮だが，慣れない大学人の生活に理解し我慢強く支えてくれた妻のモリーンと2人の子供（彩夢と恵莉）に感謝するとともに，母・幸子には語りつくせないこれまでのサポートと苦労に対し深くお礼を述べたい．そして，2009年の天神祭の花火とともに他界した父・秀夫に本書を捧げることをお許し頂きたい．

2014年2月

江島由裕

序文　i

第1章　本研究の問題意識と位置づけ　1

1．中小企業の社会的意義とリスク　1
1.1　中小企業とは………………………………………………………………1
1.2　中小企業の役割…………………………………………………………6
1.3　中小企業の消滅…………………………………………………………13

2．企業の生存率　17
2.1　生存の定義………………………………………………………………17
2.2　欧米諸国の企業の生存率……………………………………………18
2.3　日本の企業の生存率…………………………………………………21

3．創造的中小企業の役割　23

4．本研究の位置づけ　27

第2章　生存の分析視角　29

1．企業組織の生存　29
1.1　組織としての企業………………………………………………………29
1.2　企業のライフサイクル…………………………………………………32

2．長寿企業の生存　37

3. 中小企業の生存　40

- 3.1 企業属性 …………………………………………………………… 46
- 3.2 事業環境 …………………………………………………………… 49
- 3.3 戦略と経営姿勢 …………………………………………………… 54
- 3.4 経営資源 …………………………………………………………… 62

第3章　創造的中小企業の生存要因　67

1. 分析のねらい　67

2. 創造的中小企業とは　68

3. 調査　71

- 3.1 調査方法とデータ ………………………………………………… 71
- 3.2 変数 ………………………………………………………………… 72

4. 分析結果と考察　77

- 4.1 分析対象企業のデモグラフィ …………………………………… 77
- 4.2 生存率 ……………………………………………………………… 83
- 4.3 生存企業と非生存企業 …………………………………………… 85
- 4.4 生存要因の全体像 ………………………………………………… 87
- 4.5 若年企業の生存要因 ……………………………………………… 94
- 4.6 成長企業の生存要因 ……………………………………………… 96
- 4.7 考察 ………………………………………………………………… 101

第4章　創造的中小企業のマネジメント変化と生存　105

1. 分析のねらい　105

- 1.1 戦略 ………………………………………………………………… 107

1.2　経営姿勢 …………………………………………………… 108
　1.3　事業環境 …………………………………………………… 108

2. 調査　109
　2.1　調査方法とデータ ………………………………………… 109
　2.2　変数 ………………………………………………………… 110

3. 分析結果と考察　114
　3.1　分析対象企業のデモグラフィ …………………………… 114
　3.2　生存率 ……………………………………………………… 116
　3.3　生存企業と非生存企業 …………………………………… 118
　3.4　マネジメントの変化 ……………………………………… 120
　3.5　戦略変化と生存要因 ……………………………………… 124
　3.6　経営姿勢の変化と生存要因 ……………………………… 126
　3.7　事業環境の変化と生存要因 ……………………………… 127
　3.8　考察 ………………………………………………………… 129

第5章　設立10年の創造的中小企業の生存状況　133

1. 分析のねらい　133

2. 調査　136
　2.1　調査方法とデータ ………………………………………… 136
　2.2　変数 ………………………………………………………… 139

3. 分析結果と考察　145
　3.1　分析対象企業のデモグラフィ …………………………… 146
　3.2　生存状況 …………………………………………………… 155
　3.3　企業属性と生存状況 ……………………………………… 158

3.4	事業環境認識と生存状況	165
3.5	戦略と生存状況	166
3.6	内部経営資源と生存状況	170
3.7	外部経営資源と生存状況	170
3.8	考察	181

第6章　創造的中小企業の存亡の鍵　　189

1. 創造的中小企業と企業家的な戦略志向性（EO）　191
1.1　経営トップのビジョン　193
1.2　リスク負荷とリスクヘッジ　195

2. 創造的中小企業と環境適応　200
2.1　環境適応　200
2.2　環境適応と企業家的な戦略志向性（EO）　201

3. 創造的中小企業と協働の仕組み　205
3.1　協働の仕組み　206
3.2　協働の仕組みの実際　209
3.3　協働の仕組みと企業家的な戦略志向性（EO）　213

4. 政策的含意　214

5. 残された研究課題　220

参考文献　223

付録1：創造的中小企業実態調査 調査票（第1回および第2回）　236
付録2：設立10年の創造的中小企業の実態調査 調査票　240

目　次　xv

図表一覧

図表 1-1　1999-2009 年の中小企業数と従業員数の推移…………………… 7
図表 1-2　1999-2009 年の小規模企業数と従業員数の推移………………… 7
図表 1-3　2002-09 年の中小企業の倒産件数………………………………… 13
図表 1-4　2007-09 年の政府保証制度に伴う代位弁済件数の推移………… 15
図表 1-5　米国の新規開業企業の生存率（％）……………………………… 20
図表 2-1　本研究の分析アプローチ …………………………………………… 45
図表 3-1　創造法認定プロセス ………………………………………………… 69
図表 3-2　1995-2002 年の創造法認定件数の推移…………………………… 70
図表 3-3　創造的中小企業の生存要因分析の変数一覧 ……………………… 78
図表 3-4　創造的中小企業の企業属性①：
　　　　　設立年，企業年齢，資本金，従業員数，売上高 ………………… 79
図表 3-5　創造的中小企業の都道府県別立地状況① ………………………… 80
図表 3-6　創造的中小企業の創業経営者の割合① …………………………… 81
図表 3-7　創造的中小企業経営者の年齢層 …………………………………… 81
図表 3-8　創造的中小企業経営者の学歴 ……………………………………… 81
図表 3-9　創造的中小企業の家族経営（50% 以上出資）の割合 …………… 82
図表 3-10　創造的中小企業の経営陣に占める家族の割合 …………………… 82
図表 3-11　創造的中小企業の設立年別生存・非生存企業の割合① ………… 86
図表 3-12　創造的中小企業の資本金規模別生存・非生存企業の割合① …… 86
図表 3-13　創造的中小企業の主力事業分野別生存・非生存企業の割合① … 87
図表 3-14　創造的中小企業の生存要因分析（t 検定，カイ 2 乗検定）…… 88
図表 3-15　創造的中小企業（全体）の生存決定要因分析
　　　　　（ロジスティック回帰分析）…………………………………………… 92
図表 3-16　創造的中小企業（若年企業）の生存決定要因分析
　　　　　（ロジスティック回帰分析）…………………………………………… 95

図表 3-17	創造的中小企業（成長企業）の生存決定要因分析（ロジスティック回帰分析）	99
図表 3-18	創造的中小企業の生存決定要因	102
図表 4-1	創造的中小企業のマネジメント変化と生存関係分析の変数一覧	113
図表 4-2	創造的中小企業の企業属性②：設立点，企業年齢，資本金，従業員数，売上高	115
図表 4-3	2000-02 年の創造的中小企業の経営成果の変化	116
図表 4-4	創造的中小企業の創業経営者の割合②	116
図表 4-5	創造的中小企業の都道府県別立地状況②	117
図表 4-6	創造的中小企業の設立年別生存・非生存企業の割合②	119
図表 4-7	創造的中小企業の資本金規模別生存・非生存企業の割合②	119
図表 4-8	創造的中小企業の主力事業分野別生存・非生存企業の割合②	120
図表 4-9	2000-02 年の創造的中小企業のマネジメント変化（戦略・経営姿勢・事業環境）	121
図表 4-10	創造的中小企業の戦略経営姿勢事業環境の変化と生存との関係分析（t 検定）	124
図表 4-11	創造的中小企業のマネジメント変化と生存との関係分析結果	130
図表 5-1	設立 10 年の創造的中小企業の都道府県別立地状況	147
図表 5-2	設立 10 年の創造的中小企業の主要業種別割合	147
図表 5-3	設立 10 年の創造的中小企業の設立時と現在の資本金の基本統計量	148
図表 5-4	設立 10 年の創造的中小企業の資本金規模別にみた設立時と現在の企業数	148
図表 5-5	設立 10 年の創造的中小企業の設立時と現在の従業員数の基本統計量	148
図表 5-6	設立 10 年の創造的中小企業の従業員規模別にみた設立時と現在の企業数	149
図表 5-7	設立 10 年の創造的中小企業の過去 3 年の売上高の基本統計量	150
図表 5-8	設立 10 年の創造的中小企業の最近 3 年の売上高分布状況	150
図表 5-9	設立 10 年の創造的中小企業の過去 3 年の研究開発投資規模の基本統計量	151
図表 5-10	2005-07 年の設立 10 年の創造的中小企業の特許取得件数	152
図表 5-11	過去 3 年間の新製品サービスの累計数別にみた	

	設立 10 年の創造的中小企業数の分布状況 ……………………………………	152
図表 5-12	設立 10 年の創造的中小企業の主な事業範囲 …………………………………	153
図表 5-13	設立 10 年の創造的中小企業の株式公開の意向 ………………………………	154
図表 5-14	家族出資比率別にみた設立 10 年の創造的中小企業の数 ……………………	155
図表 5-15	設立 10 年の創造的中小企業の雇用成長の記述統計 …………………………	156
図表 5-16	設立 10 年の創造的中小企業の雇用創出の内訳 ………………………………	156
図表 5-17	設立 10 年の創造的中小企業の売上高成長の記述統計 ………………………	157
図表 5-18	設立 10 年の創造的中小企業の売上げ増加額の内訳 …………………………	158
図表 5-19	設立 10 年の創造的中小企業の創業者経営と成長状況との関係 ……………	159
図表 5-20	設立 10 年の創造的中小企業経営者の企業所有経営経験と成長状況との関係 ……………………………………………………………	160
図表 5-21	設立 10 年の創造的中小企業経営者の学歴と成長状況との関係 ……………	161
図表 5-22	設立 10 年の創造的中小企業経営者の学歴（大卒以上）と成長状況との関係 ……………………………………………………………	162
図表 5-23	設立 10 年の創造的中小企業経営者の年齢と成長状況との関係 ……………	163
図表 5-24	設立 10 年の創造的中小企業の設立形態と成長状況との関係 ………………	164
図表 5-25	設立 10 年の創造的中小企業の事業環境認識と成長状況との関係 …………	165
図表 5-26	設立 10 年の創造的中小企業の重視する戦略目標と成長状況との関係 ……	166
図表 5-27	設立 10 年の創造的中小企業の企業家的な戦略志向性（EO）と成長状況との関係 ……………………………………………………………	168
図表 5-28	設立 10 年の創造的中小企業の組織構造と成長状況との関係 ………………	169
図表 5-29	設立 10 年の創造的中小企業の内部経営資源と成長状況との関係性 ………	170
図表 5-30	設立 10 年の創造的中小企業の民間支援獲得と成長状況との関係 …………	172
図表 5-31	設立 10 年の創造的中小企業の政府大学支援獲得と成長状況との関係 ……	176
図表 5-32	生存する設立 10 年の創造的中小企業の成長要因 ……………………………	183
図表 6-1	企業家的な戦略志向性（EO）を実験志向的な戦略態度とみるタイプ ……	197
図表 6-2	企業家的な戦略志向性（EO）を優位な戦略態度とみるタイプ ……………	197
図表 6-3	1990-91 年の米国 SBDC プログラム（ビジネスカウンセリング）の経済効果 …………………………………	216

本研究の問題意識と位置づけ

1. 中小企業の社会的意義とリスク

1.1 中小企業とは

　中小企業の概念は大企業との相対的な関係によって位置づけられてきた．絶対的な概念としての中小企業は存在せず，必要に応じて基準を設けてその都度中小企業を区分しているといって良いだろう．従って，中小企業が活動する業界や置かれた時代によって，また中小企業問題の性質によって，中小企業の規模の上限や下限は変化していく．それは諸外国でも同様で，例えば米国では中小企業法で中小企業の要件を独立性と市場支配的でないこととして位置づけ，その上で行政の判断により従業員数や売上高といった量的指標を用いて産業別あるいは政策目的別に中小企業の上限基準を定める．換言すると，相対的に規模の大きな企業群と比較をして規模の小さな企業群に何らかの問題が生じている状況において，中小企業問題に対する中小企業の区分が意味をもち，当該問題に適応した規模の質的かつ量的指標の設定がなされるといえよう（清成，1997）．

　こうして考えると，時代の変化とともに中小企業の存立形態や社会的意義ならびに経営問題も質的に変貌して，その概念も多様化してきているはずである．事実，日本の中小企業観は戦後から現代に至るまで大きく変化してきている．

　まず，戦後日本の中小企業に対する認識として，1957年の経済白書は，中小企業の存在について二重構造論の問題を提起して，戦後日本では近代的な大企業と前近代的な労使関係に立つ中小企業の間で労働者の移動がなく二極間での賃金格差が発生していることを指摘した．この二重構造論は，有沢

広巳氏が初めて用いた用語で，経済白書が取り上げたことにより一般化されてきたと考えられている．1957年6月に日本生産性本部が刊行した『日本の経済構造と雇用問題』の有沢氏のコメントを清成（1997）は引用している．

「二重構造が存在する限り，経済の成長がそのまま，就業構造の近代化を実現することを保証しないし，したがってほんとうの意味で雇用問題を解決することとはならない．日本の経済構造は欧米先進国のように単一な同質の構造をもたない．いわゆる二重の階層的な構造から成り立っている．すなわち近代化した分野と未だ近代化しない分野とに分かれ，この両分野の間にかなり大きな断層があるように考えられる．……日本の非近代的分野は，ほとんど停滞的であり，この意味で資本主義化はおそいといわなければならない．……この経済の停滞性を打破する力は経済の内部には，なかなか芽生えてこないと考えられる」(pp. 68-69)．

この二重構造論の議論は，有沢氏の概念提起から始まり，その後，その見解は広く解釈されてきているものの，総じて同氏の基本的な考え方に同調するものが多かった．しかし，二重構造論の特徴は，現状についての的確な認識を欠き，中小企業のダークサイドを強調し一面的であるなど極めて抽象性の高い議論であるという批判もあがってきた．清成（1997）はその著書の中で，二重構造論について次のように指摘している．

「たしかに中小企業が停滞せざるをえない状況は存在する．しかし，他方で中小企業は大企業の高度化していく生産上の要請につねに耐えていかざるをえない．さらにいえば，そうした要請に耐えられない中小企業は長期的にみれば存立することができない．こうして中小企業の内部に絶えず新旧交代が生じ，そうした過程を通じて中小企業の技術水準は上昇するといった傾向もみとめられる．このように停滞の局面と停滞を打ち破る局面とが対抗関係にある，とい

うのが二重構造である．すべての中小企業が停滞的であれば，長期的にみれば大企業の発展はそれによって制約されざるをえない．短期的には中小企業の収奪によって大企業は資本蓄積を進めうるが，長期的には中小企業の停滞は大企業にとってプラスにならない．したがって，大企業の側からも中小企業の停滞を打ち破ろうとする動きがでてくる」(pp. 80-81)．

　こうした認識に関連して，中村（1990）は1960年代以降の実際のビジネスの現場をみて，着実に成長を遂げつつある中小企業や大企業の下請けから脱却した小規模企業など戦後日本の経済状況とは異なる実態があることを示した．そこでは，その中心的存在を，大企業の別会社・系列会社ではなく，資本調達も可能で，さらに独自技術や高い市場占有率を保有して世界へ躍進する，従来の中小企業のイメージでは捉えきれない，いわゆる中堅企業[1]として位置づけた．そして，二重構造論が主張する中小企業と大企業との間にある越えられない断層に，新たに出現して定着した中堅企業の存在を示して，それは大企業から既存の市場を奪ったことによるのではなく，高度経済成長に伴い拡大した新たな市場に事業機会を認識した結果であるとした．

　その後，このような新たな事業機会を果敢に探索して発見する企業群は次々登場することになった．それは，1970年代から起こった成長可能性を秘めた新興企業が1つの社会的潮流（ベンチャーブーム）として現れた時期とも一致した．金井（2002a）はその特徴について，自動車や電気を中心とする加工組立て型産業をサポートする研究開発型のベンチャービジネスの勃興（1970-73），ベンチャーキャピタル設立に呼応して登場した新素材，エレクトロニクスといった高度先端技術産業のベンチャービジネスの登場（1983-86），IT系を中心としたベンチャービジネスの勃興とそれらを支援する産

---

[1] 中堅企業の概念は1964年の『中堅企業論』（東洋経済新報社）の中で体系化され，二重構造論に真っ向から反論している．そこでは，40の成長企業をケーススタディして二重構造論の中では想定していない中小企業と大企業との間にある断層を超えて経済社会に定着する企業の特性を分析している．そして，中堅企業の特徴として次の4点をあげている．①独立会社であること，②市場を通じて資本調達が可能であること，③個人や同族経営の会社形態であること，④製品が独自分野で高い市場占有率や生産集中度を保持していること．

官学の動き（1990-2000初期）など従来とは異なる新たな中小企業の姿として捉えた．

このように，戦後から現代に至る中小企業の実態をみると，停滞する社会的弱者としての中小企業から技術革新や雇用の原動力となる成長する中小企業まで様々な捉え方ができる中小企業観が存在することがわかる．この多様化した中小企業の存立形態の実態を踏まえて，清成（1997）は中小企業観について以下のように指摘する．

> 「成長論か停滞論かといった問題設定は無意味であり，不毛であると考えている．中小企業には，バラ色の側面もあれば，ダークサイドもある．現実の経営成果をみても，きわめてバラつきが大きい．……単純な楽観論あるいは悲観論を展開するのではなく，どのような条件があれば，どのような中小企業がどのように成長し，さらに，どのような状況下でどのような中小企業が没落するかを，具体的に明らかにすることが必要であろう」（pp. 6-7）．

戦後から現代に至る中小企業の存立形態は，問屋制や下請制といった従属形態から緩やかな系列や独立形態へと変貌する側面が観察され，相対的にみて大企業でもなく従来型の中小企業にも区分されない中堅企業やベンチャービジネスといった新たな類型としての概念が出現するに至っている．すなわち，清成（2009）も指摘する通り，中小企業の捉え方は大企業との比較において相対的に弱い立場とみなす二重構造論から，経済成長を牽引する中小企業を含む多様化した中小企業観へと変化してきたといえよう．

こうした中小企業の置かれた時代背景に関連してその考え方や概念に関する議論は活発化し，その議論を踏まえて中小企業の実際の区分は定められてきているが，その具体的な中小企業の定義について次に概観していくこととする．

制度面からみた日本の中小企業（中小企業者）の定義は，中小企業基本法第2条第1項の規定に基づくと，業種ごとに企業の資本金あるいは常用雇用者の基準に基づき決定されている．具体的には，①製造業，建設業，運輸業，その他の業種（卸売業，サービス業，小売業を除く）の場合は，資本金

が3億円以下あるいは常用雇用者数が300人以下，②卸売業の場合は，資本金が1億円以下あるいは常用雇用者数が100人以下，③サービス業の場合は，資本金が5000万円以下あるいは常用雇用者数が100人以下，④小売業の場合は，資本金が5000万円以下あるいは常用雇用者数が50人以下と定義されている．また，中小企業の中でもさらに規模が小さい小規模企業や零細企業についても，同条第5項の規定に基づき小規模企業者の定義がなされている．そこでは，業種ごとの常用雇用者基準に基づき，①製造業，建設業，運輸業，その他の業種（卸売業，サービス業，小売業を除く）の場合は，常用雇用者数が20人以下，②卸売業，③サービス業，④小売業の場合は，常用雇用者数が5人以下と定義されている．

ただし，これら中小企業の基準は1999年に施行された改正中小企業基本法に基づくものであり，従来の基準とは若干異なる．1963年に施行された旧中小企業基本法の基準に基づくと，①製造業，建設業，運輸業，その他の業種（卸売業，サービス業，小売業を除く）の場合は，資本金が1億円以下あるいは常用雇用者数が300人以下，②卸売業の場合は，資本金が3000万円以下あるいは常用雇用者数が100人以下，③サービス業の場合は，資本金が1000万円以下あるいは常用雇用者数が50人以下，④小売業の場合は，資本金が1000万円以下あるいは常用雇用者数が50人以下と定義されている．小規模企業者の範囲は新旧ともに変化はない．

こうした資本金基準を中心に中小企業の範囲を再定義して拡大した背景は，1970年以降の経済状況の変化や物価上昇率などを勘案した結果と考えられるが，同時に中小企業の社会における存在の大きさや多様性ならびに経済社会に与える影響が拡大したことも影響したと考えられよう．1960年代以降，中小企業の多様性と成長性について一貫して主張してきた清成忠男氏や中村秀一郎氏らの一連の研究成果は，1990年代に入って中堅企業，挑戦する中小企業，成長中小企業，ベンチャー企業という名称で広く経済社会において認知されて一定の市民権を得るに至り，政府の中小企業観が変化する契機になったともいえるだろう．単純に中小企業を社会的弱者として一律に位置づけてきた戦後の二重構造論から脱却して，中小企業の実態に即してその多様性と成長性に光が当てられた結果とも捉えられよう．

なお，ここで示した中小企業の定義は，日本の中小企業政策における基本的な政策対象の範囲を定めた原則であり，他の法律や制度によっては同定義と異なる範囲で中小企業を扱う場合もあるので留意する必要があろう．本研究においては，日本国内の中小企業を分析対象としており，関連する先行研究のレビューや日本政府による調査研究報告書との比較分析も意図している．また，そうした調査研究の多くがここで述べた中小企業基本法の定義に準拠していることから，原則，実証分析で扱う本研究における中小企業の定義も特別の事情がない限り同様な扱いとする．

1.2 中小企業の役割

　こうして概念定義された日本の中小企業の実態はどうなっているのであろうか．中小企業の実態を数字で把握する際によく用いられているのが，総務省が発行する事業所・企業統計調査であり[2]，毎年の中小企業白書での分析においても頻繁に引用されている．そこでこれらの統計書を使い，2009年時点の日本の中小企業全体の事業所数をみることとする．その結果，農林水産業を除く非1次産業の事業所数の合計は579万5161事業所で，全事業所数に占める割合は99.0%であった．その内，小規模事業所数は433万160事業所で全体の74.0%を占めた．また，中小企業所で働く非1次産業従業者数の合計は，2009年で4424万4317人，全事業所従事者の76.2%を占めた．同様に小規模事業所での従業者数は，1413万6685人で全体の24.3%であった．

　これら中小企業ならびに小規模企業の事業所の把握は，企業活動の最小単位として雇用や事業など現実のビジネスと密接に関わっている点で重要であることは間違いない．しかし，企業や会社の存続や廃業，倒産などの本体である企業組織の生存の実態を厳密に表している訳ではない．この点についての実態を把握するために，事業所・企業統計調査では，別途，会社ならびに個人事業所を含んだ企業ベースのデータの蓄積も行っている．そこで，企業

---

[2] なお，同調査は平成18（2006）年の調査を最後とし，平成21（2009）年から経済センサスに統合されている．従って，本章で扱っているデータは2006年までは事業所・企業統計調査によるもので，それ以降は経済センサスによる．また，当該2つの調査はその方法が若干異なるため厳密な比較にはそぐわないかもしれないが，全体的な傾向をつかむ上では有効であると判断して本章での分析と考察に加えている．

ベースの統計を用いて中小企業の実態をみてみると，事業所ベースとはやや異なる結果が浮かび上がってきた．まず，2009年の非1次産業における中小企業の数は420万1264社で全体の99.7％を占めて，その内，小規模企業数は366万5361社で全体に占める割合は87.0％を示した．また，2009年時点での会社ならびに個人事業所で働く常用雇用者と従業員の数は，中小企業全体で2834万3220人ですべての常用雇用者数と従業員数に対する割合は66.0％であった．小規模企業で働く常用雇用者・従業員の数は912万929人で全体の21.2％を占めた．

こうした企業数と従業員数を時系列データでみるとどのような傾向がみえてくるのであろうか．図表1-1ならびに図表1-2は1999年の中小企業基本法改正後の中小企業の定義に従って，1999年から2009年までの中小企業ならびに小規模企業の企業ベースの数と常用雇用者ならびに従業員の数の推移を示したものである[3]．

図表1-1　1999-2009年の中小企業数と従業員数の推移

	1999	2001	2004	2006	2009
企業数	4,836,764	4,689,069	4,326,342	4,197,719	4,201,264
構成比（％）	99.7	99.7	99.7	99.7	99.7
会社常用雇用者数＋個人従業者総数	31,197,419	29,963,365	28,086,554	27,835,550	28,343,220
構成比（％）	69.5	70.2	71.0	69.4	66.0

図表1-2　1999-2009年の小規模企業数と従業員数の推移

	1999	2001	2004	2006	2009
企業数	4,102,169	4,228,781	3,776,863	3,663,069	3,665,361
構成比（％）	87.2	87.2	87.1	87.0	87.0
会社常用雇用者数＋個人従業者総数	10,982,725	10,793,230	9,856,741	9,293,107	9,120,929
構成比（％）	24.5	25.3	24.9	23.2	21.2

3　前述した通り，1999年から2006年のデータは事業所・企業統計調査に基づくもので調査方法が同一であり比較分析には支障はない．ただし，2009年データは経済センサスに統合されたため，調査方法に若干の違いが生じており（具体的には，経済センサスでは商業・法人登記等の行政記録を活用して事業所・企業の捕捉範囲を拡大しており，また本社等の事業主が支所等の情報も一括して報告する本社等一括調査を導入している），事業所・企業統計調査による結果と単純に比較するには留意する必要がある．

まず，中小企業については，この間，企業数は減少し 1999 年から 2009 年の間に約 60 万社減っている．しかし，企業全体に占める中小企業の割合には変化はなく 99.7％台で推移している．また，中小企業の雇用者数については，企業数と同様に減少傾向にあり，7 年間で約 300 万人の雇用を喪失している．雇用全体に占める中小企業の割合は若干減少傾向にあるものの，ほぼ 7 割前後で推移している．次に，小規模企業については，その数は，1999 年から 2001 年にかけて約 10 万社増加したが，その後減少傾向をたどっている．しかし，企業全体に占める割合は 87％台で推移してほぼ変化はない．また，小規模企業の雇用者数については，1999 年以降減少傾向にあり，2009 年の調査時点で 100 万人以上の雇用が失われている．その割合は，1999 年が 24.5％で 2001 年が 25.3％と少し増えるものの，その後 24.9％，23.2％，21.2％とやや減少傾向になる．このように時系列データで過去 10 年の日本の中小企業の数とそこでの従事者数をみても，若干の変動はあるものの企業全体に占める中小企業の割合は大きく，企業数で 9 割以上，雇用者数で約 7 割を占め，経済社会に大きな影響を与える存在であることに間違いないといえよう．

　中小企業が経済社会に占める割合が大きく重要な機能を発揮することは日本に限らず世界的にも注目され，古くは英国の中小企業問題諮問委員会（ボルトン委員会）の 1971 年における報告書にもみられる．そこでは，経済が沈滞化する英国において中小企業部門は経済の健全性を維持するための重要な刷新機能を発揮する，と指摘している．中小企業は，①ビジネス展開の機会の提供，②最適規模での効率的な事業を実現，③専門的な部品提供などを通じた大企業の補完，④多品種少量需要への対応，⑤独占の阻止，⑥技術革新，⑦企業家活動の担い手，⑧新産業創出の面で重要であり，英国経済のダイナミズムを発揮する苗床として位置づけられた（安田・高橋・忽那・本庄，2007）．

　Storey（1994）の研究では，中小企業研究の意義を中小企業の数とその存在の質に求めて，欧米諸国に占める中小企業の存在はその概念定義こそ一定ではないものの，基準規模の上限を変更しても企業全体に占める割合は圧倒的に高く，かつ雇用面や技術革新面などで経済社会に大きく貢献している事実は無視できない状況であることを指摘する．そして，近年，多くの研究者

が中小企業と経済社会との関わりについて研究を進めて，小規模な企業の革新性が事業を成長させて新たな雇用創造に大きく貢献をする一連の研究 (Birch, 1987; Phillips and Kirchhoff, 1989; Acs, 1999) やそうした革新性を秘めた企業が誕生し成長しやすい起業家社会の形成の重要性を主張する研究 (Gavron, Cowling, Holtham and Westall, 1998) などが広く行われるようになってきた．例えば，Acs (1999) は1990年代の回復基調にあった米国経済を英国や日本の低調する経済と比較して，その原動力について競争，企業家活動 (アントレプレナーシップ：entrepreneurship)，新規開業企業による3つの活動要因が重要な役割を果たしていたことを示した．米国経済の再興には，大企業のリストラクチャリングとともに，女性や少数民族による創業を含む新興企業が主導する企業家活動が影響を与えていたことを強調している．

日本に立地する圧倒的多数の中小企業の存在は，経済的な付加価値を生み出す原動力にもなっている．2010年の工業統計表によると，日本製造業の付加価値総額は全体で約90兆円，その内大企業が約42兆円，中小企業が約48兆円で全体に占める中小企業の付加価値額の割合は大企業よりも多く53.3％を占める．また，小規模企業でさえ，約8兆円の製造業付加価値額を生み出し全体の約1割弱をおさえている．

しかし，こうした日本経済を支える中小企業ではあるが，その実態は町工場に代表されるような大企業を中心とする規模の大きな企業からの仕事を受託する，いわゆる下請取引企業が主流を占めているともいえよう．中小企業庁 (2006) によると，従業者数300人以下の，部品・半製品，素形材の製造・加工を行う中小企業の下請受注取引の実態は[4]，10年前と比べてそれほど変化がないとしている．下請受注の有無については，2005年の調査時点では81.6％，10年前は81.0％，売上高に占める下請取引の割合は，調査時点で71.2％，10年前は73.1％であった．依然として系列企業や協力企業を中心とした中小企業の取引形態が主流を占め，企業経営に与える影響も大き

---

4 ここで言う下請け取引とは，自社よりも規模の大きな企業からの委託で，その企業とは系列・協力関係にあることをさしている．

いことがうかがえる．

　こうした下請取引が企業経営に及ぼす影響について 2009 年版の中小企業白書ではその実態を紹介している．そこでは，2005 年の第一四半期から 2009 年の第一四半期までの 4 年間の下請取引がある中小製造企業と下請取引がない中小製造企業との景況感の変化を業況判断 DI[5] の推移で比較分析している．その結果，全体としては，下請取引企業ならびに非下請取引企業ともに 2007 年の第二四半期まではマイナス 10 ポイントからマイナス 20 ポイントの間で推移していたものの，その後はともに急激な下降曲線を描き，直近ではマイナス 50 ポイントからマイナス 70 ポイントまで落ち込んでいる．下請取引のある企業とない企業との景況感の差については，ある企業の方がない企業よりも常に数ポイント高く推移してきたが，2008 年第四四半期以降その傾向は逆転して，2009 年第一四半期では，下請取引のある中小企業はマイナス 70.8 ポイント，ない中小企業はマイナス 58.3 ポイントと大きくその差が開く結果となっている．

　このように日本には多数の中小企業が存在するが，その経営実態は必ずしも順風満帆という訳ではなく，取引形態が硬直的あるいは依存性が高いなど外生変数に左右されやすい取引構造上の課題も指摘できよう．しかし，その一方で，売り手や買い手に対する強い交渉力をもち，海外へ進出するなど発展を続ける中小企業も存在する．下請取引を中心に事業展開する中小企業は，確かに日本の労働市場や経済社会基盤を支えているが，それはやや受動的な取引形態であるのに対して，交渉力をもつ成長中小企業は，主体的かつ能動的に経済社会を支える役割を担っているようにみえる．中でも，製造中小企業が経済社会に果たす役割は大きく，高度経済成長から現在に至るまでその社会的存在は注目されてきた．特に，中小・零細製造企業が特定の地域に集積をして川上から川下に至る製造プロセスにおいて独自性や専門性を発揮して付加価値の高い製品開発に寄与していることはよく知られている．

5　これは全国の中小企業を対象に四半期ごとに実施している中小企業景況調査で示された DI（Diffusion Index）によるもので，売上高や経常利益などの実績や見通しについて前年同期と比較して，業況が「好転」と答えた企業の割合から「悪化」と答えた割合を差し引いたものをさす．

関（1993）は，特に中小製造企業が支える基盤的技術や取引システムが1960年代から1980年代の日本経済を支えてきた産業構造の基本であるとして，日本の公共財の役割を果たしてきたと主張する．彼らの基盤的技術は単にピラミッド型の系列グループ企業に提供されるだけの存在ではなく，広く全国各地の様々な業種や産業へ中間技術から特殊技術へと結びつきながら自動車や新たな次世代産業の開発へと広がりをみせている．関（1993）は中小製造企業が担う公共財としての基盤的技術の価値について次のように述べている．

　　これまでの日本産業発展の1つの重要な側面は，京浜地区にメカニクス系の高度加工機能を保有する中小企業が大量に集積し，多方面にわたる要請に応えてきたところにある．京浜地区では独立創業は日常茶飯事であり，狭い範囲で専門化することにより，独自な存立の場を確保することが可能であった．そして，京浜地区は高度に専門化された中小企業が膨大な集積を形成し，その技術を広く日本産業に提供するという「社会化された技術の集積構造」を形成してきたのである．それは，企業城下町や自動車工業の狭い範囲で下請け系列的な組織を編成し，特定親企業に技術を収斂させるという形とは大きく異なるであろう（pp. 160 – 161）．

　こうした基盤的技術をもつ中小製造業は現在も存在し政府もその重要性は認めるが[6]，アジア地域を中心とする技術力の高度化，競争の激化や技術承継問題，景気悪化に伴う廃業など公共財としての日本の中小製造業を取り巻く環境は大きく変化を遂げつつあるのも事実であろう．これまで技術の集積構造の社会化の重要な担い手であった中小企業がいかにその存在意義を維持し発展させていくかは，日本の産業構造発展の重要な鍵を握るといってもよ

---

[6] 中小企業庁は優れた技術を持つモノ作り中小企業を「明日の日本を支える元気なモノ作り中小企業300社」として2006年以来毎年選定・表彰している．2006年から2009年にかけて選定された「元気なモノ作り中小企業300社」は合計1200社にいたる（http://j-net21.smrj.go.jp/develop/genki_mono/index.html）．

いかもしれない．中小企業は，下請けや業務パートナーとして国内外の大企業の製品開発に必要な部品開発や生産を直接あるいは間接的に担う場合や困難な技術開発を大企業に代わって行うこともある．特定の中小企業にしかできない技術開発や部品製造が存在して，国内外から依頼が殺到する場合もみられる．中小企業の存在なしには，付加価値の高い製品開発やスピーディーな生産も難しい時代になってきたといえるのではないだろうか．

　中小企業は，地域やコミュニティにとってもなくてはならない生活基盤としての役割を担っているだろう．大手には手を出せないきめの細かいサービスの提供も，地域に根付いた中小企業だからこそ可能にしている場合が多い．そこには，まちづくりや地域の活性化にも積極的に取り組む地域企業の姿もみられ，地域市民としての中小企業の役割を果たしているといえよう．地域に根付く小売，サービス，飲食業などは地域づくりの担い手としての役割も自治体から期待されている．地域ニーズに着実に応え，地域の発展にもコミットする中小小売業やコミュニティビジネスの存在は大きいといえよう．

　例えば，近年，地域の社会問題をビジネスの手法で解決する社会的企業あるいは社会的企業家が注目を集め，地域経済の自立や活性化を担う新たな役割として期待されるようになってきた．彼らは，これまで自治体などが担ってきた公的な事業と民間企業が営む事業との間に挟まれていた諸課題の解決に関心を示して行動を起こしている．松永（2009）は，こうした社会的企業の意義と役割について，島根県雲南市にある地域自主組織である2つの社会的企業（株式会社鉄の歴史村と株式会社吉田ふるさと村）の事例分析を通じて明らかにしている．事例分析の結果，事業創造を通じて小規模な組織がまちづくりや産業おこしを成功させるには，地域住民とのつながりとともに，起業家的な経営のあり方の重要性をあげている．起業家的な性格を備えた人々が集まり，地域で社会的な問題に取り組むことにより地域経済の自立化に向けた内発的な芽が生まれてくることになる．この能動的な動きが地域経済活性化の駆動力になっていることを示唆している．

　しかし，こうした社会的に重要な存在である中小企業は，常に継続して事業を営んでいる訳ではないだろう．その大きな存在感とは裏腹に，国内外を問わず中小企業は常に厳しい経営環境の中で生存競争を繰り返しており，そ

の結果多くの企業が不本意ながら市場から退出しているのではないだろうか．

1.3 中小企業の消滅

図表1-3は近年の日本における中小企業の市場からの退出状況を示したものである．同図表は2002年1月から2009年3月までの中小企業の倒産件数（左軸）と対同年同月比の割合（右軸）を表している．これをみて明らかなように，この7年間における中小企業の倒産件数の最も多かった時期は2002年で，1ヵ月で1700件を越える時も数回みられた．その後2003年から2004年にかけては，倒産件数は減少傾向に向かっていったものの，2005年から再び増加傾向に戻り2008年秋の米国発世界同時不況（リーマンショック）を契機に倒産件数は2002年時点を越える勢いで2009年に至っている．なお，企業の倒産とは，その企業自身が被る影響のみならず経営者や企業の所有者，従業員とその家族，取引先，関連業界，消費者，またひいては地方公共団体や国民経済全体へも大きな影響を及ぼす社会的現象であり，深刻な問題であるが故に，事前に防ぐ姿勢や努力が企業のみならず政府にとって重要になってくるといえよう．

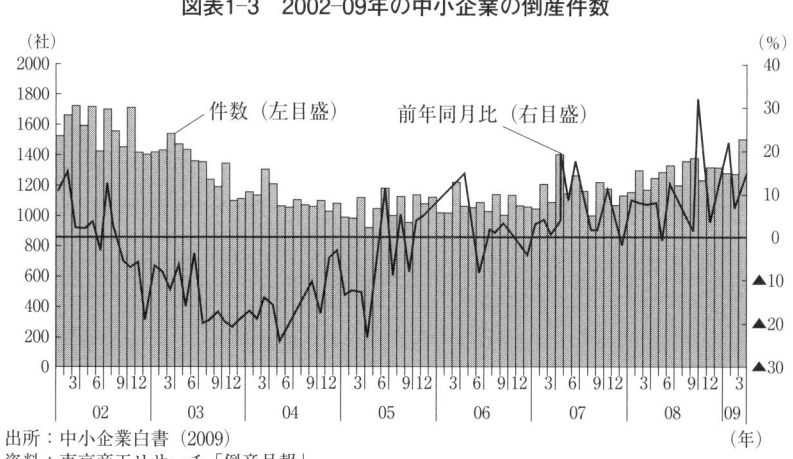

図表1-3 2002-09年の中小企業の倒産件数

出所：中小企業白書（2009）
資料：東京商工リサーチ「倒産月報」

従って，こうした外部環境の急激な変化に伴う危機的な状態に，日本政府も一時的な救済措置を企業に対して提供し，良好な経営状態にある企業の不本意な倒産を防ごうとする．近年では2008年の秋に施行した中小企業向けの政府信用保証制度があげられよう．これは信用保証協会を通じて政府が銀行からの融資に対して一定の保証をするものであり，従来の80％保障から一歩踏み込んで100％保障を設定して，米国発の世界同時不況による日本の中小企業への影響を最小限に食い止めようとする取り組みの1つといえよう．同様に，2009年秋には中小企業金融円滑化法も成立して，取引銀行が中小企業への既存融資条件を緩和したり返済を一定期間猶予するための枠組みを整備した．これによって，政府は不本意な企業の倒産や連鎖倒産を事前に防ぐとともに雇用も守ることを意図した．

こうした政府による一連の取り組みは，金融面から中小企業の倒産を防ぐ安全網を整備する政策に他ならない．需要が激減する中，資金が十分に市場に行き渡らない状況では，政府による市場への一定の関与は企業活動の基盤を支える点において理解はできるといえよう．しかし，こうした支援措置によってどの程度の効果があるかは不明である．図表1-4は近年の政府信用保

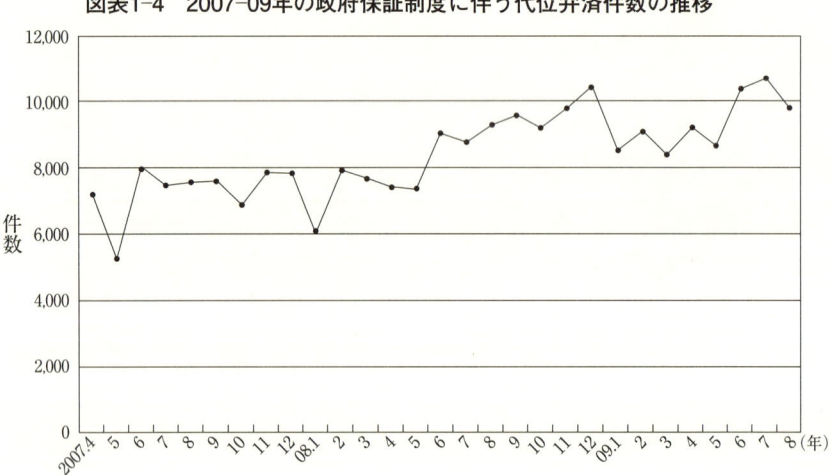

図表1-4　2007-09年の政府保証制度に伴う代位弁済件数の推移

証制度に伴う代位弁済件数，すなわち銀行への融資返済が困難になり信用保証協会が肩代わりをした件数の推移を示している．そこでは，代位弁済の件数は，2007年から少しづつ増えてはきているものの，2008年の春までには6000件から8000件の間に収まっていた．ところが，その後，急激に件数は増加して1万件を突破する月もあり，引き続き増加傾向に戻った．このことは，金融面での政府による安全網の整備は一定の効果はあるだろうが，それだけでは企業の存続可能性を高めるには不十分であることを示しているのかもしれない．中小企業金融円滑化法も延長の末，2013年の春に終了を迎えた．その効果はどの程度あったのだろうか．既存融資条件の緩和や返済の一定期間の猶予などいわゆるリスケ（リ・スケジューリング）によって，自社の経営の刷新に結びつけることができたのであろうか．あるいは，単に問題の先延ばしに終わったのであろうか．独立的な立場からの政策の検証が待たれるところである．

　2008年の米国発の外部環境の変化によるインパクト（リーマンショック）は確かに大きかったとは言え，厳しいながらも何とか生き残っている中小企業がいることもまた事実であり，そこには何か他の企業とは異なる事業を継続できる存続の理由があるとも考えられよう．帝国データバンクによると近年，会社更生法や民事更生法によって再建手続きをとった企業の再倒産の件数が増加傾向にあるとする．2012年度には37件，2000年以降の累計で352件に上り，その2/3が中小企業の適用が多い民事再生法によるものとされる．2000年4月に企業を迅速に再建させる趣旨で倒産企業の柔軟な対応が認められる民事再生法が施行されたが，再生計画を裁判所が認可して3年経過すれば，多くの場合自動的に再生計画の終結とみなされる．しかし，実質的には債務返済途中であったり，抜本的な経営再建が手つかずであったりして，再度，経営危機に陥るケースが多いのではないだろうか．政府支援や倒産法制度はあくまでも側面支援にすぎず，事業を継続的に続けて発展させるには中小企業自身によるマネジメントの改革が求められているといえよう．

　欧米諸国の研究蓄積を踏まえて考察を加えているStorey（1994）の研究では，中小企業の生存にとって重要なことは，経営者個人の過去の経験にばかり頼るのではなく，直面する事業環境に対する認識と対応力を高めること

であると指摘する．中でも，中小企業の消滅に重要な影響を及ぼす要因のうち，市場との調整機能の重要性が強調されている．それは，中小企業は経営環境の変化に対して柔軟かつ迅速に戦略を変更する必要があり，そのために販売ルートや製品・サービスの種類を豊富に保持し，同時に新製品・サービスを市場に対して迅速に供給できる組織体制の整備が重要であると指摘する．何より，経営トップの経営環境への鋭い認識力や迅速な戦略の実践など中小企業の戦略やマネジメントに関わる要因が企業の消滅を免れるためには深く関与しているとした．

　Audretsch（1995）は，企業の存続や消滅に関して，市場において2段階の企業を選別するプロセスがあると指摘する．第1段階では，企業が市場環境から学ぶ需要動向や競合他社の戦略に対して適切に対応する能力をもっているかが鍵を握り，その有無が存続可能性に影響を与えるとした．逆に，この対応能力を企業が持ち合わせていない場合は，第2段階として，企業の存続には業界における規模の経済がどの程度働いているのかが影響を与えるとした．規模の経済が小さい事業環境下では企業の存続する可能性が高まる反面，規模の経済が大きく働く事業環境下では，企業成長が伴わなければ存続可能性が低下することを示した．このことは，企業が置かれた業界や事業環境に特有の市場の成長性が企業の生存や成長を大きく左右することを意味して，そのために企業は環境に柔軟に適応できるマネジメントを志向していく必要があることが示唆されたといえよう．

　中小企業の生存要因に関わるこれまでの研究成果については次章で詳細に述べるが，前述してきたように，厳しい経営環境を乗り越えて事業をたくましく継続する企業には，環境への適応のあり方をはじめマネジメントに関わる共通する本質的な諸要素が複数相互に影響を与えながら存在すると考えられよう．

　それでは，生存競争が激しい環境下で，そもそもどの程度の企業が存続を勝ち得ているのであろうか．以下では企業の生存率に焦点を当てた国内外の研究成果を用いて，企業存続の実態についての理解を深めることとする．

2. 企業の生存率

2.1 生存の定義

　企業の生存を分析するに際して，その概念ならびに分析単位をどのように定義し設定するのかは重要な点となろう．それは，概念や測定尺度の違いによっては，分析結果の解釈が異なってくるからに他ならない．企業が存続をしているという意味は，単純に事業活動が継続していること，商いとしての取引が成立していること，会社という組織が存続していること，倒産や清算手続きに入っていないことなど，その捉え方や解釈は多岐にわたるといえよう．また，そこには，生存の意味を積極的に捉えるだけでなく，逆に企業の廃業や倒産といった非生存状況を定義した上で，そうした状況にない状態を生存と認識する場合もあるだろう．

　英国の中小企業の消滅について研究を進める Storey (1994) は，企業の失敗に関する用語を次のように整理している．そこでは，個人の失敗（破産，退出，倒産・支払い不能），株式会社の失敗（倒産・支払い不能，清算，失敗，消滅，登録抹消，事業活動の停止，閉鎖），非株式会社の失敗（失敗，消滅，登録抹消，事業活動の停止，閉鎖），工場の失敗（退出，閉鎖）など様々な捉え方があることを指摘して，企業の生存や失敗研究における分析結果の解釈に対して注意喚起を促す．なお，日本では企業の失敗の代表例として，倒産は大きく2つの枠組みから捉えられている．1つは事業を継続する再建型か事業を継続しない清算型で，もう一方が裁判監督下での法的処理か債権者と倒産企業との話し合いによる任意処理である．その結果，再建型の場合には，「任意再建」か会社更生法あるいは民事再生法に基づく「更生手続き」，清算型の場合には，会社法に基づく「任意清算」あるいは「特別清算」ならびに破産法に基づく「破産手続」に分類できる．また，任意の清算手続は，倒産の場合のみならず一般に廃業する場合にも用いられる．ただし，実際のビジネス取引の現場では，更生手続きや清算手続きを開始する以前に手形・小切手の不渡りが起こるなどして，銀行取引停止処分が先行し事実上事業継続が困難となるケースが多いといえよう．

　企業の生存実態の把握に関連して，日本で頻繁に紹介される開業率や廃業

率に関する議論の多くは,そのデータベースの豊富さから政府統計調査の1つである事業所・企業統計調査を用いている.そこでは,企業あるいは会社を調査対象とはせず事業所を分析単位としているため,事業活動の実態への理解は進むものの,複数の事業所をもつ企業組織の存続状況の正確な把握は難しい.さらに,近年急増する Small Office Home Office (SOHO) を用いて開業する Information Communication Technology (ICT) 関連ビジネスなどについてのデータの把握が困難で,生存実態の正確な把握ができていないとの指摘もある(松田,2006).企業の生存実態の分析に際しては,その研究目的に適した分析対象の明確化,その企業組織の生存の定義あるいは非生存の定義をした上で,測定可能なデータベースの入手あるいは構築が必要となろう.そうした生存分析の前提を踏まえた上での測定結果の解釈が意味をもつからである.

　本章で考察を加える中小企業の生存や消滅に関わる先行研究にも一定の分析の前提を踏まえる必要はあるだろう.しかし,その前提を踏まえた上で分析結果を慎重に吟味し解釈を加えることにより,それら発見事実に共通する要素があることにも気づくことになろう.こうした諸研究の積み重ねが,結果として重要な企業生存要因に関する知見を導き出し,研究の発展に寄与すると考えられる.以下ではこうした視点にたち,まず国内外の先行研究から企業の生存率の実態と発見事実についてみていくこととする.

2.2　欧米諸国の企業の生存率

　Organization of Economic Co-operation and Development (OECD, 1994) は 1988 年から 1994 年の主要先進工業国(デンマーク,フランス,ドイツ,アイルランド,スウェーデン,米国)における新規開業企業の生存率を分析している.そこでは,国による諸制度や経済事情あるいはその定義によるばらつきはあるものの,概ね設立してから1年後の企業の生存率を8割から9割,2年後は6割から8割,そして3年後は5割から7割程度と報告している.中でも企業の新陳代謝と競争が激しい米国の企業の生存率の低下は顕著で誕生して2年で76%,4年で48%,6年後には38%であった.

　企業の生存率に関する実証研究は主に米国を中心に1980年代から一定の

蓄積をみせ始めている．中でも古典的な研究として位置づけられて学術論文で頻繁に引用されているのが Birch（1987）の研究である．そこでは，1969年から 1986 年にかけて約 1000 万を超える全米の事業所データを収集して追跡調査を行い分析している．その結果，企業設立後概ね 5 年で約 5 割の企業のみが生存して，設立 10 年後にはその割合は 38％程度に減少し，15 年後には企業の生存率は約 31％へと減少することを示した．同様に，Audretsch（1995）の研究では米国の中小企業庁のデータベースを使い 1976 年に新規開業した製造業の生存率を 2 年おきに 10 年後まで測定して，その結果 1976 年の新規開業企業・事業所数は 1 万 1314 社で 2 年後の生存企業は 8266 社，生存率は 73.1％であることを示した．また，4 年後の生存企業数は 6165 社で生存率は 54.5％，6 年後は 4045 社で 35.8％，8 年後は 3099 社で 27.4％，10年後は 2509 社で 22.2％と報告している．

　Phillips and Kirchhoff（1989）は米国の 1976 年から 1978 年に開業した企業の概ね 6 年から 8 年間の生存率を測定して約 4 割（39.8％）の企業の生存を確認した．そこでは，業種による生存率の違いを指摘して，建設業（35.3％）の生存率が最も低く製造業（46.9％）が最も高いことを示した．さらに，彼等の研究成果で特徴的なことは開業直後の数年間での雇用増加の違いがその後の存続に大きく影響を与えていることを明らかにした点である．具体的には，設立後 6 年間で雇用増がまったくなかった企業の生存率が27.5％であるのに対して，1〜4 人の雇用増のある企業の生存率は 66.3％，増加数が 5〜9 人の場合の生存率は 75.5％，さらに増加数が 10 人を超す場合の生存率は 78.4％と雇用増がゼロの場合と比較して 3 倍近くもの差があることを示した．このように企業の存続と開業後の雇用増との間に一定の関係性を見い出し，存続の可能性を高めるためには開業後の雇用成長が重要な役割を果たすことを示唆した．

　近年の米国における企業の生存率をコーホート分析により測定した研究として Headd and Kirchhoff（2009）があげられる．彼らは，従来の新規開業企業の分析はビジネスのライフサイクルに準じて事業所数を増やす企業と事業開始以降，その数を増やしていない企業とが混在していることを問題視して，さらに大多数の米国の中小企業が単体の事業所しか保有していない事

実[7]を踏まえて単一事業所をもつ企業に焦点をあてた生存分析を実施している．そこでは，米国の国勢調査であるセンサス・データを用いて1991年から1992年の間に設立された企業の2002年までの毎年の存続状況を，従業員数の変化に即して分析している．その結果，新規開業企業53万8100社のうち，設立1年後に姿を消した企業の割合は25.2％で生存企業数は40万2500社であった．その後の企業の廃業率は17.9％，15.0％，13.3％と減少傾向にあり2002年には9.7％を示している．また，設立後1年の間に雇用を大きく伸ばした成長企業グループ（最低5人と50％以上の雇用増）のその後の生存状況についてもコーホート分析を用いて考察を加えているが，その後の廃業率は8％から7％台で推移しており設立当初の成長が後の存続を安定させていることがうかがえる．

Headd and Kirchhoff（2009）の分析では，さらに米国での生存率の測定時期の違いがその結果にはさほど影響を与えていないことを，若干の方法論には違いはあるものの，精度の高い各種分析結果を比較して次の図表1-5のように整理している[8]．そこでは，1980年代から2000年初期に至る米国の新規開業企業の生存率を示して，その結果，概ね各種分析結果の傾向には変わりはなく企業設立後2年目は6割から7割，4年目は約半数，そして6年目以降では4割を切る傾向が強くなっていることを示した．

図表1-5 米国の新規開業企業の生存率
(％)

開業時期（年）	1年後	2年後	3年後	4年後	5年後	6年後	7年後	8年後	9年後	10年後
1998	81	66	54	44	38	34	31	—	—	—
96-97	75	64	56	50	44	—	—	—	—	—
91-92	75	64	56	50	45	40	37	34	31	29
78-84	—	76	—	48	—	38	—	—	—	—

出所：Headd and Kirchhoff（2009）を加工

7 米国の国勢調査であるセンサス・データ（U.S. Census Bureau's SUSB）によると，全米企業の従業員数は平均値で23人，中央値で4人であることを近年のデータから示した．また，従業員20人未満の企業のもつ事業所数は1.01，従業員20人から99人までの企業のもつ事業所数は1.32で，これらを合わせた数の企業が全米全体に占める割合は99％であることを強調している．すなわち，米国の小規模企業のほぼすべては1つの事業所しか保持していないことを示した．

8 ここでは，Knaup and Pizza（2007），Phillips and Kirchhoff（1989），Headd and Kirchhoff（2009）の研究成果を比較している．

このように1970年代から1980年代にかけての米国の新規開業企業の生存競争は厳しく，10年もたたない間に半数以上の企業が市場から淘汰されている状況が浮かび上がった．さらに，1990年代に報告された欧州諸国の新規開業企業の生存率に関する研究成果について，Cressy（2006b）は，新規開業企業の生存率は事業開始後2年から3年の間に急速に落ち込んでいる事実を発見した．例えば，ドイツでは，Bruderl, Preisendorfer and Ziegler（1992）が，新規開業後2年の間に24％が事業取引を中止し5年間生き残っている企業は37％に過ぎないと報告している．英国の場合は，Cressy（1996）が45％の企業が事業開始後2年半で姿を消して6年後には8割の企業が消滅している事実を示した．すなわち，新規開業後の数年間が最も生存のリスクの高い時期であり，適切な企業経営に対する警笛を鳴らしている．

分析結果からは，欧米の企業の生存競争は激しく，企業が誕生して10年もたたないうちに，半数以上の企業が市場から姿を消していることがわかった．このことは，逆に存続している企業が包含する継続を可能にする特有の要因が存在することを示しているといえるかもしれない．いずれにせよ，企業の存続はそれほど容易ではないことがわかったといえよう．それでは，欧米の企業と比較して日本の企業の生存状況はどうであろうか．同様の激しい生存競争がみられるのであろうか．

2.3　日本の企業の生存率

日本ではその数は少ないものの企業の生存率に関する測定調査や研究報告は存在する．中小企業庁（2006）は1984年から2002年の間に設立された企業の存続状況をコーホート分析を用いて毎年測定しその全体像を把握している．その結果，全事業所ベースでみた企業設立1年後に生存している事業所の平均は72.8％，その生存企業が次の年に存続している割合は83.6％（2年後），同様に3年後の生存率は86.7％，5年後は89.9％，そして10年後が91.8％など経過とともに生存率が安定してくることを示した．また，規模が小さい個人事業所ベースでは生存率は低く推移して，1年後の生存率は62.3％，2年後は75.9％，3年後は79.5％など全事業所ベースの生存率と比較して7から10ポイント低く，設立10年後においても86.8％に留まってい

る．ただし，いずれの場合も設立後の経過とともに生存率が安定基調に入り，設立後約10年で9割程度の生存率を維持している．

一方，バブル経済が崩壊した厳しい状況下での既存企業の生存状況はどうだったのであろうか．総務省が発表する事業所・企業統計調査によると，1996年からの3年間で約3割の事業所が市場から退出していることを示した．1996年に存在していた652万1837事業所のうち，1999年までに106万709事業所が姿を消して，3年間の生存率[9]は83.7％であった．うち，景気の影響を受けやすいとされる製造業の退出数は11万2235社で，生存数は65万9556社，生存率は85.5％であった．また，従業員300人未満の中小規模の製造業の退出数は11万2086社で，生存数は65万5456社，生存率は85.4％で，1996年から1999年の3年間の日本の全事業所，製造業，中小製造業の生存率は概ね85％程度であることがわかった（総務省統計局，1999）．また，こうした傾向はどの地域でも同じだったのだろうか．特に，日本産業発展の1つの側面として重要な役割を果たしてきた中小企業の産業集積地における企業存続の状況はどうだったのか．

中小製造企業の生存率を，特定の産業集積地域に限定して測定し産業集積と生存との関係性について分析した研究としてOkamuro（2004）がある．彼は日本の代表的な産業集積地である東京都大田区の機械・金属産業集積が同集積内の新規開業企業の生存に与える影響を分析している．そこでは，中小製造企業の新規開業企業の生存率を3つの誕生期に分けて（①1980-81，②1981-82，③1982-83）概ね5年後の生存率を測定している．その結果，第1期の新規開業企業数は519社で生存企業数は366社，生存率は70.5％

---

[9] 生存率は（1999年の生存企業数）÷（1996年の企業数）によって計算したもので，『平成11年事業所・企業統計調査』に掲載されている計算方法とは異なっている．『平成11年事業所・企業統計調査』では存続事業所と廃業事業所という区分けをしているが，本研究では便宜上，各々を生存企業と非生存企業という名称で置き換えている．また，同調査では，業種別の存続事業所数については平成8（1996）年に存続していた事業所に加えて，平成11（1999）年時点で他の業種から新たに参入してきた事業所もカウントしている．同様に，他の業種に転換した事業所はマイナスとしてカウントしている．こうした業種転換に伴う課題を克服し厳密に存続事業所数を把握するため，本研究では存続事業所数を平成8年の数字から廃業事業所数を差し引いた数として計上した．従って，『平成11年事業所・企業統計調査』での存続事業所数と本研究での数字は若干異なっている．

(5年3ヵ月),同様に第2期の新規開業企業数は528社,生存企業数は314社,生存率は59.5％（5年1ヵ月）,第3期は,それぞれ556社,377社,67.8％（5年8ヵ月）,3期を平均すると生存率は65.9％と報告している.また,これら3期のコーホートを5年間（60ヵ月）で按分すると年平均生存率は70.5％であることを示した.また,産業集積は域内の企業間リンケージにより新規開業企業の生存率を高め,同時に新規開業初期の企業規模が大きい方が生存率が高いと報告している.

このように,日本の企業の生存状況は先にみた欧米諸国ほど激しい生存競争に見舞われている訳ではないことがわかった.しかし,日本の新規開業企業や既存企業が市場で存続を勝ち取ることはそれほど安易でないことも示された.企業の存続と経営実態に関わる実証研究はその重要性から研究が進められ,多くの発見事実や考察が提示されてはきたが,包括的かつ定量的な実証研究の蓄積はまだ十分とはいえないのではないだろうか.中小企業の生存要因分析に関連して日本の先駆的な研究はあるものの,特に大量データを用いた包括的な分析アプローチはそれほど多くみられるとはいえないだろう.どのようなトップ・マネジメントやマネジメント・プロセスが事業の継続を可能にし,あるいは困難にしているのか.その違いはいったいどこにあるのだろうか.こうした経営課題に対する答えは,国内外の学会においてもいまだ十分に議論が進んでいるとはいえないのではないだろうか.本研究の意義はここにあるといえる.

3. 創造的中小企業の役割

前述したとおり,国内外を問わず小規模企業を含めた中小企業の存在が社会に大きな影響を与えることは間違いない.しかし,戦後の日本とは異なり中小企業の存在は多様化しており,経済社会に及ぼす影響にも企業によって大きな差がみられ始めた.事実,日本の戦後から現代に至る中小企業の存立形態は,問屋制や下請性といった従属形態から緩やかな系列や独立形態へと変貌する側面が観察され,相対的にみて大企業でもなく従来型の中小企業にも区分されない中堅企業やベンチャービジネスといった新たな類型としての概念が出現するに至っている.その結果,日本の中小企業観も変貌し,中小

企業を大企業との比較において一律に弱い立場とみなす二重構造論から解放され，経済成長を牽引する成長中小企業の存在を認識するようになってきた（清成，2009）．

こうした考え方は海外における中小企業の成長に関する研究にも広く浸透し，その中で，技術革新や雇用面で経済社会に大きく貢献する成長中小企業の分析への関心が 1980 年代以降高まってきた．すなわち，それは，すべての中小企業が一律に，技術革新や事業創造活動を通じて社会的富や雇用を生み出す訳ではなく，ごく一部の企業にその可能性が秘められているとの考え方である．

Storey（1985，1987）はこの点について実証分析を行い，英国北東部地域における新規開業企業の雇用成長状況にばらつきがあることを発見している．そこでは，1965 年に設立された新規開業企業の 1978 年における生存と成長状況を分析して，生存企業の 6％が雇用全体の約 34％を生み出して，消滅した企業も含めた 1145 社全体のうち，生存した 887 社の約 4％の企業がネットベースで雇用全体の約半数を占めることも指摘した．また，英国ではこのように少数ではあるが成長可能性を秘めた中小企業の実態を分析する動きが他にもみられ，英国大手会計事務所は英国における上位 10％の成長中小企業を The Ten Percenters と称して成長中小企業の特徴を分析するプロジェクトを 1996 年以降実施している．

Storey（1985，1987）の研究枠組みを用いて，日本における成長中小企業の存在とそのインパクトについて分析した研究もみられる．忽那（2004）は 1992 年から 1994 年の間に大阪市内で設立された株式会社形態の企業における約 10 年間の成長状況（雇用状況）を分析している．そこでは，1400 社を対象としたアンケート調査が実施されて有効回答数 573 社，分析対象企業数 402 社が抽出された．その結果，402 企業全体の従業員増加数は 1696 人だったが，上位 10 社（従業員数 40 人以上の増加）の増加数は 801 人で全体の 47.2％を占めて，企業数にして全体の 2.5％の企業が約 5 割の新規雇用を生み出したと報告している．さらに，上位 29 社（従業員数 19 人以上の増加）の雇用増加数は 1282 人で全体の 75.6％を占めるとした．これらの結果は先行研究（Storey, 1985, 1987）を支持するもので，日本においても新規雇用は

企業全体から均等に創出されるのではなく，少数の中小企業から生まれていることを示すものであった．

　1980年代に入ると米国を中心に技術革新や事業の創造を通じて地域経済や一国経済の成長を牽引する中小企業の登場が顕著になり，大企業に代わる成長エンジンとしての中小企業の役割が脚光を浴びるようになってきた．それに呼応して，中小企業研究の領域においても，平均的な中小企業を分析対象とすることから，イノベーションやアントレプレナーシップを軸とした創造的かつ革新的な中小企業研究へと世界的な関心が移ってきている（Birch, 1987; Phillips and Kirchhoff, 1989; Dennis, Phillips and Starr, 1994; Acs, 1999; Gavron et al., 1998）．

　Acs（1999）は米国の経済発展に中小企業が果たした重要な役割を2つの視点から説明している．1つは，市場経済が刷新されて発展を遂げるプロセスの中で，新規開業企業や既存の中小企業が技術変革と生産性の向上を促す実験的でかつ革新的な企業活動を行っている点である．彼らは変化と競争に特徴をもち，市場の構造を変える役割を果たしていると考えられた．もう1つは，小規模企業は多くの米国民に対して雇用機会にとどまらず事業機会を与える社会的なメカニズムを形成している点である．そこでは，地域コミュニティが重要な役割を担い，ハイテク産業やローテク産業にかかわらず，多くの小規模企業のネットワークの結節点となり企業の存続や発展に寄与していると考えられた．こうした小規模企業や新規開業企業が結集する企業家的な地域環境は，革新を生み出す風土を根付かせ創造的破壊を繰り返すことにより経済発展を遂げていくとした．

　日本においてもバブル経済の崩壊を受けて新たな経済活力の源泉としての成長中小企業やベンチャー企業への期待感が高まり，また社会的潮流としてのベンチャーブームもあいまって創造的な中小企業やベンチャー企業への研究の関心も高まってきた．同時に，こうした背景を踏まえて成長可能性を秘めた中小企業に対する政府の関心も高まり（OECD, 1994, 1997, 1998），日本においても，創造的かつ革新的な中小企業の誕生と成長を促す政策へのシフトが始まった．そこでは，バブル経済崩壊後の政策の焦点は大企業ではなく，研究開発，技術開発，事業創造など成長意欲の旺盛な中小企業に向けら

れて経済成長を牽引していく役割が期待されるようになったといえよう．

　この政策転換を象徴的に示す制度設計が創造法，つまり「中小企業の創造的事業活動の促進に関する臨時措置法（1995年法律第47号）」である[10]．従来の中小企業支援政策の中心的考え方である弱者保護から成長を促す支援措置へと転換を図った支援措置の1つで，ベンチャー支援立法の先駆けとも認識されている．同法律によって創造的な中小企業として認定を受けた中小企業は，技術力など潜在的な成長性を保持して新たな事業開発を通じて成長することが期待された．

　Eshima（2003）は，この創造法による支援効果を準実験法を用いて検証を試みている．創造法による支援を受けた企業と支援は受けていないが創造法認定企業と属性（業種，従業員数，資本金，企業設立年）が類似するマッチド企業を設定して，2つの企業グループの経営成果を比較している．その結果，創造法による支援を受けた企業の成長が支援を受けていない企業よりも早いことが確認されている．創造法の認定を受けた創造的中小企業は成長可能性を秘めた中小企業と捉えられよう．

　前述した企業の生存率に関する国内外の調査研究は，その多くが新規開業企業や平均的な中小企業全体を網羅的に把握する傾向が強いものであったといえよう．また，そうした中小企業の生存率の研究は，その社会的存在意義から十分に価値は認められるものの，経済成長や社会的富を生み出すのは一部の革新的かつ成長可能性を秘めた企業であることも事実であり，そうした企業の誕生から成長に向かうプロセスに注目をした研究の重要性も軽視はできないだろう．事実，日本にもそうした活力ある中小企業は多数存在して，経済社会の発展に大きく貢献しているはずである．しかし，彼らの中でさえも，残念ながら生存を勝ち得ない企業も観察される．意欲があり成長が期待される中小企業ではあるが，生き残れない理由とはいったいどこにあるのだ

10　なお，同法律は時限立法であり2005年5月から新事業創出促進法，経営革新法とともに中小企業新事業活動促進法に統合されている．また，1999年には中小企業政策の基本となる中小企業基本法が36年ぶりに改正され，そこでは，従来の中小企業を弱者とみる立場から中小企業の多様性を再認識した上でイノベーションの源泉とみなす立場へとその考え方を転換している（中小企業庁，1999）．

ろうか．逆に，生き残っている創造的な中小企業の特徴とは何か．厳しい生存競争を勝ち抜いてたくましく事業を営む中小企業の経営には共通する存続の鍵があるのだろうか．

4. 本研究の位置づけ

　中小企業の生存に関する実証研究で先行する欧米諸国では，これまで成長可能性を秘めた一握りの成長中小企業の意義や役割への関心は向けられてきた。しかし，そうした中小企業の存続や継続メカニズムに関する理論的かつ実証的研究は近年，活発になってきているが，未だ発展途上にあるといえるのではないだろうか．

　なぜ，ある中小企業は短命に終わり，ある中小企業は生き残ることが可能なのか．また，社会的意義の大きい，技術革新や雇用を促す可能性を秘めた成長中小企業や創造的中小企業でさえ，消滅する場合もあれば危機を乗り越えて大きく成長を遂げる場合もある．そこには生存に共通する要因があるのだろうか．こうした問いに対して，実証研究の盛んな欧米諸国ですら十分な答えを提供しているとはいえないのが現状といえよう．日本においても創造的中小企業に関連する研究は行われているが，定量的な分析は欧米諸国と比較するとその蓄積は十分とはいえず，欧米諸国との研究ギャップは一定程度あるだろう．本研究では，この点に焦点をあてて，日本における創造的中小企業の生存要因を探索的に解明して国際比較研究の発展に貢献をしたいと考えている．

　次章で詳細に述べるが欧米諸国では中小企業の生存要因に関する実証研究の蓄積は一定程度観察される．しかし，その多くは経済学的分析アプローチや産業組織論的分析アプローチが主流を占める．企業の戦略やマネジメントならびに経営者の姿勢などに注目した実証的かつ定量的分析アプローチの蓄積は欧米諸国においても十分とはいえる状況にはないといえよう．

　こうした問題意識のもと，本研究は，数少ない先駆的な日本での研究成果と，比較的蓄積は厚いが戦略やマネジメントからの分析アプローチが限定的である欧米の実証研究成果を踏まえながら，独自の中小企業データを用いて探索的に創造的中小企業の生存要因の分析を行う．次章では，まず実証分析

の前提として，中小企業の存続に影響を与える諸要因についての理解を深めるために，国内外の先行研究についてのレビューを行い，本研究の分析枠組みを提示することとする．

第2章

生存の分析視角

1. 企業組織の生存

1.1 組織としての企業

　組織生態論では企業組織は社会経済環境の変化と相互補完性を保ちながらダイナミックに進化や衰退の道を歩む多様な生物と捉えられる (Hannan and Freeman, 1989).そこでは,組織を取り巻く社会,経済,政治の制度システムの変化は組織機構や制度ならびにビジネス活動や慣習を変化させて組織の多様化を導き出し,同様に組織活動や機構の変化も社会システムに大きく影響を与えるとされる.また,社会経済環境は常に一定で安定している訳ではなく,むしろ不安定で不確実性が高く予測しがたいことが多い.そして,そのことが組織内ならびに組織機構間の競争を促し,その結果,新たな組織機構や形態が誕生したり古い組織機構や形態が消滅する現象がみられることになる.そのプロセスは,新たな環境に適合するために自らの組織を改良あるいは破壊しながら新たな組織機構へと変貌する進化の過程と類似する.すなわち,組織は静的な生態系で安住して存続しているのではなく,大きく進化あるいは衰退するダイナミックな生態系で熾烈な競争を通じて生存を可能にしていると捉えられよう.既存の生態系に迅速に順応を試みる組織や適合に時間のかかる組織,適合できず衰退する組織が混在し,また現在の組織が最も適合する異なる生態系に移動するケースや逆に現在の環境に能動的に働きかけて組織に有利な生態系を新たに作り出す組織も登場することになるだろう.

　このように組織の存続,発展,衰退は生物の進化と類似して組織を取り巻

く社会経済環境の変化との関係性によって規定されると言っても過言ではない．従って，大規模な環境の変化は企業を衰退あるいは組織の大変革を促す方向に導くことになる．中でも，大企業と異なり経営資源が乏しく規模の小さな新規開業企業や小規模企業などにとっては環境変化への対応のあり方は生死を分ける経営判断になるだろう．マクロ経済や株式・為替市場の動向をはじめ，業界や市場の動き，技術開発の新たな展開，さらには政府の規制や制度改革の方向性など，組織を取り巻く環境変化に対して，いかに反応して対応するのかが経営成果に影響を与えることになる．組織の外部アンテナをどの程度張り巡らして組織内外のモニタリング活動をいかに維持させるのか．そして，そこから得た情報をどのように解釈して事業機会の探索や発見に結びつけるのか．失敗のリスクを最小限に抑えて組織を成長軌道に乗せるためには，こうした外部環境の動きを的確に認識して新たな経営資源との組み合わせを思考しながら事業機会を追及する経営姿勢や戦略の重要性を指摘できよう．

　組織が経済社会環境の変化に対応するために変貌を遂げるプロセスの中では，これまでの組織要素を改善あるいは破壊しながら，新たな組織機構を創造してイノベーションを導く活動もみられる．Tushman and Romanelli (1985) は組織の衰退や進化のプロセスは，組織の諸要素の整合性の形成と効率化による収斂プロセスならびにそこから新たな方向へと進む諸要素間の整合性の破壊プロセスの繰り返しによって成り立つ断続的均衡モデルに依拠すると考えた．また，Drucker (1985) は変化こそがイノベーションを促す機会であり，その変化に対する適切な理解と認識の重要性を次のように述べている．

　　　新しいものを生み出す機会となるものが，変化である．イノベーションとは，意識的かつ組織的に変化を探すことである．それらの変化が提供する経済的，社会的イノベーションの機会を体系的に分析することである．通常それらの変化は，すでに起こった変化や起こりつつある変化である．成功したイノベーションの圧倒的に多くが，そのような変化を利用している．イノベーションの中には，そ

れ自体が大きな変化であるというものもある．しかし，ライト兄弟による飛行機の発明という技術的イノベーションなどは，むしろ例外に属する．実際には，成功したイノベーションのほとんどが平凡である．単に変化を利用したものにすぎない．従って，（起業家精神の基盤ともいうべき）イノベーションの体系とは，具体的，処方的な体系である．すなわちそれは，変化にかかわる方法論，起業家的な機会を提供してくれる典型的な変化を体系的に調べるための方法論である（p. 51）．

その上で，Drucker（1985）はイノベーションを引き起こすきっかけとなる機会として，予期せぬ成功と失敗，理想と現実のギャップ，社会的ニーズ，産業構造の変化，人口構造の変化，認識の変化，新しい知識の出現の7つを提起している．そして，このうち最初の4つの機会は，主に組織や産業・社会部門の内部で起こるものとし，残りの3つの機会は外部で起こる現象と位置づけた．しかし，すべての機会は相互に密接に重複するもので7つに並んだ窓のようなものと表現している．すなわち，

> 7つの機会それぞれが異なる性格を持ち，異なる分析を必要とする．いずれが重要であり，生産的であるかはわからない．（さして意味のない製品の改善や，価格の変更によって生じた）変化を分析することによって，偉大な科学的発見による新しい知識を華々しく応用するよりも，大きなイノベーションが行われることがある（p. 53）．

このようにDrucker（1985）は7つの環境の劇的な変化を，組織が変革してイノベーションを起こすアントレプレナーシップの好機と捉えて新たな事業創造や組織の変革を促している．こうしたダイナミックな生態系の中で存亡をかけて競争を繰り返す企業組織の中には，その一生を短命で終える場合もあれば長寿を全うするケースもあるだろう．企業組織は生き物と同様に誕生期，成長期，成熟期などライフサイクルをもち発展を目指すが，その途

中で失速する場合もある．それは，企業ライフサイクルの段階ごとに，組織が直面する課題やリスクが異なり，環境変化への反応や存続と発展の方法に違いがあることと関係するといえよう．若い段階や老齢期で企業が抱える経営問題は自ずと異なるであろうし，取るべき戦略にも違いが見られるはずである．以下では，この点に着目して，企業ライフサイクル分析アプローチの意義と経営面からみたステージごとの特徴について考える．

1.2 企業のライフサイクル

どんな企業組織であろうとも特定の目的や意思をもって誕生して，その実現のために成長や発展を目指すであろう．しかし，その過程で失速して消滅する場合や一定の水準に達して安定基調を維持したり，成熟段階から急に失速していく場合もある．生物の一生と類似して企業にも誕生期から青年期を経て成人し高齢期を迎える．こうした企業の一生の各成長段階に焦点をあてて企業の行動や経営現象を動態的あるいは一体的に捉える分析視角が企業ライフサイクル論の特徴である．

戸田（1983）は，企業の誕生期での経営危機とその対応は，企業の成長期や安定期とでは質的に異なるだろうし，同時に成長期や安定期に生じた問題の本質は企業の誕生期に遡る場合もある，と指摘する．また，企業の誕生期や成長期などの特徴を類型化することにより，組織の置かれた状況や各ライフサイクル段階に応じて陥りやすいリスクやその対応策について予備的にそのシグナルを察知することにも役立つとした．同様に，橘木・安田（2006）もこうしたダイナミックな企業の一生（誕生—小児期—成人期—死亡（再生））の分析アプローチは，政策面ならびに経営面で実践的な示唆を与えるとする．すなわち，中小企業が必要とする経営支援は各ライフサイクル段階で異なり，効率的かつ有効的な中小企業支援政策を打ち出すためには，ライフサイクル各段階の経営上の特徴（課題やリスク）に対する理解が重要である，と指摘する．ライフサイクル段階ごとでの失敗要因や経営課題の特定などきめの細かい経営情報は，これから起業を考えている人や現在経営を営んでいる人などビジネスの実際に携わる多くの関係者にとって有用なものになると，その意義について言及している．

企業のライフサイクルの各段階とその特徴については，いくつかの研究蓄積がみられる．その中から中小企業を対象とした代表的な研究について概観しておくこととしたい．Kroeger（1974）の研究は中小企業のライフサイクルと経営者の特性に焦点を当てた分析モデルを提唱している．そこでは企業の発展段階を「開始」「発展」「成長」「成熟」「衰退」の5段階に分けて，各段階での経営者の役割，資質，技能の必要条件，主要な機能について分析している．そして，企業の成功や倒産は経営者の能力の水準に規定されることを強調している．また，Davidson, Bates and Bass（1976）の研究では小売業態のライフサイクルに焦点をあてて「導入」「加速的成長」「成熟」「衰退」の4つの段階ごとでの市場特性，小売業者の適切な行動，供給業者の適切な行動の現状と課題について分析している．その結果，「柔軟性の保持」「危険と利益の分析」「成熟段階の延長」「調査の強化」の必要性を指摘した．このように1970年代の企業ライフサイクル論の研究ではその発展ステージは概ね5段階程度に分かれて，その順序やプロセスならびに各段階での特徴には一定のパターンがあることを示した．

　清水（1986）は企業のライフサイクルに関連して，これまでの研究成果をもとに，中堅・中小企業の成長プロセスを3段階に分け，トップ，製品，財務，組織，経営関係の5つの視点から主な成長要因と衰退要因を分析している．まず，第1段階のスタートアップ期では，企業規模は零細から中小企業に移行する時期として，企業の歩む典型的な道は創業，高成長，安定成長，下降の4つのパターンであることを示す．そこでは，企業は業態を変えながら成長していくが，その企業の存続・成長や衰退・下降を決める要因は創業時の経営意欲と市場ニーズへの適応状況にあることを強調している．第2段階の成長期では，企業は創業期の経営基盤を固めた後，中堅企業に成長するか，あるいは中小企業に留まる状況に至るとする．企業は急成長や高成長を遂げるために企業家精神を発揮して技術開発や市場開拓に積極的になる一方，安定成長を維持しようとするパターンもみられ，そこでは企業家精神の減退や市場との対話の減少が成長を阻害する大きな要因になると分析している．

　第3段階の安定期・再成長期においては，これまで成長した企業が安定し

再成長する段階にあるとして，それに成功した企業は大企業へと進化するとした．そこでは，成長期に生じた経営要因間の不均衡を是正するための管理面での経営要素を強調する安定移行パターンを軸にして，その修正がうまくいかず下降局面に入るパターン，修正後，再び企業家精神を発揮して新製品開発に積極的になるパターン，そして，経営要因間の不均衡が修正した後，それに満足してバランスをとりながら成長をめざすパターンに類型化されるとした．その上で，下降パターン企業においては，トップの自信過剰や過去の成功体験などが成長の命とりになることを指摘し，同時に，安定維持パターンにおいても企業家精神の喪失や市場情報の減少が成長を阻害する要因になることを警告している．

清水（1986）の研究では，全体を通じて経営トップの姿勢が重視されて，成長プロセスのすべての段階で経営トップに求められる経営要素として，強い成長意欲，情報収集能力，資金収支のバランス維持，また各成長段階に応じて必要なものとして，外部の視点，成功体験に固執しないこと，自己主張の緩和を指摘する．そして，各成長段階で，トップ，製品，組織，財務，経営関係で異なったウェイトづけが必要とし，特に高成長段階では経営要因の動態化（ダイナミック）が強調されて，安定成長の時はその効率性が強調される．持続的な企業成長のためには，これら5つの経営要素の均衡と不均衡の交互作用を繰り返すことが重要として，そのための経営のダイナミックの必要性を指摘する．

これに対して，近年の革新性を保持して成長を志向するベンチャー企業のライフサイクル論に関する研究もみられる．その代表的な研究として金井（2002b）があげられる．そこでは，国内外のベンチャー企業の研究成果を分析して大きく3つのライフサイクルの段階を設定している．

まず，第1段階はスタートアップ期で，そこでは起業家が独自の事業構想をもとに創業して限定市場において商品・サービスの販売を活発化させるとした．しかし，この段階は死の谷や成長の痛みと表現されるように，潜在的な顧客を獲得して事業を継続的に進めていくための仕組みづくりを少ない経営資源で迅速に行わなければならない時期でもある．企業の生存率もライフサイクルの中で最も低い段階となる．この時期での存続可能性を高めるため

には，起業機会を適切に認識した事業ドメインの選定，事業コンセプトや計画の立案，そして事業実現に向けた資源の適切な組み合わせなど戦略の立案と実践が必要と指摘する．

次に，企業発展の第2段階は成長期である．スタートアップ期の生みの苦しみを乗り越えた企業の商品・サービスの認知度が市場で高まり，順調に売上げを伸ばすとともに関連商品・サービスの売上げも伸びる時期である．しかし，市場では他社の参入による競争も激化するため，いかに競争優位性を早く確保するかが経営課題として浮上するとされる．同時に拡大した組織規模を効率的に管理する体制づくりもこの時期の課題といえよう．競合他社に対して有利に競争を進めるための資源戦略や，他社との連携や提携など多様な成長戦略とそれらを可能にする組織体制づくりの重要性が，成長の鍵を握るという．

そして最後の段階が安定期である．この時点で企業はこれまでの延長線上では発展を見込めない市場の成熟段階を迎える．ドメインの再定義によって第二創業を目指すなど新たな事業創造に向けた成長軌道を歩むことになる．企業の存続と発展のために，従来のビジネスシステムを放棄して新たなビジネスシステムの構築を急ぐ時期ともいえよう．企業規模が大きくなりライフサイクルの安定期に入っても企業は長期にわたる組織の存続のために新たな事業開発や組織の変革を怠ることはできないだろう．

山田（2000）は，歴史的にみて事業の成長期間や成長率には限界があり，特定の事業が長期間成長を続けることは困難であるとして，次のように述べている．

　経済発展の中核となって栄華を謳歌する事業でさえも，やがては成熟段階に達してしまうのである．しかし，主要な大規模企業が，新しい事業を開発して事業構造の再構築をうまく進めることができれば，新事業の成長を通じた新産業の創出によって，一国の中長期的な経済発展に大きく寄与できる可能性があることも否定できない．……たしかに，本業や既存事業が順調である企業にとって，新事業開発は緊急を要する問題ではない．しかし，ライフサイクルを

仮定すれば，現実にはそのような成長期の状態がいつまでも続くわけではないことは明らかである．しかも，ライフサイクルは，概念的なモデルの想定するようになだらかな曲線を描くとはかぎらない．……成熟化の直後に急激な衰退が起こりうるという可能性のもとでは，企業は，自らの長期的な成長を能動的に達成する原動力として，新事業開発を重視せざるをえない．新事業の創造を通じて事業の新陳代謝を行わなければ，企業の永続的な成長は望めないのである（pp. 4-5）．

　企業はその規模の大小にかかわらず，経営環境が不確かで激変する中で，また企業のライフサイクルの各段階で経営リスクに直面しながらも，組織の存続と発展を念頭におき日々経営努力を繰り返して事業展開に取り組むであろう．しかし，こうした努力にもかかわらず組織を維持して事業を展開し続けることは困難を伴うことも事実である．1990年代には，潰れない，潰さない，といわれてきた大手証券会社や銀行さえもが経営破綻を起こす状況に至った．経営資源が潤沢でない中小企業が事業を継続することは，さらに難しいことであることは間違いないだろう．規模の小さな企業組織の生存と衰退を分ける境界はいったいどこにあるのだろうか．どのようなきっかけや要因が組織の行動様式に影響を与えて廃業や倒産へと追い込むことになるのだろうか．逆に，危機的な状況に直面しながらも廃業へと向かわずに存続を勝ち得る中小企業も多数みられよう．その生存はいったい何に起因するのだろうか．以降では，中小企業の生存要因に関する国内外の先行研究をレビューして，これまでの研究でわかったこと，まだ統一的見解に導かれていない点などについて考察を加えていく．同時に，企業存続の本質に迫るために，国内外の長寿企業の生存要因に関する先行研究もレビューする．日本には創業100年を越す企業が多数存在するとされる．それらは，長いライフサイクルの中で，大小いくつもの危機に直面しながら様々な生態系を経験して生き残りを勝ち得てきた企業である．そこには，廃業することなく，いくつもの時代の波を乗り超えてきた，長寿に共通する本質的な生存の要因が隠れているかもしれない．創業者一代で会社を閉めるのではなく，100年，200年と

代々その組織を継続させている経営の本質とはいったいどこにあるのだろうか．以下では，まず，長寿企業の生存要因についてみていく．

2. 長寿企業の生存

長寿企業の研究は，企業のある時点での存続や成長に注目せず，100年や200年もの長いスパンで存在し続ける企業の社会的価値に意義を見い出して，長期的視点からその存続要因の本質について考察を加えている点で特徴をもつ．そこには，危機の大小に関わりなく無数の存続を脅かす経営リスクを乗り越えてきた数多くの知恵が結集されているはずであろう．長寿企業とは本質的かつ究極的な企業存続の形を体現しているといっても良いのではないだろうか．

Geus（1995）は，米国のフォーチュン500に掲載される企業の平均寿命は40〜50年であるにもかかわらず，200年から300年あるいは700年もの間生存し続ける長寿企業の存在を指摘した．その一方で，逆に早死にする企業の多さにも関心を示した．そして，その原因をリビング・カンパニーとエコノミック・カンパニーの違いに見い出し，生きた人間の集団であるリビング・カンパニーは失敗や成功などの経験から学習してそこで得た知識を基礎に組織体として一致団結して意思決定を行うため長寿を実現できると分析する．それに対してエコノミック・カンパニーは商品・サービスを生産する金儲けマシーンと捉えられ，そこでは組織は指示・命令をマニュアルどおりに実行する人的資源の機械となり結果として短命に終わっている可能性を指摘する．Geus（1995）はリビング・カンパニーの長寿の特徴として，①環境に敏感である，②組織としての強い結束力あるいは独自性をもっている，③組織に許容度や自由度があり創造性が発揮しやすい社風がある，④行動を制約されることなく柔軟性と独立性を確保するために，資金面では保守的（倹約）である，の4点を抽出している．

日本の長寿企業に関して，日経ビジネス（1984, 1985a, 1985b）は「企業の寿命」に関する大規模な調査研究を実施している．そこでは明治27（1894）年から昭和57（1982）年までの100年間に繁栄を謳歌した日本のトップ100企業の変遷を10期単位で分析して，企業の平均的な寿命を提示し

た．同時に，どの時代においても優良企業がいつの間にか衰退企業に変わる事実を発見して，企業の繁栄から衰退に向かう予兆について分析を加えている．さらに，優良企業8社のケース分析を通じて企業が繁栄を維持し続けるための強みの分析を行っている．

分析の結果，10期100年間で総資産額におけるトップ100企業に名を連ねた全企業数は413社で，その期間の平均は約2.5期であったことを示した．すなわち，単純計算すると企業が繁栄を謳歌できる期間は平均わずか30年足らずであるとした．また，昭和58（1983）年度の売上高上位100社に名を連ねた有力製造企業の順位の変化を昭和30（1955）年まで5年間隔で遡って分析をしたところ，約半数の43社がその順位を少しずつ下げていることがわかった．この変化を企業の各種経営指標と比較して分析した結果，発展から衰退に向かう企業には，従業員の平均年齢と本業比率の面で共通する顕著な傾向があることを示した．それは，社員の平均年齢が30歳以上で本業比率が7割を超える時に急速に売上げの伸びが鈍化して順位が下降し始めるという事実である．全体分析を通じて，企業に繁栄を約束する永遠の強さはないとしながらも，優良企業に共通する強さとして，①若さと合理主義，②時代を超えた企業理念・哲学の維持・継承，③不変的な組織の求心力・結束力，④人間の強さを挙げている．

これら2つの長寿企業研究の成果を踏まえながら横澤（2000）は，我が国で100年以上もの長期にわたって存続し続ける老舗企業の存続の鍵についてアンケート調査と個別老舗企業の事例研究を用いて分析を加えている．まず，彼等は1999年に全国の商工会議所に対して「長寿企業に関するアンケート調査」を実施すると同時に既存の企業名鑑や企業情報データベースなども検索して，その結果約1万社の老舗企業情報をリストアップした．その上で，各種企業情報を入手できた7510社の老舗企業を分析対象としてその経営上の特徴について考察している．また，こうした定量情報を補完・発展させるために，個別の老舗企業についての事例研究も実施している．

その結果，顧客や取引先を含めた三方（売り手，買い手，世間）に対して長い年月をかけて「信頼」を勝ち得ていることが，長寿であり続けられるゆえんであるとした上で，次の点を強調している．それらは，「経営理念・信

念」「顧客志向の経営」「核となる本業中心の経営」「知恵（知識）の蓄積と伝承（変わらないもの）」「経営の革新（変わるべきもの）」「時代にあった商品・サービス」「経営者のリーダーシップ（先見性・洞察力，使命感，統率力，判断力，決断力，責任感，人間的魅力）」の7つである．100年以上の歴史の変遷をたくましく乗り越えてきた老舗企業は一握りであるが，そこには共通するいくつかの特徴があることを指摘している．従来と同じタイプの経営を漫然と繰り返していた訳ではないが，逆に常に新しいことばかりに着目をしていた訳でもない．新規性（革新性）と伝統の均衡的発展が組織文化となり，代々受け継がれ発展を遂げている．この連鎖が長寿を可能にしていることを示唆した．

　世界最古の長寿企業として認識されているのが金剛組（578年創業）であるが，そこには長期存続を可能とするいくつかの要因があったとされる．金剛組の長期存続についてマネジメントの視点から分析した研究は数少ないものの，曽根（2008）は「金剛氏系図」や「遺言書」など各種史料や関係者へのインタビュー調査から，その存続要因について分析し考察を加えている．そこでは，家業の存続を至上命題とする強い家意識はあるものの，四天王寺のお抱えとしてスタートした背景から特定の顧客との強い長期的な関係性が長期存続の軸になっていたことを主張する．ただし，常に，特定の顧客のみに依存していたわけではなく，江戸時代には高い技術をもって独自に江戸で営業活動を行っていたことも史料から明らかにしている．また，長期存続のためには，後継者には嫡子に拘らず，能力や健康など家業を継続し発展させることのできる人物を優先的に選んでいる．そして，存続リスクを暖簾分けで分散したり，技能を伝承させる独自の仕組みを構築するなど，地域性，顧客志向，人材育成，技術蓄積など，日々事業を長期にわたって継続させるための仕組みを主体的に企てて実践していた．こうした飽くなき存続への強い意志と行動と試行錯誤の連続が，結果として長期存続を可能にしたといえよう．

　前述した4つの研究は，企業の存亡を長期的な視点からみて，その特徴や傾向を捉えた数少ない企業の長寿に関する実証研究といえよう．そこでは，長寿を全うできる企業は極めて少ないことへの真摯な理解とそのための継続

的な組織変革の実践，そして組織を動かす人的資源の重要性の認識が企業存続の本質に深く関わっていることを示した．単に過去の経営システムを踏襲し継続するのではなく，常に新しい技術やアイディアを経営に反映させる飽くなき創造性や革新性の発揮とリスクを負っても挑戦する戦略姿勢と実行力が強調されていた．そこには，長期にわたって変化させない経営の基本方針と柔軟に変化させる経営要素とのバランスも重視されていた．長寿企業には事業の継続や企業の存続に関連する様々な要因が内包されているといえよう．トップマネジメントや家族経営によるガバナンスのあり方など中小企業経営を維持し発展させていくために必要な経営要素に関わる経験と知恵が組織に根付いていると考えられるのではないだろうか．中小企業の生存要因を議論する上で，事業や組織の継続の本質に深く関わる重要な視座を与えてくれたといえよう．

　ここで考察を加えた長寿企業の研究は，長期の企業ライフサイクルを分析対象として捉えて存続の期間や要因に関する発見事実を提示し，かつ企業存亡の予兆や繁栄の鍵についてその本質に迫ろうとした点で先駆的な試みといえよう．しかし，各研究の中でも触れられている通り，そこでの分析は当該時代の限られた企業を対象としており，また緻密な分析方法に基づいて考察を加えたものでもなかった．ここでの考察結果が，中小企業の生存研究に重要な視座を与えてはいるが，分析手法の点で今後の課題も残ったともいえよう．

3. 中小企業の生存

　企業の存続や事業の継続が可能となる要因を探るということは，現実には企業の廃業や倒産の危機を回避する要因の探索ともいえよう．規模の大小にかかわらず，いかに優れた企業といえども，道半ばで会社経営を諦めざるを得ない状況に至ることもしばしばあるだろう．こうした危機を乗り越えてはじめて事業は継続して企業は発展することが可能となる．しかし，企業の失敗は偶発的かつ急に起こるものではないはずである．何かのきっかけや組織内部の問題が直接あるいは間接的に原因となり，結果として事業が行き詰ってしまったと考えられよう．中小企業の生存研究を広範にレビューする前に

以下では，中小企業の倒産や衰退に関わる日本の先駆的な2つの研究についてみておくこととする．

清水（1986）は中堅・中小企業の倒産の構造的な要因について，帝国データバンクから抽出した174社の倒産中小企業と，当該企業と地域，業種，規模が同一である149社の非倒産中小企業とを比較することにより明らかにしようとした[1]．その結果，経営者に関わる倒産の要因として，経営能力の欠如，経営計画の失敗，創業者，社長の年齢層（30〜40代），在職年数（3〜5年）が倒産に影響を与え，経営者の学歴や経歴は倒産にそれほど影響を与えていないことを示した．また，製品に関わる要因について，製品のライフサイクルが衰退期であること，ニッチ（隙間）な市場，販売先が集中，下請生産体制であることが倒産に結びつきやすいとした．組織面では，従業員のモラールの低下が倒産に関係すると報告している．こうした中小企業の倒産には一定のプロセスがあることも示し，そこには業界不振，売上不振，競争激化に代表される遠因，赤字受注や焦げ付き，設備増強，新分野進出などに伴う近因，そして，資金ショートなどトリガー要因の3つの構造的プロセスがあるとした．

戸田（1983）の研究は，発展する中小企業と没落する中小企業の明暗を分ける要因として環境変化への経営対応の違いに注目をした．そこでは，産業・社会，市場・競争，生産・技術，政治・国際・自然，人材・労働の6つの変化を取り上げて，こうした環境変化の圧力に対して企業がどのように対応できたのかが，企業存亡の鍵を握るとした．その対応策として，経営者能力の向上，経営戦略の展開，生産・技術能力の向上，組織・労務能力の向上，販売能力の向上，財務能力の向上をあげている．また，こうした諸要因を包括的かつ実証的に検証するために，戸田（1991, 1992）は中部地方，愛知県，東京都，大阪府など全国の中小企業への実態調査を実施している．その結果，前述したマネジメント対応の諸要素についてさらなる考察を加え

---

1 ここでの調査研究の方法は，個別企業（倒産企業と非倒産企業）の質的経営データを各種資料や訪問調査などを駆使して入手し倒産要因を分析している点で客観的であるが，定量的な統計分析は行っておらず，あくまでも第1次的分析アプローチで単純集計結果の報告に留まっている．

て，中小企業の成長要因と衰退要因を大きく分ける軸として，企業プロフィール，業績，社長プロフィール，社長の理念・意識，社長パーソナリティ・能力，社長の行動，企業環境・経営戦略・行動の7つの重要性を指摘した．

こうした清水 (1986) や戸田 (1983, 1991, 1992) の一連の研究は日本の中小企業の生存要因を探索する先駆けとなった挑戦的な研究であったといえよう．しかし，そこで提起された生存要因や衰退プロセスの研究の広がりや蓄積はそれほどみられず，特に1990年代後半から現在に至るまで，日本の中小企業の生存や倒産に関わる定量的な実証研究は希薄であったといえるのではないだろうか．

一方，欧米諸国における中小企業の生存や消滅に関する実証研究の蓄積は日本と比較して厚かったといえる．その調査研究の方法も企業データに基づく客観的かつ科学的な実証分析が主流を占めて，方法論における精度も高かったといえるだろう．例えば，米国の企業生存研究の古典的な分析として広く引用されている Birch (1987) の研究は，1969年から1986年にかけて存続した全米の全事業所データを用いて生存率を測定し，Audretsch (1995) も同様に米国の中小企業庁のデータベースを用いて新規開業製造業の生存率とその特長を分析している．近年の研究では，Headd and Kirchhoff (2009) が，米国の国勢調査であるセンサス・データを用いて1991年から1992年に設立された企業の10年間の存続状況を従業員数の変化に注目をして分析し，過去の研究成果と類似する起業初期の成長が後の存続を安定させるとの結論を導いている．欧州諸国においても，大規模データを用いた生存要因に関する定量分析は盛んで，企業規模や企業家の人的資本など企業属性が企業の生存と深く関わりをもつとの議論 (Mata and Portugal, 1994; Cressy, 1996) や多様な顧客との強いパイプの開拓など市場との調整機能を強く意識した戦略や経営姿勢の重要性の議論 (Reid, 1991; Smallbone, North and Leigh, 1992) などが展開されている．

このように欧米諸国においては生存研究に関して，公的な各種データを使ったり，研究者独自の大規模企業調査を基本とするなど，様々な分析視角，研究フィールド，企業データを用いて定量的な実証研究が繰り返されて，緻密な分析に基づく研究成果が多数蓄積されてきている．

こうした中，Storey（1994）は1990年代初めまでの欧米諸国における中小企業の生存や消滅に関わる実証研究の蓄積を丹念にレビューして，その傾向や特徴を整理している．そこでは，企業規模，企業年齢，所有形態，産業部門，過去の業績，マクロ経済状況，人材・マネジメント，立地，国の助成金，企業のタイプなどを中小企業の消滅に影響を与える大きな要因の枠組みとして抽出している．そして，すべての中小企業が消滅する訳ではないものの，そのタイプによって消滅しやすいパターンとそうでないパターンがある可能性を示した．

　Storey（1994）は従来の研究蓄積の成果から主に3つの重要な生存の鍵を取り上げて，中小企業の生存や消滅に影響を与える要因として集約している．そこでは，まず1点目として，企業の業暦や規模が小さい中小企業は大きい企業よりも失敗の可能性が高い点を指摘する．従って，スタートアップ企業の生存に大きな影響を与える要因として，企業の誕生後，短期間の間に急成長することの重要性を支持した．2点目は，企業家個人の年齢，教育，勤務経験などバックグラウンドによる企業の生存への影響は一定ではない点である．すなわち，経営者個人の成功や失敗，企業の存続や消滅などは，事前に把握・予測することは困難であり，企業現場や経営現象を観察することによって始めてその理解が進むことを示唆している．3点目は，経営環境や市場との対話に関わる戦略やマネジメントの視点である．Storey（1994）は中小企業の経営を荒波の航海に出るボートに例えて，生存と消滅を分ける鍵について以下のように表現している．

> 「中小企業に対しては，荒海にボートを漕ぎ出すアナロジーがとりわけ適切である．予期できない外的ショックにボートが直面して，なおかつボートを沈ませないでおくための能力は，個人の性格テストなどから簡単に予想できるようなものではない．しかし，いったん事業を始めると，個々で検討された調査結果では，生存を確かなものにするためには製品や市場に対する調整能力が果たす役割が決定的に重要になる．昔から繰り返しいわれていることは，多様な顧客ベースを達成することであり，また新製品の開発と市場への

導入が重要であるということである」(p. 114)

　このように，中小企業が消滅せずに存続を可能にするためには，事業環境に対する認識と対応が重要な鍵を握っている点を指摘する．その上で，いかに素晴らしい教育や経験を積んできた経営者であっても，過去の個人能力や属人性だけによって事業の継続が可能になる訳ではないことを主張し，中小企業の消滅に重要な影響を及ぼす要因のうち，特に市場との調整機能の重要性を強調した．それは，まさに中小企業が繊細で外生要因によるインパクトへの適応力が弱い中小企業組織特有の性質そのものに由来しており，それゆえ，顧客や販売ルートならびに製品やサービスの種類をある程度豊富に保持することの重要性を支持している．同時に，新たな製品やサービスを市場に対して供給できる組織体制も，新たな環境変化による市場収縮に耐えるための必要条件として支持されている．

　中小企業の存続や発展に関連した近年の実証研究では，企業固有の経営資源やアントレプレナーシップ，その駆動力としての企業家的な戦略志向性（EO: Entrepreurial Strategic Orientation）が中小企業の事業発展に深い関わりがあるとの研究報告が増えてきている．例えば，希少な企業固有の経営資源の重要性（Barney, 1991, 1997）を踏まえて，経営資源の一部である知識資源による知識創造活動やアントレプレナーシップの向上が新規開業企業の革新性，生存率，成長にプラスの影響を与えるとの報告がなされている（Chrisman and McMullan, 2000, 2004; Lee, Lee and Pennings, 2001）．また，アントレプレナーシップを促す戦略的な駆動力として，革新性や能動的かつ攻撃的な戦略姿勢を保持して競争戦略を実践することが，新たな市場や技術分野を競争者より早く開拓して利用できることに結びつき，中小企業の事業の継続と発展に強い影響を与える基盤となるとの研究報告も増えている（Miller, 1983; Covin and Slevin, 1991; Lumpkin and Dess, 1996; Rauch, Wiklund, Lumpkin and Frese, 2009）．

　こうした能動的な戦略性や経営姿勢と関連して，経営を取り巻く事業環境への認識やその適応のあり方に注目をした研究もいくつかみられる．そこでは，環境適応理論を用いて，大企業のみならず中小企業や新規開業企業の事

業環境への認識や適応のあり方が，経営成果に大きな影響を与えることを実証的に明らかにして，事業環境への深い理解と戦略的な対応の重要性を強調している（Covin and Slevin, 1989; 加護野・野中・榊原・奥村，1983）．そこからは，中小企業が事業を継続的に発展させて組織を存続させ続けるためには，事業領域や業界における環境変化への鋭い認識と適応，戦略やマネジメントの変革を可能にする独自の経営資源の所有と活用が，企業組織の特性を考慮した上で重要な鍵を握る要因であることが示唆されている．

　前述したとおり，日本で中小企業の生存や消滅要因を定量的かつ包括的に分析した研究はそれほど多いとはいえないだろう．しかし，その実態を詳細に掘り下げたフィールドワークや事例研究は広範にみられたといえよう．そこで，本章での先行研究の分析では，①欧米諸国での中小企業の生存要因に関わる実証研究を軸にして，②中小企業の生存や消滅要因と関わりの深い国内外の中小企業経営ならびに戦略やマネジメントに関連する諸研究をレビューし，広範な視点から生存要因についての理解を深めることとした．その結果，以下の考察では前述した先行研究から導き再整理した4つの生存要因の枠組み（企業属性，事業環境，戦略と経営姿勢，経営資源）に沿って，その諸要因と企業存続との関係性について論じていくこととする．なお，ここで考察を加える生存要因ならびに分析枠組みは，第3章の創造的中小企業の生存要因分析モデルの原型とも位置づける．図表2-1が本研究での分析アプローチの概念図である．

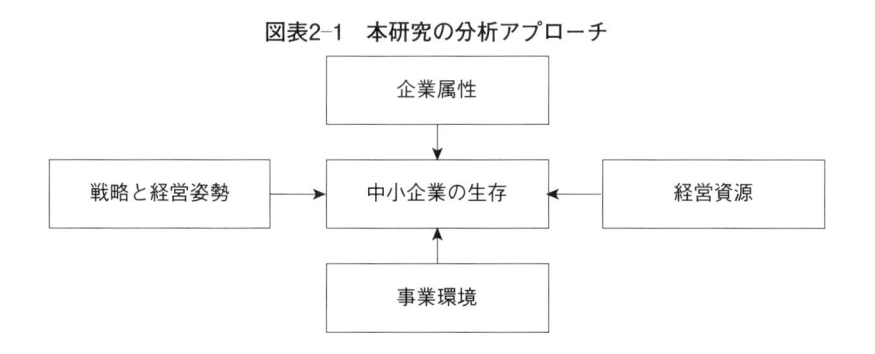

図表2-1　本研究の分析アプローチ

```
                    ┌──────────┐
                    │  企業属性  │
                    └─────┬────┘
                          ↓
┌──────────────┐    ┌──────────────┐    ┌──────────┐
│ 戦略と経営姿勢 │ → │ 中小企業の生存 │ ← │ 経営資源 │
└──────────────┘    └──────┬───────┘    └──────────┘
                          ↑
                    ┌──────────┐
                    │  事業環境  │
                    └──────────┘
```

3.1 企業属性

　企業属性と企業の生存に関する実証研究は1990年代から欧米諸国を中心に発展を見せている．そこでの議論の多くは，企業設立当初の雇用規模の大きさとその後の生存率との関係を，コーホート分析を用いて定量的に明らかにしようとするものである．例えば，Mata and Portugal（1994）はポルトガルの製造企業（設立時の従業員規模が1人から100人）を対象として，設立から4年間の企業の生存状況と企業規模の関係性を調査・分析している．その結果，企業設立1年後の生存率は78%だが，4年後は52%に減少していることを示した．しかし，その傾向は設立当初の従業員規模によって異なることを発見し，規模の大きな企業の4年後の生存率は75%であるのに対して，従業員規模が1人から2人の小規模企業の存続率は44%であることを見い出した．同分析では同時に，小規模企業は生存が難しいが，規模の大きな企業よりも早く成長する傾向にあることを提起し，ポルトガル以外の多くの欧州諸国での実証研究結果も同提起を支持する結果を導いている．

　その後，Cressy（2006a）の企業の生存要因に関する研究では，設立後2年半の厳しい死の谷を乗り越えた企業はその後長期的に高い生存率を維持していることを示すとともに，その要因として，初期の資本や成長性とリスクの度合いが大きく関係していることを提示した．同研究では，新規開業当時に多くの資本が投入された企業とそうでない企業との消滅状況を比較したところ，初期資本の大きな企業の設立当初の消滅カーブは資本が小さい企業よりも低いことを示した．そして，同様の結果が，設立初期の高い成長や低い事業リスクについても報告されて，企業設立当初の高成長とリスクの軽減が企業の消滅カーブを低くすることを指摘した．また，このCressyモデルが明確にしたもう1つの点は，企業設立時点の企業規模の違い（中小規模や大規模）が企業の生存や非生存に与える影響は，長期的には収斂して違いが見られなくなるとしたことである．

　企業の属性に関連して，流動性制約説（credit constraints）が企業の生存や成長に大きく影響を与えるとの考え方は，Evans and Jovanovic（1989）の分析に基づき多くの研究で支持されている．その考え方は，銀行による貸し付け原則が企業のキャッシュフローではなく資産をベースにしていること

と関連して，資産の少ない企業，すなわち中小企業や新規開業企業への資金や規模の制約へ結びつき，収益に影響を与えて事業が失敗する可能性が高まるとの含意を導いている．これに対して，Cressy（1996）は英国の新規開業企業の大規模データを用いて生存への制約要因を分析した結果，従来言われてきた財務要因は真に生存に影響を与える要因ではなく，企業家の人的資本（human capital）が主な生存制約要因となっていることを示した．それらは，企業家の年齢，特定の業界での業暦，経営チームなどビジネスネットワークにつながる人的資本の総体で，銀行の資金提供にも深く関わる要素であることを確認している．そこでは，こうした人的資本を強化する企業家への訓練に対して政府が補助をして支援すべきであると結論付けている．また，企業属性の1つである企業年齢に関連して，それは，企業規模（資本金や従業員数）と同様に企業活動や事業創造活動を支える重要な指標の1つであり，その違いが企業の生存にも影響を与えると解釈でき，国内外の実証研究では，企業設立年の若い企業の生存可能性は古い企業と比べて低い傾向にあると報告している（North et al., 1992; Westhead, 1995; 松繁, 2002）．

これに対して企業の存続要因は，こうした企業の内部要因のみによって決定付けられる訳ではなく，その企業が生存しようとする産業群のライフサイクルにも関わっているとの指摘もある．この点について，Agarwal and Audretsch（2001）は，新規開業企業の成否は産業の発展段階（形成段階にあるのか成熟段階にあるのか）と技術水準（ローテクかハイテクか）によって影響を受けるとし，企業規模は，短期的には意味はあるが長期的には生存への影響はないことを示した．企業規模はむしろ産業の発展段階の中の1つの補完的な機能として捉えられるとした．すなわち，新たに勃興してきた新興産業群と既に成長を遂げて成熟期を迎えた成熟産業群とでは，その中で事業展開を行う企業活動にも一定の制約が生じてくるはずであり，企業規模の違いは産業ライフサイクルの違いに影響を受けることも考えられる．例えば，中小企業は，斬新なアイディアや革新的な技術を駆使して新たな産業を生み出す可能性を秘めているだろうし，逆に成熟化した産業・市場の中では，既にそうした斬新なアイディアは商品化され，当初の価値が減少し，中小企業の優位性がやや低下していることが考えられる．産業群の置かれてい

るステージが成熟化するにつれて企業のタイプや規模によっては生存にプラスやマイナスの影響を与えることになる．

さらに，Audretsch（1995）は，企業の存続について市場で2つのメカニズムが働いていることを主張する．第1に，企業創業時の規模と生産に関わる最小効率規模とのギャップの大きさについてである．この大きさが広がるほど，存続する企業の成長率は高まり，逆に生存率は低下することを示した．なお，企業創業時の規模は，多くの業界での生産に対する最小効率規模と比べるとそれほど大きくないことから，企業の生存や成長には市場における経済の規模が影響を与えるとした．第2の企業存続のメカニズムは，市場の不確実性の程度に関わり，そこで取引される商品の価格，技術，供給などの競争状況の不確実性について，企業家がどのように認識をするのかによって，成長を勝ち取る場合とそうでない場合とに分かれることを示唆した．この認識の差が，企業の存続や発展に影響を与えるとしている．

こうした企業が置かれた業界や事業環境が企業の存続や成長に影響を与えることに関して，Phillips and Kirchhoff（1989）の研究では，業界による生存率の違いを実証して，製造企業の生存率が他の業種よりも高いことを示した．それは，分析対象とした企業業種の中で，設立後8年の間に最も成長した業種であることと関係しているとする．彼らの研究では，企業の誕生後の雇用成長と存続の因果関係には明確な結論を提示はしていないものの，誕生時の企業規模を超えようとする意思のない企業にとっては，その後の生存のリスクが高まる可能性も指摘している．企業の生存のためには初期段階における成長が不可欠であることが示唆された

1990年代を起点に欧米諸国を中心に，企業属性と企業の生存との関係性分析は発展を遂げてきたが，近年，日本においても大規模データを用いた同様の研究がみられ国際比較研究の幅を広げているといえよう．それら多くの実証研究は，欧米諸国での研究と同様に，従業員や資本金で代表される企業規模が大きい企業の生存可能性が高まり，逆に企業規模が小さくなると生存可能性は低下すると報告している（中小企業庁，2002; Honjo, 2000a; Honjo, 2000b; Okamuro, 2004; 国民生活金融公庫総合研究所，2005）．

例えば，Honjo（2000a）の研究は，日本の新規開業製造企業2488社を対

象として，1986 年から 1994 年の 8 年間の事業の失敗に関する実証分析をハザードモデルを用いて実施している．その結果，企業が十分な資本あるいは規模を伴っていないと失敗のリスクが高まることを示し，新規参入が多い業界では競争が激化し過当競争を生むことによって，生存可能性が低下することを指摘した．また，企業が事業を営む分野や業界に関して，中小企業庁（2002）の分析結果では，事業領域の違いが企業の生存に影響を与える可能性に言及している．そこでは，高付加価値を生み出す仕組みをもつ製造業あるいは研究開発型企業は競争優位性を保持することにより企業の生存率を高めると報告している．

　一概に特定の業種が生存に有利とは言えないものの，事業展開する分野が成長市場か成熟市場かでその生存可能性が異なることは否定できないだろう．しかし，異なる競争環境においても戦略やマネジメントの違いが業種の差を越えて企業の存続を規定する可能性も高いといえよう．ここで示した企業属性に関わる要因と生存との関係性に着目した実証分析は，広く国内外の学術誌において報告されているものの，その多くが経済学的アプローチあるいは産業組織論的アプローチを主とするものである．経営学的なアプローチによる実証分析では，企業属性の背後にある戦略やマネジメント要因を主たる存続要因と捉えて，企業属性要因は制御変数として用いられる傾向が強いといえる．国内外で蓄積されつつある生存要因分析への経営学的アプローチでは，環境要因，資源要因，戦略や組織要因など企業行動に直接的かつ強く影響を与える諸要因に注目をした分析アプローチが主流となり，企業属性に関わる諸要因は，企業活動や事業創造活動を支える基盤的変数として捉えられる傾向にあるといえよう（Covin and Slevin, 1989; Zahra and Covin, 1995; Green, Covin and Slevin, 2008）．本研究においても経営学的分析アプローチを用いて，創造的中小企業の生存要因を実証的に探索し，企業属性要因については重要な制御変数として位置づけることとしたい．

3.2　事業環境

　中小企業の倒産件数や廃業率が景気の悪化とともに顕著になってくることは日常的に知られている．マクロ経済環境の変化が企業経営に大きく影響を

与えることは間違いなく，景気の悪化が企業の存続を危うくし，逆に好景気は企業の受注が増えることにより廃業率を抑える効果が期待できる．しかし，個々の企業経営者にとって日々の事業活動の中で直面する困難や障壁は，景気に関わるマクロ経済指標ではなく，取引先やサプライヤーからの価格交渉であったり，同業他社による新製品開発や低価格化など具体的な競争圧力であろう．すなわち，企業を取り巻く環境は一般的環境要因と個別環境要因とに分かれる．一般的環境要因とは国全体に共通する要因で，政治，経済，制度，文化，社会に関わる様々な条件が一律に企業に影響を与えるものである．それに対して，個別環境要因とは，個々の企業に固有の環境であり，個別企業の事業目標によって環境条件が異なることになる．同一国内でも企業によってとるべき経営の方法が異なるのは，個々の経営環境が異なることによるところが大きいといえよう．従って，中小企業の持続可能な発展にとって重要な点とは，個別事業環境といかに向き合い，その変化の予兆をいかに早くくみとるのか，といった環境変化へのマネジメントに深く関わるといえよう．

　この点について，Porter（1980）は，企業を取り巻く環境要因の変化が企業の競争戦略を決定して，組織の存亡に大きな影響を与えるとの考え方を示している．そこでは，企業が市場シェアなどの争いに勝利するには，業界固有の構造を十分に理解することが重要であり，特にその中に占める競争を支配する5つの重要な要因から身を守り，あるいは逆に有利に左右できる業界でのポジションを確保する必要性を主張している．その5つの要因（ファイブ・フォース）とは，新規参入の脅威，業界内のポジション争い（敵対関係），代替財の脅威，顧客（買い手）の交渉力，サプライヤー（売り手）の交渉力であるが，より重要なことはこうした競争要因を動かす背後でおこっている変化への素早い認識とした．Porter（1980）の主張は一貫しており，業界構造と競合他社に関する分析を通じて，業界内で利益水準が平均よりも高いところに自社のポジショニングを置き，そのために5つの競争要因を無力化する競争戦略の重要性を説いている．

　このような企業の競争優位と外部要因との関係性について，環境適応理論を用いて企業経営の方法の違いについて実証的に分析を加えた古典的な研究がある．それは，日米企業の経営の特徴を解明した加護野他（1983）の研究

で，主に大企業を対象とした研究ではあるが，環境適応に深く関わる理論であり中小企業の存続や発展研究に有効な議論を提供している．そこでは，環境は企業経営の方法に差をもたらす源泉であるとの命題を基点として，個別環境条件の要請を製品市場の多様性，情報量，競争度，変動性，豊かさ，労働市場の流動性，組織間ネットワーク，競争会社，政府と設定して，環境適応に関する日米企業の国際比較分析を実施して，環境適応理論を発展させている．そして，1960年代以降発展を遂げてきた環境適応理論に基づく，環境バラエティと組織バラエティのフィットに関する議論を原点として，環境，生産技術，目標，戦略，組織構造，組織過程，経営者の視点から日米企業の違いを明確に示している．その結果，日米企業の平均像の違いは，それぞれが採用する環境適応の方法が異なることによるとして，日米双方の環境適応のモードを示した．そこでは，米国における環境適応の方式を「機械的適応モード」として以下のように表現している．

> 米国企業は，投資資本収益率と株価を目標としながら，経営資源の短期的な利用効率をたかめるために，機動的な資源配分を行い，重点市場では競争会社と正面から対決するという環境適応の戦略をとっている．このような環境適応の戦略が要請されるのは，米国企業が一方でより多様化した製品市場をもち，利益機会の乏しいより敵対的な市場に直面しているためであり，また，資本市場とくに株式市場から収益性と株式利益の追求を要請されているためであろう．他方，流動的な労働市場からの労働力の調達と会社売買の市場における事業の売買を利用することによって，短期的な効率をたかめながら，環境変化への適応力を維持することができるのである (p. 48)．

これに対して，日本企業の環境適応の方式は「有機的適応モード」として，市場シェアや新製品開発などを成長目標とした短期的な利益よりも長期的な経営資源の蓄積を重視した戦略を目指しているとした．そして，その戦略の背景として，次の点をあげている．

このような戦略が可能なのは，環境が変動的であり収益機会に富んでいるためであり，証券市場や金融市場からの収益性や株主利益追求への強い圧力が存在しないためである．また，労働市場も非流動的で，会社売買の市場も不完全なために，労働市場からの労働力の調達や事業の売買による経営資源の展開パターンの短期的な修正は困難である．組織間関係から課せられる制約の強さも短期的・機動的な資源展開に制約を課せるであろう．そのため，組織のなかに常に一定にスラックを保有し，組織自体の適応力を高めることによって，環境の変化への適応力を生みださねばならない．そのために組織内部に様々な情報や経験を蓄積するという戦略や行動を重視している．権限を組織内に分散させ，公式化や制度化をあまり進めない有機的組織構造は変化への適応と経験の蓄積に適している（p. 48）．

　この環境適応理論に基づく分析を中小企業を対象として実施した研究が米国にはみられる．それは，Covin and Slevin（1989）の研究で，加護野他（1983）の分析と同様に環境と組織との関係について定量的に実証分析を行っている．彼らは，米国の 161 の中小製造業をデータサンプルに使用して，個別的事業環境への認識とその対応方法のパターンを分析している．その結果は，類似する分析視角で研究を実施した Miller（1983）の研究成果と同様に，敵対的な事業環境下で競争している場合，柔軟で軌道修正がきく有機的な組織構造と企業家的な戦略姿勢のタイプの適応が経営成果にプラスの影響を与えるとした．逆に，自社事業にとって好意的な環境下では，効率性を優先する機械的な組織構造と独自の守備範囲での戦略姿勢のタイプの適応が経営に有効であるとの報告を行っている．この結果は，敵意に満ちていない事業環境下で企業の生存可能性は高まるとした Davis and Stern（1981）との報告とも整合する．さらに，投資機会が豊富で，かつ敵意に満ちた事業環境下で，創造的な経営姿勢を示す中小企業の繁栄が達成されやすいとの報告もあり（Zahra, 1993），これらの研究は，成長可能性を秘めた中小企業の生存や発展に焦点を当てた象徴的な分析アプローチとして頻繁に引用され，企業を取り巻く事業環境が自社にとって好意的か敵意に満ちた厳しい状況にある

のか，さらに自社事業にとっての投資環境は豊富か乏しいのか，など自社を取り巻く事業環境の特性や投資機会をひとつの大きな分析軸として捉えている．

これらの研究成果に対して，最近の小規模な新規開業企業の事業環境への適応に関する実証研究は従来の研究成果とはやや異なる結論を導いている．Sine, Mitsuhashi and Kirsch（2006）は，米国のインターネット事業分野における新規開業ベンチャー（new ventures）の組織適応と経営成果との関係性を，Burns and Stalker（1961）の有機的組織と機械的組織構造に関する議論を基点に分析を行い，新たな発見事実を提示している．同研究は，1996年に米国で設立して事業を開始したインターネット企業の 2001 年までの実態についてパネルデータを構築して分析にあたっている．最終的な分析対象データ数は 1049 社で，従業員数は中央値で 6 人，7 割の企業が 11 人あるいはそれ未満の従業員規模で小規模な企業が分析対象となっている．彼らは，変化が激しく不確実性の高いインターネット業界を例にとり，そこで活動する新規開業企業が適応する組織構造について実証分析を行い，成熟した企業組織とは異なる市場圧力に適応した組織のあり方を提起している．

分析結果からは，新規開業企業が敵意に満ちた事業環境から抜け出すためには，新規開業企業が本来もつ一定の柔軟な組織特性をベースにしつつも，創業チームによる公式な組織構造や業務機能の個別化や具体化など，規律や規範性を重視した組織特性が経営成果に好影響を与えていることを示した．それは，成熟した組織とは異なり，若く小規模な組織の場合は，新たな組織ルールや活動を軌道に乗せつつ人材も育てなければならず，そのために組織本来のもつ規律や規範など組織構造の利点を活用することが重要であることを示唆した．そこでは，組織内部での抽象性や調整コストの低下，効率性の向上など若い企業に欠けているマネジメント要因が補完されて，変化の激しい外部経営環境に耐えうる組織体質へと環境適応できたことを示している．

企業の生存に関わる先行研究の多くは，事業環境要因の変化を分析の主軸として，主に市場の成長性や規模，競合状況の観点から生存との関連性について分析を加えている傾向が強い．そこでは，規模の経済性が発揮しにくい市場（Audretsch, 1995）や競争が少ない市場（Kalleberg and Leicht, 1991）

など，総じて市場規模の小さいニッチ市場での生存の有効性を指摘する報告や，逆に競合数の多い大きな市場（Westhead, 1995）での生存可能性に注目する研究など多岐にわたる．環境適応理論の視点から分析を加えると，自社を取り巻く事業環境の特性やその変化は，企業の戦略やマネジメントに大きな影響を与えることには間違いなく，その解釈や対応の誤りは組織の存続を危ぶませることになるといえるだろう．事業環境への認識は，組織の存続の第1の鍵を握るといっても過言ではなく，環境要因は，経営資源の蓄積や獲得ならびに経営戦略の方向性にも影響を与えかねない重要なマネジメント変数といえよう．

3.3 戦略と経営姿勢

　生存する中小企業と消滅する中小企業の違いには，事業環境の認識と同様に，経営戦略要因が大きく関与することは間違いないだろう．組織を新たな方向へ導く経営戦略やトップの意思決定は，資源に限りがある中小企業にとっては，それが間違っていれば死活問題へと発展する危険性をはらんでいるといえよう．逆に，その対応次第では，変化する経営環境から新たな事業機会を探索して他社に先行して市場を創造するケースや既存市場で急成長を遂げる場合もあるかもしれない．戦略やトップの経営姿勢はそれほど重要な組織の駆動力になっているといえるのではないだろうか．それでは，どのような戦略や経営姿勢が企業の発展や失速に影響を与えるのであろうか．

　Reid（1991）は，経営戦略のタイプや経営トップの姿勢を調査して，生存との関係性について分析している．彼等は，スコットランド企業の実態調査を通じて，市場や企業規模などを一定とした場合，製品のラインアップの充実度と借り入れ水準の低さが企業の生存と非生存を分ける要因とした．分析結果から，規模の小さな企業が生き残るためには狭い範囲の顧客に依存せず，幅広く多様な顧客との強いパイプを開拓して保持することが重要であることを指摘した．

　Smallbone et al.（1992）の研究では，企業の生存に不可欠な要素として市場との調整や管理機能をあげたが，さらに重要な点として新たな市場機会の発見や顧客の拡大，すなわち市場開発の重要性を指摘する．同研究では，

同時に保守的なマーケット戦略でも企業の生存は可能としているが，そこでは製品調整の大幅な管理を意味して，それは他の企業も同様に実施しているマネジメントであるため競争優位性は低く，成長性は乏しいとした．また，衰退企業の特徴として，競争力を高めるための戦略性は乏しくコスト削減に傾く傾向にあるとしている．さらに，内部マネジメント面での特徴にも触れて，存続企業の多くが経営者を日常的業務から解放してフリーハンドの状態で経営に注力できる環境を作り，同時に現場など広範囲に権限委譲を進めている点を指摘している．また，Reid (1993) や Bradburd and Ross (1989) の研究はニッチな市場を意識して狭く特化した製品領域を持ち続けることが組織の強み（競争優位性の発揮）にもつながり事業継続を可能にすると報告している．このように，中小企業の生存要因や失敗要因に関する欧米諸国からの実証研究からは，市場開発，製品開発，組織機構などに深く関わる経営戦略や経営トップのマネジメント姿勢に関わる議論が多くみられた．

　一方，先行研究のレビューを通じて，中小企業の中でも大きな成長可能性を秘めた新規開業企業やベンチャービジネスへの関心が近年高まってきていることがうかがえる．米国や英国での景気後退を受けて1980年代後半から欧米諸国を中心に，アントレプレナーシップの活発化が将来の企業の発展に有効な戦略であるとの研究報告がみられるようになり，事業環境に対して能動的に行動するダイナミックな企業の戦略的な志向性の有用性についての議論が盛んになってきた．以下では，こうした点についての理解を深めるために，アントレプレナーシップとその駆動力としてのEOに関わる先行研究の動向について考察を加えておくこととする．

3.3.1　企業家活動（アントレプレナーシップ）

　多くの日本のベンチャー企業研究に影響を与えている Timmons (1994) の研究に従うと，アントレプレナーシップとは経営資源の多少にかかわらず新たな起業機会を創造あるいは発見して，価値を生み出す組織あるいは個人レベルの活動プロセスであると定義している．中でも起業機会や事業機会の探索や発見を重要な起点としてアントレプレナーシップを捉えて，そのために必要となる資源の新たな組み合わせや事業創造に向けた取り組みの重要性

を指摘している．また，古典的にはオーストリア学派に従うと，事業機会を探索し認識する中で，資源を新結合させながら認識した機会を活用していく活動プロセスと捉えられる（Kirzner, 1973）．そして，その成否は，事業機会の探索・発見・認識と事業機会の適切な利用・活用の2点を軸にしたマネジメントプロセスに依拠するといえよう（Shane and Venkataraman, 2000）．こうしたアントレプレナーシップの概念を集約するかたちで，金井（2002b）はアントレプレナーシップを起業機会の認識，資源，事業コンセプトと計画，そして起業家の4つで構成される相互補完プロセスと捉えて，こうしたシステムの中での破壊や均衡プロセスを通じて企業が発展していくと分析している[2]．

これに対して加護野（1987）は，アントレプレナーシップの本質は単なる新しい知識や情報の創造にとどまらず知識を構造化するための編成原理としてのパラダイムの転換と創造と定義し，そのプロセスにおける能動的な実践的活動の重要性を指摘した．そこではアントレプレナーシップの特徴を4つあげている．第1の特徴は，アントレプレナーシップとは不確実性に基づく能動的なプロセスであり，試行錯誤を繰り返す中での学習プロセスである点である．従って，アントレプレナーシップを常に混乱に満ちた混沌とした場での価値創造プロセスと捉えた．第2の特徴は，アントレプレナーシップが新たなパラダイムへの転換に基づき，かつ新たな事業機会の探索と発見から導かれていることから人々の抵抗と経営資源の希少性が常に存在して，そのためコストと時間がかかるプロセスとなっている点である．第3の特徴は，アントレプレナーシップのプロセスには様々な緊張が常に存在して，それが革新の引き金になるとともに新しいパラダイム創造への圧力にもなる点であ

---

[2] なお，Shumpeter (1961) は，アントレプレナーシップを革新プロセスの中で新結合による均衡を破壊する連続的な変革プロセスとして捉え，Kirzner (1973) は逸脱から新たな均衡に向かう漸進的な変革プロセスに注目した．いずれも，企業家による既存の概念，技術，資源などの新たな組み合わせを通じて新製品開発や新生産方式，販路の開拓など新たな用益を生み出す革新へと導くプロセスと位置づけられよう．すなわち，アントレプレナーシップは，イノベーションを基点に環境変化に対しての能動的な行動様式を貫き従来型の事業体系や組織機構を変革して新たな組織形態や産業生態系の創造を促す一連の活動プロセスと捉えられよう．

る．第4の特徴は，アントレプレナーシップは新たなパラダイム創造のための非連続性のプロセスである点である．従って，生態学に基づく進化や発展のプロセスと類似して無秩序な状況に新たな高次なシステムが付加されるメカニズムとして捉えられる．しかし，アントレプレナーシップを促進するには条件もあるとする．それは，資源の入手可能性および自立性と過度なアイソレーションである．アントレプレナーシップは行動を媒体とした活動であるため，資金，情報，労働など経営資源を入手する必要がある．また，既存のパラダイムから新たなパラダイムを創造するためには，極力，企業家への干渉を抑えることも必要と指摘する．

アントレプレナーシップとは新たなパラダイムの創造に向けた実践を伴う諸活動の総体として捉えられるが，アントレプレナーシップを牽引するのは企業家であり，その決定には基本的な方針や資源の蓄積や配分に関わる経営トップの意思が大きく影響しているはずである．組織あるいは経営トップの戦略的な経営態度が企業家的な活動を促す重要な要因の1つとなっているといえよう．近年の欧米諸国での研究成果からは，アントレプレナーシップを牽引する駆動力としての戦略態度の議論が活発化している．以下では，この点についての理解を深めて，中小企業の存続と発展との関係性について考察を加えていくこととする．

3.3.2 企業家的な戦略志向性（EO）

アントレプレナーシップを牽引して組織を成長に導くEOの概念化や構成範囲に関する研究はこの30年で欧米諸国を中心に発展してきた．それは企業家的な行動をとる組織の戦略態度や志向性のメカニズムやプロセスに関する理論的かつ実証的な研究の積み重ねでもある．その結果，近年，EOが中小企業，特に成長志向の強い中小企業の存続と発展に有効であるとの認識が強まってきている．その概念については，戦略論や組織論の枠組みの中で企業家的な行動姿勢を捉えて，Miles and Snow（1978）が提唱する4つの戦略型経営[3]の中の1つである探索型戦略と同義とする研究（Covin and

---

3 Miles and Snow（1978）の1つ目の戦略類型は防衛型戦略（defender）である．このタ

Slevin, 1989) や，新たな市場開発を通じて組織を高成長軌道に導く戦略的意思決定プロセスと位置づける研究 (Covin and Slevin, 1991; Lumpkin and Dess, 1996)，企業家的なマインドセットの視点から捉える研究 (McGrath and MacMillan, 2000) など多岐にわたる．しかし，各々の分析視角から捉えた企業家的な行動や経営姿勢の構成概念には共通する要素も含まれた．Antoncic and Hisrich (2003) は企業家的な行動の構成要素に関するこれまでの研究をサーベイして組織レベルの企業家的な行動の構成要素を次のように分類，整理している．それらは，新製品・サービスの開発・提供 (new products)，リスク・テイキング (risk-taking)，革新性 (innovativeness)，能動的な行動 (proactiveness)，内部イノベーションと創造性 (internal innovation and venturing)，戦略的リニューアル (strategic renewal)，イノベーションと創造 (innovation and venturing)，独立的な行動能力 (a capacity for autonomous action)，競争的攻撃性 (competitive aggressiveness) である．

しかし，これまでのアントレプレナーシップを構成する戦略姿勢の概念と要素に関わる研究の中では，特に，最も古典的な Miller (1983) の構成概念が頻繁に引用される傾向にあり，その後，発展も遂げている (Miller and Friesen, 1982; Covin and Slevin, 1989)．その構成要素の特徴としては，能

イブの戦略を志向する組織は狭い市場領域で高い専門性をもつ経営トップによって導かれるとして，新たな領域へ事業探索することはなく，既存の業務の効率化に最大の関心を注ぐとされる．2つ目のタイプは探索型戦略 (prospector) である．この戦略を志向する組織は常に新たな市場機会を求めて深耕するとともに，その結果生じる環境変化に適応できる体制が整っているとされる．同時に，当該戦略タイプの組織は常に経営環境の変化や不確実性に直面する傾向にある．また，このタイプの組織の関心事は新製品や新市場の開拓に注力されているため，業務・組織の効率化への期待は薄いとされる．3つ目の戦略タイプは分析型戦略 (analyzer) である．この戦略タイプを採用する組織では2つの事業領域を設定して同時にそれらを運営しているとされる．1つ目の事業領域は比較的安定したドメインで，そこでは公式な機構とプロセスを通じて日常的な業務が効率的に遂行されている．もう一方の事業領域は，やや不確実なドメインで経営トップが自らのアイディアを競合企業や市場状況を十分に踏まえながら実施するスタイルのものである．4つ目の戦略類型は受身型戦略 (reactor) であり，このタイプの戦略を採用する組織は経営環境の変化に気づくことはあっても効果的に適宜対応することはない組織である．このタイプ組織は一貫した戦略と組織の適応性を欠いているため，環境変化が実際に組織に大きな影響を与えるまで組織的な対応をすることは稀であるとされる．

動的な行動，革新性，リスク・テイキングの3つに集約して説明されている[4]．

能動的な行動とは，例えば，マーケティング戦略や製品開発プロセスにおいて迅速かつ攻撃的な姿勢で競争相手に打ち勝つ体制と行動を保持している状態をさす．競合相手が新たな市場に進出してくる前に主導権をとって先に事業機会を抑えて支配的な状況を作り出す戦略といえよう．また，将来のユーザーのウォンツやニーズを戦略的に探索する経営姿勢や行動が際立つ要素とも映る．

革新性とは，これまでにない事業アイディア，創造的な事業プロセス，技術的なリーダーシップを積極的に発揮・導入することを通じて新たな事業機会の開拓や新市場への進出に常に前進する志向性をさす．すなわち，既存の技術水準や事業モデルには満足せず，新たな領域に果敢に挑戦する経営姿勢といえよう．

リスク・テイキングの志向性とは，不確実性は高いが将来のリターンの大きな事業に対して多くの経営資源を投入して，組織運営を営む経営姿勢を示す．しかし，こうした高い事業リスクは往々にして緻密かつ冷静に計算されたリスクであり，周りが想定するリスクの水準と当該組織が負う実際のリスクとには乖離がある場合が多いとされる．ただし，大きなリターンを期待するために取るリスクであることには間違いなく，緻密に計算されていたとしても予期せぬ事象が事業の遂行に大きな障害を与えることはあり，それに対する組織としての危機認識はもつことになろう．

---

[4] そして，Miller（1983）はこれら3つの要因が組織内で同時に際立っていることをアントレプレナーシップや企業家的な行動が発揮されている条件とした．これに対して，Lumpkin and Dess（1996）らの研究では上記3つの構成要素に競争的攻撃性（competitive aggressiveness）と独立的な行動能力（a capacity for autonomous action）を追加して，アントレプレナーシップが発揮されている条件として，組織内でこれら5つの要素が同時に機能する必要はないとしている．5つの企業家的な諸要因のおのおのが個別にその機能を発揮することが重要であると分析している．欧米を中心とするアントレプレナーシップに関する実証研究では，こうしたアントレプレナーシップの構成要素について多岐にわたる議論がこれまであったが，近年の研究成果をみると，概ね前述した3つの構成要素に定着してきている．そのことは，51の海外ジャーナルに掲載されたアントレプレナーシップに関わる実証研究を用いて実施したRauch et al.（2009）のメタ分析成果からも支持されている．

先行研究からは，創造的中小企業がEOを鼓舞することによってその組織行動が内部に対して，また市場に対して能動的かつ攻撃的に変化して，継続的に新たな事業機会の探索と発見を繰り返し事業創造や製品開発のプロセスを経て組織の発展へと結びついていくことが想定されている．この経営姿勢の保持こそが事業の継続と発展を約束する駆動力になると考えられている．より強い企業家的行動を実践する中小企業は，外部環境をより早く察知して事業機会のサーチと内部環境の探索を実行し他社より早く潜在的顧客のニーズをつかみ革新的な製品・サービスの開発へと急ぐことが期待できよう．そして，多くの先行研究がEOと経営成果との肯定的な関係性を支持している (Rauch et al., 2009)．

　例えば，Keh, Nguyen and Ng (2007) は2000年にシンガポールに拠点を置く中小企業に対して調査を実施して，294社の有効回答をベースにそれらのEOと経営成果との関係性について分析を加えている．その結果，中小企業のEOは企業の経営成果に直接肯定的な影響を与えるとともに，マーケティング情報の獲得や利用にも重要な役割を果たしていることを示した．すなわち，EOは経営成果に直接的に影響を及ぼすが，同時にマーケティング情報の獲得と利用を通じて間接的に経営成果に影響を及ぼしている可能性を明らかにした．

　Wiklund (1999) の研究では，スウェーデンの中小企業への3ヵ年にわたる電話と郵送アンケートによる追跡調査 (1996, 1997, 1998) を通じて分析に有効な136のパネルデータを構築して，その上でEOが7つの指標からなる経営成果に与える影響を緻密に分析し，3ヵ年にわたるEOと企業の経営成果との持続可能な肯定的な関係性を明らかにした．同様に，Madsen (2007) は168社のノルウェーの中小企業の2000年と2003年のパネル企業データベースを構築して，EOの変化と経営成果との関係性について分析を加えている．その結果，3ヵ年の間に中小企業の企業家的な戦略姿勢が強まれば，雇用成長力や競合他社と比較した経営成果が高まり，逆にEOが弱まれば雇用成長力や経営成果が低下するとの結論を導いている．これに対して，こうしたEOと経営成果との関係は一定期間持続可能ではあるが，その後リニアな関係ではなく逆U字型の関係に変化するとの研究報告もある．

Tang, Tang, Marino, Zhang and Li (2008) は中国の2つの地域での調査結果（調査1：2005年，185社，調査2：2005年／2006年，164社）を踏まえて，EO と経営成果は時間の経過とともにマイナスの関係性に変化する可能性を指摘した．同様の関係性について Chrisman, McMullan and Hall (2005) の研究においても示唆されている．

このように，多くの実証研究が EO と経営成果について，肯定的な結果を導いていることは確かであるが，それは常に経営成果に有効であるとは限らない．Green et al. (2008) は，EO を補完する戦略的反応性（strategic reactiveness）の重要性と有効性を主張している．すなわち，常に高いリスクを負い，探索的かつ革新的な経営姿勢を保持することは，同時に組織を危機に導く可能性も高いことを意味する．企業が十分に理解をしていない事業領域に進出することにより，競合他社から思わぬ反撃を受けたり，市場ニーズを読み間違えたり，新製品開発に必要な技術を過信したり，予期せぬ事態から多くの損失を生じることがあるだろう．こうした事態に対して組織は，新たに生じた環境変化に迅速かつ柔軟に対応して，戦略を軌道修正する必要があり，このような予期せぬリスクを最小限にくい止める能力のことを戦略的反応性と概念化されて（McGrath and MacMillan, 2000; Morris and Kuratko, 2002），EO を保持するために不可欠な要素と報告している．

Green et al. (2008) はさらに分析を発展させて，米国の110社の中小製造企業のデータサンプルを使用し，この戦略的反応性（高 vs. 低）と EO （高 vs. 低）の関係性に重点を置きつつ，経営成果に影響を与える組織（機械的 vs. 有機的）や経営トップの意思決定様式（直感・経験型 vs. 技術的・分析型）の要因を加味して分析モデルを構築し，これらの要因間の関係性を緻密に分析している．その結果，高い EO と高い戦略的反応性の保持が経営成果を高める可能性が大きいことを示した．同時に，両方の要素が同時に低い組織の経営成果は最も低いとの結論を導いている．同研究は，組織形態が柔軟で有機的な組織構造の場合，強い EO と高い戦略的反応性を両立させるためには，直感・経験型の経営トップの意思決定スタイルが有効であることも示した．逆に，効率的で機械的な組織構造の場合は，技術的・分析型の経営トップの意思決定スタイルの方が EO と戦略的反応性の両方を実現しやす

いとの結論を導いている．

分析結果からは，組織の環境変化に対する戦略的反応性の保持が，EOを補完して経営成果を向上させていく点において重要であることが確認されたといえよう．同時に，その効果は経営トップの意思決定スタイルや組織のあり様によって異なってくることも示された．このように，EOは，それ単独ではなく組織を取り巻く経営環境や経営トップの特性など様々なマネジメント諸要因と相互補完関係をもち，組織の維持や発展に影響を与えているといえよう．

EOに影響を与える要因分析については，欧米諸国を中心に多くの実証研究が報告されている．古典的な議論の1つが経営環境要因，中でも敵対的な環境要因とダイナミックな環境要因がEOの特性を適切に融和して高い経営成果を生み出す条件になっているとの主張である（Covin and Slevin, 1989; Lumpkin and Dess, 1996; Zahra and Covin, 1995）．逆に，こうした環境要因や事業コンテクストよりも企業組織内部，例えば希少な経営資源の所有と配分がEOと高い経営成果を適切に結びつける役割を果たすとの議論も活発化し（Wiklund and Shepherd, 2003a, 2003b, 2005; Lee et al., 2001），現在，EOの重要性を踏まえた上で，どのような経営要素との組み合わせが企業組織の存続や発展に寄与するのかについての議論に移ってきているといえる．

成長可能性を秘めた中小企業の存続には様々な要因が影響を与えることには間違いないだろう．しかし，その中核を担うものはアントレプレナーシップの駆動力としての戦略姿勢や志向性であり，それは，企業存続の根源と深く関わりがあるといえるのではないだろうか．特に，経営資源に限りのある若年企業や中小規模の組織にとって，高い事業目標を達成するために欠かせない組織のコア能力を支える基盤としても位置づけられよう．

3.4 経営資源

企業の存続と持続的な発展のためには経営資源の蓄積と適切な配分は欠かせないといえよう．この考え方を支える資源ベースアプローチ（RBV: Resource Based View）は，企業の競争優位の源泉が経営資源にあることを主張し，それら資源の価値と所有を強調する（Wernerfelt, 1984; Barney,

1991).RBVでは，企業を生産資源の集合体とみて（Penrose, 1959），その資源は企業ごとに本質的に異なる企業固有のものと考える．そして，経済価値があり希少で模倣困難性の高い資源の保有と活用が競争優位性を高め[5]，特に新規開業企業や中小企業の場合，その後の成長や存続に影響を与えることになるといえるだろう．

　一般的に中小企業は資金や人材が潤沢ではなく，事業を展開するために必要な自社保有の経営資源は限られているといえよう．中でも，今後大きく事業を展開させようと考えている成長可能性を秘めた中小企業にとって，事業目標を達成するために必要な経営資源と現在保有している経営資源との資源ギャップは大きく，その溝を埋めることが組織の発展にとって欠かせないだろう．金井（2002b）は，このように経営資源が不足するベンチャー企業が大きく発展するために企業能力の基盤としてのコア能力の重要性を，Hamel and Prahalad（1994）の3つの要件を引用して，強調している．それらは，①顧客価値を高めることができる能力，②競合他社と明確な違いを出すことができる能力，③企業力を広げることができる能力の3つである．その上で，金井（2002b）はこうしたコア能力の積極的な蓄積こそが組織の競争優位を築き高い事業目標の達成を可能にすると主張して，以下のように述べている．

　　ベンチャー企業は多様な資源を中途半端にそろえるのではなく，スタートアップ期からコア能力を識別し，それを集中的に蓄積，強化していくことを志向すべきであるということになる．このことを通じて，ベンチャー企業は成長期以降のステージに対する基礎を固めることができるのである（p.78）．

5　RBVでは生産資源が持続可能な競争優位性を発揮するための4つの条件（VRIO）を提示している．1つ目の条件が経済価値（value）であり，企業が保有する資源が外部環境における脅威や機会に適応しうること，2つ目が希少性（rarity）で，価値ある資源を保持しコントロールしている企業はごく僅かであること，3つ目は模倣困難性（inimitability）で，価値があり希少な資源を他の企業が開発・獲得するには多大なコストがかかること，そして，4つ目が組織（organization）に関する点で，こうした3つの条件を有する資源を配分するために組織的な方針・体制・対応方法が整っていることである（Barney, 1991, 1997）．

このように，変化が激しく不確実性の高い環境下に置かれた小規模企業や創業間もない企業が生き残るためには，いち早く競争劣位から脱して少なくとも競争均衡あるいは競争優位性を確保する必要があり，そのための固有資源の蓄積と利用は欠かせないといえよう．そして，その蓄積の基盤となる組織のコア能力の強化は成長志向の強い中小企業にとっては欠かせない戦略となるだろう．欧米諸国を中心にみられる実証研究の多くは，こうした企業のもつ固有の経営資源や組織能力の有効性を支持している．そこでは，近年，創造的な中小企業特有の戦略姿勢に適合する経営資源の有効性に注目した実証研究もみられる．

　例えば，Wiklund（1999）の研究では，EO は資源を消費する戦略であり競争優位な経営資源が十分でないと経営成果を最大化することが困難であると主張している．同様の主張は，Covin and Slevin（1991）や Romanelli（1987）の研究からもうかがわれ，最近の Madsen（2007）の研究においてもそれを支持する結論を導いている．また，Lee et al.（2001）の研究では，EO を技術的能力や財務資源と同じ内部経営資源の一部として捉えて，外部のネットワーク資源との組み合わせを考慮しつつ，スタートアップ企業の成長性との関係性について分析している．同研究では 1999 年に実施した韓国での調査に基づき，137 社の技術開発型スタートアップ企業を対象に分析が行われている．その結果，内部経営資源としての EO，技術的能力，財務資源ともに企業の売上高成長にプラスの効果を発揮していることを示した．また，こうした 3 つの内部経営資源と外部ネットワークとしてのベンチャーキャピタルとの結びつきが，スタートアップ企業の成長を加速させる可能性も示した．このように，競争優位な経営資源として組織内部に埋め込まれた EO は，他の経営資源とともにその効用を最大限に発揮していることがうかがえる．

　一方，限られた研究蓄積ではあるが日本の中小企業を対象として，企業年齢と無形資源とを触媒・調整要因として EO と経営成果との関係性について実証的に分析した論文も報告されている．江島（2011b）は 207 社の中小企業サンプルを使用して，企業年齢の長短と小規模特有の無形経営資源の有無とが，EO に強く影響を与えて企業成長に変化を及ぼすことを示した．具体

的には，同じ若年企業の間では，高い水準の無形資源を保有している企業の方が，そうでない企業よりEOと整合して大きく成長し，逆に業歴の長い企業の場合は，無形資源の保有は顕著にEOと企業成長との関係を改善しているわけではないことを明らかにした．

このように世界的にもまだ数は少ないものの，EOと経営資源との相互補完性に注目をしてその効用を実証的に分析する研究も近年増加してきている．それは，企業家的な戦略は資源消費型の戦略であり，企業は将来の成長を想定する際に今の経営資源を理解した上での戦略を練る（Wernerfelt, 1984）という考え方に立脚しているといえよう．すなわち，戦略を実践する際には，その源泉となるリソースの競争優位性は極めて重要な要因となるはずである．いくらEOを誇示しても，それに見合う希少で価値ある経営資源が希薄では事業活動は失敗する可能性が高くなるであろう．

Chrisman and McMullan（2000, 2004）は，価値ある資源は外部にも存在して，その資源の内部化の重要性を指摘する．スタートアップ期の経営者にとって経営資源（特に，知識資源）の欠如は致命的であり，その補完のために外部経営資源の獲得を示唆している．企業家能力を高める知識の創造と交換活動が活発に行われている場で獲得した企業家能力がその後の企業の革新，生存，成長にプラスの効果を発揮していることを長期にわたる実証データの蓄積を通じて明らかにした．彼らは知識ベースアプローチで指摘されている暗黙知と形式知から構成される知識の創造と交換の諸活動（Berman, Down and Hill, 2002; Grant, 1996）が，企業家や経営資源に乏しい中小企業の成長を促進させるという考え方に基づき，経営資源の一部としての知識資源の重要性と有効性を示した．このように，企業固有の資源が競争優位性を発揮する源泉となり高い経営成果を導く可能性は高いといえよう．しかし，経営資源の開拓や蓄積だけでは，その価値は半減する．その用益や利用方法を明確にして資源を利用する認識も重要であるといえよう．

ここまでは，近代経営学の視点から，中小企業の生存に影響を与える重用な諸要因について企業属性，事業環境，戦略・経営姿勢，経営資源の4つの視点について国内外の先行研究をレビューしてきた．先行研究では，フィールドワーク調査を通じた日本の中小企業の存続や発展に関連する発見事実や

実践的な事例研究を通じた中小企業の存続の本質に関わる考察など多岐にわたったといえる．

しかし，多くの日本の中小企業の研究は緻密だが定性的な分析に偏っていたといえよう．その重要性と研究貢献は極めて大きいものの，逆に定量的な分析による事例研究の検証や理論的な考察はやや不足しているといえないだろうか．

日本の中小企業の存続要因を包括的かつ定量的に分析した実証研究は，欧米諸国と比較すると，その蓄積は十分とはいえない．特に，戦略やマネジメントの視点から，成長可能性を秘めた中小企業の存続や衰退に与える諸要因の定量研究の蓄積は薄い．第1章では，創造的中小企業が事業創造を通じて革新や雇用を生み経済社会に大きな影響を与えていることについて論じてきたが，その創造的中小企業の生存要因を実証的に分析することの意義も大きいといえよう．本章で考察を加えた国内外の先行研究から導出された発見事実や示唆を踏まえて，次章ではどのような要因が創造的中小企業の存続や失速に影響を与えるのかについて定量的に分析を加えていくこととする．

第3章 創造的中小企業の生存要因

1. 分析のねらい

　成長可能性を秘めた中小企業は，その成長過程において技術革新や事業創造を繰り返して社会的富や雇用を生み出す点において，その存在意義は大きいといえよう．しかし，すべての企業が事業の継続と繁栄を成し遂げる訳ではない．大きく成長を遂げる前に失速し消滅していくケースや誕生後すぐに事業の継続が困難になる企業も多数存在する．創造的な企業といえども，あるいはそれゆえ，予期せぬ事態への対応の失敗や成功体験への過度の固執などから失速して消滅してしまうケースもあろう．その原因は企業の戦略や組織のマネジメントの問題に起因する可能性が高く，経営を安定させて事業を継続し成長軌道に乗せていくことは容易なことではないといえる．創造的中小企業が事業を継続して組織の存続を長期的に可能にすることは，企業の成長や発展と同様にあるいはそれ以上に重要な経営課題であり高い社会的関心事でもある．企業成長は事業の継続や企業の存続の重要な手段ではあるが，それ自体は目的とは言えないだろう．

　中小企業が事業に挑戦して失敗・消滅する場合と存続し発展する違いはいったいどこにあるのか．これまで多くの研究者がこうした革新性を秘めた成長中小企業の存続や発展に関わる研究を進めて，それらに共通する要因がいくつか特定されてきてはいるが，統一的な見解に至っているとはいえない状況にある．しかし，欧米諸国を中心とする実証研究成果や数少ない日本の研究成果を踏まえると，創造的中小企業の生存要因を分析する際の分析枠組みについての知見は有効に活用できるといえよう．第2章で整理して考察を加

えたように，中小企業の生存や消滅に関わる国内外の実証分析は様々な分析視角や前提を踏まえて行われており，先行研究から導出された発見事実や知見のもつ意義は大きいといえるだろう．本章ではそうした先行研究での議論から導き出された中小企業の生存に影響を与える諸要因を用いて，前章で考察を加えた，企業属性，事業環境，戦略と経営姿勢，経営資源を分析枠組みとして設定し，これらと創造的中小企業の生存との関係性について探索的に要因分析を行うこととする．

2. 創造的中小企業とは

ここでの実証分析では成長可能性を秘めた創造的中小企業として，1995年に制定された創造法によって政府認定を受けた創造的中小企業を分析対象とした．同法律は創業，研究開発，事業化を通じて，新製品や新サービス等を生み出そうとする中小企業を支援するためのもので税制や金融をはじめとした幅広い支援施策も準備された．同支援策は，中小企業を弱者と見なす従来の中小企業政策の考え方とは異なり，イノベーションの源泉と見なす立場に立ったベンチャー支援立法の先駆けとしても知られている．事実，中小企業政策の基本となる中小企業基本法が1999年に36年ぶりに改正されて，政府は中小企業の多様性を認識するとともに，成長可能性を秘めた創造的中小企業へ支援対象を転換する傾向を強めた（中小企業庁，1999）．本章で分析対象とした創造的中小企業とは，こうした新たな事業開発や研究開発を通じて将来，地域の活性化やイノベーションを生み出す可能性を秘めた中小企業としている．創造的中小企業に関する先行研究においても，その成長性が確認されている（山田・江島，2003; 江島，2002; Yamada, Eshima and Kurokawa, 2003, 2008; Eshima, 2003）．これらの研究成果からも創造的中小企業とは技術力を基盤として大きく市場を開拓する可能性をもった企業として捉えられよう．

創造法の認定企業になるには次のようなプロセスを経る必要がある．まず，事業を現在営んでいない個人も含めた中小企業者等が，新技術に関する研究開発やその事業化に関する計画書を各都道府県に提出し，創造法認定の審査を受けることになる．そこでは，都道府県の担当部署による，認定基準

との適合性や財務状況の確認など基本的な書類審査と技術，事業，新規性など外部の有識者から構成される審査委員会による専門審査の2つを経ることになる．そして，各地域の判断のもと創造法の趣旨に合致して，これらの審査を通過した企業のみが，創造法認定企業として公に認められることになる（フェーズ1の獲得）．同時に，創造法認定企業は，各都道府県等が準備する多様な支援措置への応募資格を獲得する．例えば，技術研究開発補助金，債務保証，低利融資制度，設備投資減税などの支援策が用意されており，創造法認定企業は，各支援措置に個別に応募することになる．その後，個別支援措置の専門審査などを通過した企業が支援措置を受ける（フェーズ2の獲得）．図表3-1には，こうした創造法認定のプロセスを示している．

こうして審査プロセスを通過した創造法認定企業は，認定措置（フェーズ1）ならびに支援措置（フェーズ2）によって創造的な研究開発と事業化を加速させることが期待される．具体的にはフェーズ1獲得の場合，公的な信用力が創造的中小企業に付加されてビジネス面で従来以上のチャンスが広がる可能性が高まると考えられる．フェーズ2獲得の場合は，フェーズ1獲得

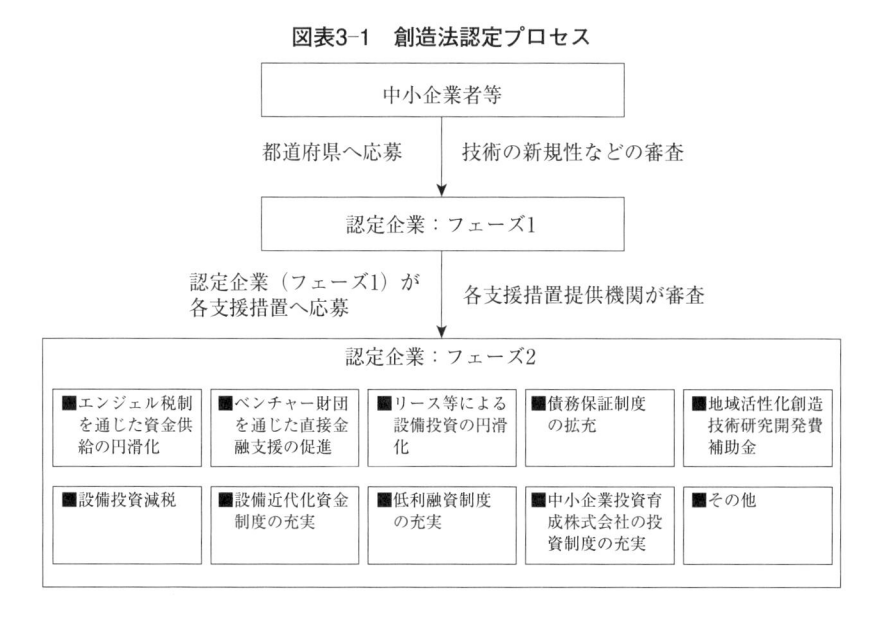

図表3-1　創造法認定プロセス

```
                    ┌──────────────┐
                    │  中小企業者等  │
                    └──────────────┘
          都道府県へ応募  │  技術の新規性などの審査
                          ▼
                    ┌──────────────────┐
                    │ 認定企業：フェーズ1 │
                    └──────────────────┘
  認定企業（フェーズ1）が │  各支援措置提供機関が審査
  各支援措置へ応募         ▼
┌───────────────────────────────────────────────────────────────┐
│                     認定企業：フェーズ2                        │
│ ■エンジェル税制  ■ベンチャー財団  ■リース等による  ■債務保証制度  ■地域活性化創造 │
│  を通じた資金供  を通じた直接金  設備投資の円滑    の拡充      技術研究開発費  │
│  給の円滑化       融支援の促進    化                          補助金         │
│ ■設備投資減税   ■設備近代化資金 ■低利融資制度   ■中小企業投資育 ■その他       │
│                  制度の充実      の充実          成株式会社の投               │
│                                                  資制度の充実                 │
└───────────────────────────────────────────────────────────────┘
```

によるビジネス面での信用力の付加に加え具体的な各種補助金等が付与され，成長ポテンシャルの顕在化が期待できる．地域に潜在している創造的かつ革新的な中小企業を発掘しさらなる成長のきっかけを与える役割を同法が担っているといえよう．

各都道府県によって認定を受けた創造的な中小企業は，全国で新たな事業開発に向けた取り組みを展開している．関西新技術研究所（2003）の報告によると，その認定事業の数[1]は，同制度が設立して以来増加傾向にあり，1995年は193件，1996年には1312件，1997年には1240件など毎年1千件を超える創造的な中小企業の認定が行われており，2002年12月末時点で9502件に達する（図表3-2参照）．また，1ヵ月あたりの平均認定件数は106件となっている．

地域別の創造法の認定件数をみると，最も多いのが関東地方で4917件，次いで近畿地方の1665件，九州地方の682件，中部地方の675件，中国地方の593件，東北地方の494件，四国地方の320件，北海道の91件，沖縄の65件と続く．また，中小企業全体に占める創造的中小企業の認定数の割合は，最も高い地域は関東地方の0.68で最も低い地域は北海道地域の0.12

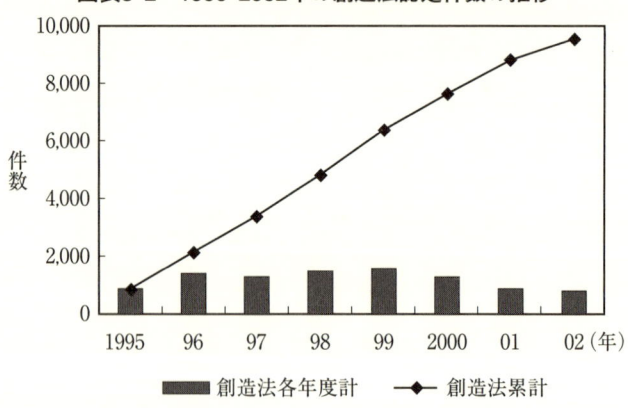

図表3-2　1995-2002年の創造法認定件数の推移

[1] 創造法の認定は厳密に言うと事業単位となる．従って，1つの企業が複数の事業で異なる年次に創造的中小企業として認定されることがあるため，創造法による認定件数と認定企業数とは若干異なる．

で全体では0.57とそれほど高い割合でないとされる．全体のごく一部の中小企業が創造的な中小企業として認定されており比較的その希少性は高いといえよう．

江島（2002）の研究では，創造法認定企業は全体として成長を遂げているとしつつも，フェーズ1による認定効果で信用力が高まったと認識している企業がフェーズ2の具体的な支援措置を受けた場合に，支援効果が高まり経営成果（売上と雇用の変化）に好影響を与えると分析している．また，創造法支援の効果は必ずしも複数回支援を獲得すると経営成果にプラスの影響を与える訳ではなく，単数回でも好影響を与える可能性を示した．なお，この結果は米国の技術開発支援プログラムであるSmall Business Innovation Research (SBIR) プログラムの支援効果を検証したLerner (1999) の研究成果とも一致している．政府支援の効果を高めるには単数回で限定的な支援でも企業の潜在力が顕在化する可能性が示唆されている．

3. 調査

3.1 調査方法とデータ

本研究では日本の創造的中小企業の生存要因を分析するために，企業訪問による予備的調査と2回に及ぶ大規模な企業経営実態調査を実施して，企業の経営に関わる情報を大量に収集している．企業への予備的訪問調査については，創造的中小企業の戦略やマネジメントの実態に直接触れて経営に関わる質的データを獲得するために，1999年に6社の創造的中小企業への訪問調査を実施している．そこでは，経営トップに対して新たに展開する事業内容やそれを支える戦略や組織，経営面で困難に直面した状況ならびにその場の克服プロセスの実態など事業の継続や発展とそれを支える経営トップの姿勢を中心に詳細なインタビュー調査を行った．ここでのインタビュー調査やディスカッションを通じて，創造的中小企業の生存要因に関わる質問調査票の設計の骨格を構築している．この基本設計をベースに，前章で考察した国内外の生存要因に関わる先行研究から導き出された戦略や経営姿勢，事業環境や経営資源に関わる諸要因を加味して，中小企業の経営トップに比較的簡易に回答できる様式を工夫して調査票の作成を行った．

その上で，2000年10月に大規模な郵送アンケート調査を実施している．調査対象先は，調査時点で各都道府県から創造法としての認定を受けていた創造法認定企業5521社すべてで，公表されていた各企業の住所宛に経営トップを回答者として指定して調査票を発送した．約2ヵ月間の回答期間を経て，1233社の有効回答を得た．有効回収率は，22.3％であった．

次に，この2000年調査で回答した1233社すべてに対して電話による生存実態調査を2004年の11月から翌年の1月にかけて実施した．生存の基準は，2000年アンケート回答企業と同一企業であり2004年時点で事業活動を継続していることを基本とした．廃業，休業，清算など実質的に企業活動を営んでいないことが確認できた場合や電話が不通であったり，常時電話応対がない場合はビジネスの実態がないとの理由で非生存企業とした．なお，電話による調査を拒否されるなど生存や非生存の確認がとれなかった場合，ならびに2000年調査と同一企業との確認がとれなかった場合は不明として，分析対象からは除外している．最終的にこの2つの調査で得た企業情報を用いて創造的中小企業の生存に影響を与える諸要因の分析を行っている．

実証分析では前章で考察を加えた本研究の分析視角を踏まえて，創造的中小企業の生存要因に関わる基本的な問題設定（research questions）を以下の3つに設定して計量分析を試みている．①創造的中小企業の生存に影響を与えている要因とは何か．②その内，ハザードレートの高い若年企業の生存に影響を与えている要因とは何か．③また，成長軌道にある中小企業の存続と消滅の違いに影響を与えている要因とは何か．以下，具体的な創造的中小企業の生存要因の測定に移る前に，まず実証分析で用いる諸変数について論じることとする．

3.2 変数

中小企業の存続や消滅に影響を与える要因は多岐にわたり，国内外の先行研究からの成果については前章で詳しくみてきたところである．そして，そこで分析されかつ考察された中小企業の生存要因は，一定の知見は与えているものの統一的な見解を導く段階にはなかったといえよう．しかし，先行研究が注目したいくつかの生存要因ならびに生存要因分析の枠組みは，本章で

の分析に有効な示唆を与えてくれている．また，1999年に実施した企業への予備的訪問調査で把握した創造的中小企業の経営実態や事業の継続や発展に関わる経営トップの経営姿勢や戦略も，先行研究と同様に実証研究における貴重な変数設定の材料となった．従って，以下では前章で導出した中小企業の生存に影響を与える諸要因と創造的中小企業への予備的訪問調査から確認できた諸点を併せて再整理した企業属性，事業環境，戦略，経営姿勢，経営資源の5つの変数に着目をして，その理解を深めておくこととする．

3.2.1. 企業属性

前章で考察したように，多くの先行研究では企業の属性に関わる諸要因が企業の存続や消滅に大きく影響を与えることを示していた．そこでは，企業の保有する資産や人的資本，企業が属する業界や産業の発展段階，組織の保有する技術水準，市場の成熟度や成長性，企業年齢などが企業の存続や成長に直接あるいは間接的に関わりをもつとの議論がなされていた（Evans and Jovanovic, 1989; Cressy, 1996; Okamuro, 2004; Honjo, 2000a）．中でも，企業規模と年齢が中小企業ならびに創造的中小企業の存続に大きな影響を与えるとの報告が一定程度の蓄積をみせていた．

本研究は，創造的中小企業の生存要因について，主として経営学的アプローチを用いて分析を試みるものである．従って，先行研究で指摘する企業属性に関わる生存の諸要因については重要な変数ではあるが，戦略や経営姿勢などの主変数と生存との関係性を分析する際の補完的な制御変数として位置づけている．また，ここで用いる企業規模の変数については創造的中小企業の一連の先行研究（山田・江島，2003; Yamada et al., 2003, 2008）でも用いられている資本金基準を採用して，企業年齢についても同様に調査時点から企業設立年を差し引いた年を採用している．いずれの変数項目についても，アンケート調査を通じて回答企業から得られた情報を優先しているが，必要に応じて該当企業のホームページにアクセスをして適切な情報を補完して用いている．

3.2.2 事業環境

環境変数については，Kwhadwalla（1977）の概念を参考に，制度や業界などの一般的環境要因（general environment）ではなく，個別顧客や競合他社を意識した個別環境要因（task environment）として捉えて，同時に客観的な環境変数ではなく環境認識変数を意識した概念設定をしている．こうした事業環境の概念定義は，中小企業に関する実証研究において頻繁に用いられており（Covin and Slevin, 1989; Dess and Beard, 1984），より規模の小さい組織の実態に合致した環境要因の把握であるといえよう．

具体的な変数の検討に際しては，環境適応理論に基づき日米企業の国際比較研究を実証的に行った加護野他（1983）の考え方に従いつつ環境変数を参照しているが，より具体的には Burns and Stalker（1961）の議論を基礎にして中小企業の環境適応性について研究した Covins and Slevin（1989）や Miller（1983）が実証研究で用いた環境変数と整合しているといえよう．そこでは，競合他社の動向や消費者の行動様式，技術や製品・サービスの変化などのスピードや予想の困難さ，自社にとって現在の市場や事業環境は敵対的な環境なのか好意的・有利な環境なのか，事業展開に際して投資機会は豊富な状況であるのか，といった業界でのポジショニング（Porter, 1980）とも関わりのある議論を軸にした事業環境の変数の概念設定が行われている．

事業環境変数に関して，創造的中小企業の一連の研究（山田・江島，2003; Yamada et al., 2003, 2008）との整合性をとり，かつ企業への予備的訪問調査から得られた知見も参照にしているが，これらの議論は前述した先行研究で用いられている事業環境に関する変数の議論と大きく逸脱するものではなかった．その結果，先行研究から導き出された市場の性質や規模の変化を軸にして，創造的中小企業を取り巻く事業環境変数として，顧客，製品・サービス，技術，競争者，投資機会など7つの環境変数を設定している．アンケートの設問票では，各項目ともに1～5の5段階の尺度を用いてその認識の度合いについて経営トップから回答を得ている．

3.2.3 戦略

戦略要因の変数設定に際しては，事業環境への適応との関係性を重視しつ

つ創造性や革新性を発揮する戦略態度やマネジメント要素が，企業の存続と発展に重要であるとの先行研究成果に照らして検討を加えている．そこでは，日米企業の比較研究を実施して機械的適応モードと有機的適応モードの違いに言及した加護野他（1983）の研究で変数として用いられていた経営戦略や目標・ビジョンの捉え方，経営環境，技術・ノウハウ，組織などに関わる要素を取り入れ，同様に先行研究から導き出された経営戦略に関わる防衛型，探索型，分析型，受身型の4つの戦略タイプ（Miles and Snow, 1978）の概念を用いて，先駆性や独自性，リスク志向やドメインの捉え方に関わる変数の設定も考慮している．

Storey（1994）は中小企業の存続や消滅に影響を与える分析枠組みの中から，特に市場との対話や市場との調整機能が外部からのインパクトに対する緩衝剤として重要であるとの認識を示して，他の先行研究もその考え方を支持していた（Reid, 1991; Smallbone et al., 1992）．従って，顧客や市場との調整や管理に関する変数として，マーケットリーダーやトップシェアへの認識，ニッチ市場戦略やオールライン型製品・総合力重視，国際商品の開発，マーケティングに関わる戦略変数を設定している．また，日本の創造的中小企業に関わる一連の研究（山田・江島, 2003; Yamada et al., 2003, 2008）で継続的に使用している変数や実証研究から得られた主要結果から，多様な技術・ノウハウの蓄積や長期的な計画姿勢，高品質の製品開発などの変数も考慮し，企業への予備的訪問調査から得た，新製品開発やコスト優位の姿勢，業界構造や業界知識に関する点の重要性も先行研究結果と整合する形で確認して変数として用いている．

その結果，事業ドメインやビジョンの捉え方，全社的資源の最適化，先駆性，独自性，リスク志向，市場への対応を軸とした17の戦略変数を設定するに至った．そして，これらすべての変数項目について，重視する程度を1〜5の5段階リッカート・スケールを設けてアンケート調査票に付し，対象企業の経営トップに対して郵送して質問している．

3.2.4　経営姿勢

経営姿勢についての変数設定に際しては，経営トップのマネジメント姿勢

という視点から，またその中でも成長志向性を保持した中小企業のトップの経営姿勢に関する先行研究結果を重視している．特に，Timmons (1994)，加護野 (1987)，山田 (2008b) が主張する企業家活動の本質に関わる概念とも整合する形で，その具体的な変数設定に関しては，中小製造業の企業家的な経営姿勢について実証研究を行って，アントレプレナーシップ研究の分野で頻繁に引用される Covin and Slevin (1989) の実証研究における変数を参照している．そこでは，企業家的な戦略志向性 (EO) の強さを表現する諸変数が示されて，外部情報への認識，挑戦する姿勢，突出性，リスク，現場の自主性など能動的かつ攻撃的な経営姿勢が強調されていた．

日本のトップ・マネジメントに関わる特性の把握という視点から，加護野他 (1983) の実証研究で用いられた経営者の視点やリーダーシップ，組織構造，環境認識に関わる変数も重視した．また，創造的中小企業に関する一連の先行研究 (山田・江島, 2003; Yamada et al., 2003, 2008) で継続的に用いている諸変数ならびに予備的訪問調査結果から，論理的・分析的，環境変化への俊敏さ，トップの価値観が組織に浸透などの視点も重要な経営トップの姿勢として指摘されており参考にした．

このように創造的中小企業のトップの経営姿勢に関わる変数設定は多岐にわたるものの，先行研究を整理して総合的に考察を加えたところ，経営環境の変化に対する姿勢，経営理念やトップの価値観，現場重視，先行・突出性，組織文化，リーダーシップ，情報網などを軸とした 20 の経営姿勢の変数を設定するに至った．創造的中小企業に対するアンケート調査票では，これらの項目ごとにその重要度を 1～5 段階のリッカート・スケールに分けて設定して経営トップに対して設問をし，経営姿勢の違いについて回答を得ている．

3.2.5　経営資源

資源ベースアプローチは，企業固有の生産資源の所有の重要性を指摘して，同資源が経済価値 (value) と希少性 (rarity) と模倣困難性 (inimitability) を併せ持つことによって組織の競争優位性が高まることを主張する (Wernerfelt, 1984; Barney, 1991)．本実証分析における経営資源に

関する変数の設定に関しては，この資源ベースアプローチの考え方に立ち，企業固有の生産資源を物的資源，人的資源，技術資源，無形資産などに分けて分析している．

成長可能性を秘めた中小企業の存続や発展と経営資源の所有との関係性について検証した実証研究では (Lee et al., 2001; Madsen, 2007)，その多くが技術資源や組織の企業発展の基盤となるコア能力 (Hamel and Prahalad, 1994) に関わる経営資源を変数として用いている．創造的中小企業の一連の研究 (山田・江島, 2003; Yamada et al., 2003, 2008) においても，組織の中核的能力の要素として，特定の社員の持つ技術やネットワーク，組織のもつ特許や製品開発力などを変数として分析を行っている．従って，ここでの分析は，こうした先行研究との整合性を踏まえて，前述した資源ベースアプローチの視点に従い8項目の変数を選定して，アンケート調査を通じて創造的中小企業の経営資源について把握することとしている．また，各アンケート項目では，同業他社との比較において競争優位な経営資源の有無について聞いているが，製品開発力に関する項目は，その性質上幅広く7段階のリッカート・スケールでの尺度評価に設定している．

なお，ここまで論じてきた5つの変数の詳細については，図表3-3の変数一覧に示している．

4. 分析結果と考察

4.1 分析対象企業のデモグラフィ

大規模調査を通じて入手した本章で取り扱う分析対象企業の特徴は次の通りである．創造的中小企業の全数は1233社で，設立年は平均で1982年，企業年齢の平均は17.9年であった．最も古い設立年時は1868年であったが，それは例外的で，設立したての企業や新規開業10年以内の比較的若い企業も多数存在し，全体を通じて青年期を迎えた企業群の特徴を有していた．企業の規模を示す資本金ならびに従業員数については，それぞれ平均で2642万3000円，30人と比較的小規模な企業の特徴を示し，売上高も平均6億2918万円であった（図表3-4参照）．

創造的中小企業は新たな技術や事業の開発を通じて発展を目指す企業であ

図表 3-3　創造的中小企業の生存要因分析の変数一覧

1. 戦略（17）
ドメインの明確化
業界慣例にとらわれないドメイン
ビジョンの明確化
環境変化に応じて事業を再定義
多用な技術・ノウハウを重視
経営資源の展開は長期計画に基づく
トップシェアを志向し大規模な経営資源投入
マーケットリーダーに挑戦
製品開発のリスクを回避するフォロアー型
オールライン型製品群．総合力重視
ニッチな市場戦略
コスト優位性
ユニークな製品企画・開発
高品質の製品開発
新製品の導入
広告・宣伝を通じたブランド力
国際商品の開発

2. 経営姿勢（20）
環境変化に敏感
社外に多様な情報源をもつ
会社のあるべき姿を明確にもつ
権限移譲，リスクに挑戦させる
トップの価値観が戦略・制度に反映
外部の技術情報に注目
時に突出した戦略を打ち出し，できない
ことに挑戦することを望む
社内の和に気を配る
現場の自発性を尊重
現場の提案を重視
社内でのできごとを掌握

戦略計画に精通
戦略に従って機動的に対応
論理的で分析的アプローチ
ハングリー精神を維持
経営陣の多くは生え抜き
業界に精通
現場に会社の基本方針を説いて回る
一旦決定したことを貫徹するリーダーが良い
過去の決定にとらわれないリーダーが良い

3. 事業環境（7）
事業のマーケティングを頻繁に変更
製品・サービスが廃れるスピードは速い
競争者の行動は予想しがたい
需要動向や消費者の趣向は予測しがたい
製品・サービスの技術は頻繁に変更
事業環境はリスキー
事業環境は投資機会に乏しく過酷

4. 経営資源（8）
特定社員がもつ技能
特許など専有権利制度
小さな市場
販路確保
原材料のコストや品質
他の事業との相乗効果
戦略・ポリシー（ブランドやイメージ）
製品開発力（新製品売上高比）

5. 企業属性（2）
企業年齢
資本金（千円）

ることから，大規模調査の質問票では主にどのような事業分野での展開に取り組んでいるのかについて，政府が閣議決定をした今後の成長が見込まれる新規・成長15分野[2]の中から選択してもらった．その結果，創造的中小企

2　日本政府は経済構造改革に関する今後の政策運営の基軸として「経済構造の変革と創造

図表 3-4　創造的中小企業の企業属性①：
　　　　　設立年，企業年齢，資本金，従業員数，売上高

	平均値	標準偏差
設立年	1982.1	15.3
企業年齢	17.9	15.3
資本金（千円）	26,423.1	119,875.1
従業員数	30.0	60.2
売上げ高（千円）	629,180.0	1,315,239

業が新たに事業展開を図っている分野として最も多かったのが，新製造技術開発分野で30.4％，次いで環境関連分野が23.4％，情報通信関連分野が14.5％と続き，これら3分野で全体の約7割を占めた．創造的中小企業には，こうした新規・成長分野において新たな事業機会を探索して発展を目指す戦略性がみてとれる．

　調査結果から創造的中小企業が新たな事業開発のために費やす研究開発費の割合（対売上高研究開発費）が平均1.77であることもわかった．従業員規模が30人程度の小規模な製造中小企業にもかかわらず，技術開発や研究開発を自社のコア能力と位置づけてリスクを負って技術革新や事業展開を図る創造的な中小企業の特徴が浮かび上がったといえよう．

　また，図表3-5に示したように，こうした創造的中小企業は首都圏など一部地域に集中している立地している訳ではなく，企業の立地場所は多い順に東京（15.1％），大阪（8.8％），埼玉（5.8％），静岡（5.1％），千葉（4.3％），神奈川（4.3％）など都市圏に多いものの地方にも広く点在し全国に分散する傾向にあった．

　創造的中小企業の経営方針や戦略に関して最終的な意思決定を下す経営トップの役割は重要といえよう．彼らは，刻々と変化する市場動向や新たな技

のための行動計画」を策定して平成9（1997）年5月に閣議決定している．そこでは，新規産業の創出を掲げて今後成長が期待できる15の新規・成長分野を設定して予算措置も施している．それらは，医療・福祉関連，生活文化関連，情報通信関連，新製造技術関連，流通・物流関連，環境関連，ビジネス支援関連，海洋関連，バイオテクノロジー関連，都市環境整備関連，航空・宇宙関連，人材関連，国際化関連，住宅関連の15分野である．

図表 3-5　創造的中小企業の都道府県別立地状況①

	実数(社)	割合(%)		実数(社)	割合(%)
東京都	186	15.1	山梨県	16	1.3
大阪府	108	8.8	秋田県	16	1.3
埼玉県	72	5.8	徳島県	16	1.3
静岡県	63	5.1	富山県	16	1.3
神奈川県	53	4.3	奈良県	13	1.1
千葉県	53	4.3	三重県	12	1.0
京都府	42	3.4	福井県	12	1.0
長野県	40	3.2	栃木県	11	0.9
福岡県	37	3.0	茨城県	10	0.8
広島県	35	2.8	山形県	10	0.8
岐阜県	33	2.7	鹿児島県	10	0.8
愛知県	31	2.5	群馬県	9	0.7
滋賀県	26	2.1	鳥取県	9	0.7
石川県	24	1.9	沖縄県	8	0.6
岡山県	23	1.9	宮崎県	8	0.6
兵庫県	23	1.9	熊本県	8	0.6
山口県	22	1.8	青森県	8	0.6
福島県	21	1.7	和歌山県	8	0.6
愛媛県	20	1.6	宮城県	7	0.6
大分県	20	1.6	高知県	7	0.6
岩手県	18	1.5	島根県	6	0.5
香川県	18	1.5	長崎県	5	0.4
新潟県	18	1.5	佐賀県	4	0.3
北海道	18	1.5			

術革新，さらには競合他社の圧力などに対して迅速かつ緻密に戦略を実行していく必要がある．その先見性や行動力が事業の成否に大きく影響を与えることになるだろう．その重要な役割はいったい誰が担っているのであろうか．図表3-6は創造的中小企業の創業者経営の割合を示している．分析の結果，創造的中小企業の経営トップは，2代目や3代目の社長ではなく，内部からの生え抜きでもなく，会社設立当初の創業者である企業の割合が最も多く約7割に達した．そこには，失速の不安を抱えながらも創業当初の想いを達成するために，また事業を安定軌道に乗せるために，常に創造性を絶やすことなく事業に邁進する創業経営者の姿が際立っているといえよう．

図表 3-6　創造的中小企業の創業経営者の割合①

	実数(人)	割合(%)
社長は創業者	873	73.6
社長は非創業者	313	26.4

図表 3-7　創造的中小企業経営者の年齢層

	実数(人)	割合(%)
30代未満	4	0.3
30代	61	5.2
40代	246	20.9
50代	526	44.7
60代	269	22.9
70代以上	71	6.0

図表 3-8　創造的中小企業経営者の学歴

	実数(人)	割合(%)
中学卒業	62	5.5
高校卒業	335	29.7
短大・専門学校卒業	104	9.2
大学学部卒業	586	52.0
大学院卒業	40	3.5

　それでは，こうした経営トップはどのような人物なのだろうか．そのバックグラウンドについてみてみると，まず社長の年齢層は50歳代が最も多く約45％，次に60歳代，40歳代と続き，それぞれ約23％，21％を占めている（図表3-7参照）．50歳代の社長が最も多い点について，平均的な企業年齢を考慮して単純計算すると，概ね30歳代で企業を設立した社長が多いことが考えられよう．その反面，40歳代以下の経営者層も26％を占めるなど独立志向の強い若い経営トップの存在も特徴的といえるだろう．

　創造的中小企業の経営者の学歴についてみると，図表3-8に示した通り大学学部卒業が最も多く52％，次に高校卒業が続き29.7％で，高卒・大学学部卒あわせて全体の約8割を占めた．また，大学学部と大学院卒業を含めた

図表3-9　創造的中小企業の家族経営（50％以上出資）の割合

	実数(社)	割合(%)
家族経営	765	64.4
非家族経営	422	35.6

図表3-10　創造的中小企業の経営陣に占める家族の割合

	実数(社)	割合(%)
経営陣の半数以上は家族	646	55.2
経営陣の半数以上は非家族	524	44.8

高学歴経営者層と中学・高校・専門学校・短大など非高学歴経営者層とで概ね半々であることがわかった．技術開発型の創造的中小企業を牽引する経営者ではあるが，必ずしも大学院など高い学識を有する人物が多い訳でもなく，高校卒業後，企業の実際の現場で技術と経営のスキルを磨き知識を蓄積し，その中で新たな事業展開の可能性を探索し起業に向かったことも考えられよう．企業現場や経営の現場での様々な活動を通じて学習して獲得した知識の蓄積が事業創造プロセスに影響を与えているといえるのではないだろうか．

創造的中小企業の経営を統制・統括するガバナンスの形態についてはどのような特徴があるのだろうか．図表3-9と図表3-10はその特徴を示している．その結果，創造的中小企業のマネジメントは外部からの人材の登用や現場からの生え抜き人材ではなく，血縁関係を中心とする家族形態によるものが半数を超えていることがわかった．具体的には，家族グループによる出資比率が50％を占める家族経営企業[3]の割合は，創造的中小企業の場合64％を占めて，そうでない非家族経営企業は36％であった．また，経営陣の半数以上が家族グループである割合は55％で，経営陣の半数以上が非家族グループである割合も45％程度を占めた．

3　ここで言う家族経営とは，血縁関係や結婚によって関係のある単一の家族グループが50％以上の出資をしている場合を指す（Westhead and Cowling, 1996）．

日本経済がバブル経済崩壊以降，長期的にデフレ傾向にある中，創造的中小企業の持続力はたくましく，新たな事業開発を始めてからの雇用の増減は平均でプラス 1.67 人，全体で 1788 人の雇用増を示している．同様に，売上高も約 6400 万円増加している．このように，ここで分析対象とする創造的中小企業は，創業者を中心とする小規模な組織ではあるが，新たな事業分野への進出に積極的で技術開発や研究開発を中核とした成長可能性を秘めた企業といえよう．以下，こうした中小企業のどの程度が生き残り，またどの程度が失速しているのか，そしてその要因はどこにあるのか，創造的中小企業の生存の実態について分析を加えていく．

4.2 生存率

ここでは 2 回にわたる大規模調査を通じて得た創造的中小企業の生存情報をもとに生存率と非生存率を測定し分析を加えている．分析の結果，2000 年に生存していた創造的中小企業 1233 社の中で 2004 年に生存が確認できた企業は 994 社，確認できなかった企業は 153 社，不明が 86 社となった．不明を除いた 4 年間の生存率は 86.7%，非生存率は 13.3% であった．また，2000 年時点で企業年齢が 5 年以下の若い企業の生存数は 200 社，非生存数は 59 社，不明を除いた生存率は 77.2% で，比較的若い中小企業の生存リスクが高いことがわかった．これらの結果は，創造的中小企業を対象に先行的に測定した 2000 年の生存実態調査結果ともほぼ一致する（江島，2006）．同調査は，2000 年に先行的に実施した本研究の対象企業と同じ創造的中小企業の生存実態を把握するもので，本調査と同様の電話調査方法を用いている．

当該調査結果によると，1995 年に生存していた創造的中小企業 5521 社の内，2000 年に生存が確認できた企業は 4300 社で，確認できなかった企業は 830 社，不明が 391 社であった．不明を除く企業の 5 年間の生存率は 83.8% となっている．また，1995 年に誕生した企業の 5 年後の生存率は 72.2% で，ここでも全体の生存率と比較して若年企業の生存率が低いことがわかった[4]．

---

4 なお，先行的に実施した生存実態調査での生存・非生存の基準は本実証分析の基準と同じである．

企業ライフサイクルの初期段階に位置する企業の生存率は，経営資源の不足，市場の壁，組織の不安定性などから全体の生存率より低くなっているといえよう．中小企業庁のデータによると，企業誕生1年から3年の平均生存率と4年から10年の平均生存率を比較すると約10ポイントの差があり，新規開業初期段階のハザードレートの高さを指摘している（中小企業庁, 2006）．Okamuro（2004）の研究は，東京都大田区の機械・金属産業集積地に立地する新規開業企業の約5年後の生存率を測定して，概ね7割の生存確率であることを報告している．

一概に比較することは難しいものの，この結果を欧米諸国の先行研究と比べてみると，日本の創造的中小企業の生命力の強さを示すことになった．全米の事業所データを用いて分析したBirch（1987）の研究成果によると，企業設立後概ね5年で約5割の企業が生存して，10年後にはその割合は38%程度に減少するとした．同様に，Phillips and Kirchhoff（1989）の報告においても米国の新規開業企業の生存率は開業後6年から8年で39.8%，その内製造業は46.9%と分析している．1980年代から2000年初期にかけて測定された米国の新規開業企業の生存率の研究成果を踏まえて，Headd and Kirchhoff（2009）は，企業の生存率は設立後4年目で約半数，そして6年目以降では4割を切る程度に減少することを示した．英国においてはさらに企業の廃業率は高く，Cressy（1996）の報告によると新規開業後2年半で45.0%の企業が消滅して，6年後には8割の企業が市場から姿を消しているとした．

このように欧米諸国と比較すると，日本の創造的中小企業の生存率は設立5年後で72.2%，また5年から9年で77.2%と，Okamuro（2004）の報告でも5年後の中小企業の生存率は7割程度と比較的高い数字を示している．ただし，欧米諸国と日本のビジネス環境は必ずしも同じとはいえず，企業を取り巻く競争状況や市場構造・取引構造など質的に異なることを考慮に入れる必要はあるといえよう．

一方，アーリーステージを乗り越えて事業を営む中小企業の生存率に関する日本の研究蓄積は十分ではないものの，総務省が発表する事業所・企業統計調査から一定の知見は得られる．そこでは，1996年に存続していた中小

製造業が1999年までの3年間の間に11万2086社退出して生存数は65万5456社，生存率は85.4％と報告している．この数字は前述した創造的中小企業全体の4年間の生存率86.7％ならびに先行的に実施した創造的中小企業の5年間の生存率83.8％とほぼ類似する結果となっている．

　欧米諸国と日本の中小企業の生存率には，このようにある程度の差はみられるものの，共通していえることは，年月の経過とともにその生存率は低下していることであり，そこには企業を取り巻く経営環境の厳しさとマネジメントの難しさがうかがえよう．中でも企業ライフサイクルのスタートアップ時期の若年企業の生存率は全体と比較して低いことが共通してわかった．同じ事業環境下の中でも存続する中小企業と消滅する中小企業とに分かれるのはなぜだろうか．どういった企業は生き残り，どういった企業は失速しているのだろうか．創造的中小企業の生存要因について分析を加える前に，以下ではまず生存企業と非生存企業の属性や規模などの企業特性についてみていくこととする．

4.3　生存企業と非生存企業

　図表3-11は創造的中小企業の生存企業と非生存企業の設立年別の分布を示したものである．そこからわかる通り，生存企業の場合は1980年以前に設立された企業が最も多く38％，次いで1980年から1990年までの設立で26％，1995年以降の設立の20％と続く．1990年を基点とした場合，それ以前に設立された企業は約64％，それ以降の設立は36％となっている．一方，非生存企業の場合は，最も多い設立時期は1995年以降で39％，次いで1980年から1990年までの設立であるが，1980年以前ならびに1990年から1995年までの設立企業とほぼ同じで20％程度であった．1990年を基点とした場合，1990年以降に設立された企業は59％で，1990年までに設立された企業は41％となっている．

　生存企業ならびに非生存企業の設立年別の分布状況を全体としてみると，断定はできないものの概ね企業設立年時の古い企業が存続しやすく，新しい企業が存続しにくい傾向がうかがえよう．

　次に，創造的中小企業の生存企業と非生存企業の規模の特徴についてみ

図表 3-11　創造的中小企業の設立年別生存・非生存企業の割合①

(年)	生存企業 実数(社)	割合(%)	非生存企業 実数(社)	割合(%)
1980 以前	380	38.23	31	20.26
1980〜90	260	26.16	32	20.92
1990〜95	154	15.49	31	20.26
95 以降	200	20.12	59	38.56

図表 3-12　創造的中小企業の資本金規模別生存・非生存企業の割合

(単位：万円)	生存企業 実数(社)	割合(%)	非生存企業 実数(社)	割合(%)
1000 未満	167	17.18	46	31.29
1000 以上 2000 未満	424	43.62	61	41.50
2000 以上	381	39.20	40	27.21

る．図表3-12は生存企業と非生存企業の資本金規模別分布状況を示している．生存する創造的中小企業は，資本金規模が1000万円から2000万円までが最も多く44％を占め，次いで2000万円以上の規模で39％，両方あわせると8割を超えている．非生存企業の場合は，生存企業と同様に最も多い資本金規模は1000万円から2000万円未満で42％を占めるが，次に多い資本金規模は1000万円未満で31％であった．生存企業とは逆に，やや資本金規模が小さい企業に非生存企業が多いことがうかがえよう．

　創造的中小企業が新たな事業展開を図ろうとしている主な事業分野について，生存企業と非生存企業とで違いがみられるのであろうか．生存した創造的中小企業の主力事業分野は，多い順に新製造技術関連分野（23％），情報通信関連分野（18％），環境関連分野（16％），生活文化関連分野（11％）でこの4分野で全体の7割弱を占める．一方，生存できなかった創造的中小企業が展開を図ろうとしていた主力事業分野は，多い順に環境関連分野（21％），情報通信関連分野（19％），新製造技術関連分野（17％），生活文化関連分野（9％）の4分野で全体の6割強を占めて，ほぼ生存企業と同様の傾向を示していた（図表3-13参照）．

　このように類似する新たな市場で事業展開を図ろうとした創造的中小企業であるが，事業を継続できた企業とそうでない企業にわかれてしまった．事

図表 3-13　創造的中小企業の主力事業分野別生存・非生存企業の割合①

	生存企業 実数(社)	生存企業 割合(%)	非生存企業 実数(社)	非生存企業 割合(%)
医療・福祉	45	4.86	9	6.21
生活文化	99	10.70	14	9.66
情報通信	167	18.05	28	19.31
新製造技術	215	23.24	25	17.24
流通・物流	44	4.76	4	2.76
環境関連	148	16.00	31	21.38
ビジネス支援	16	1.73	8	5.52
海洋関連	6	0.65	1	0.69
バイオテクノロジー	35	3.78	2	1.38
都市環境整備	35	3.78	3	2.07
航空・宇宙	6	0.65	1	0.69
新エネルギー・省エネルギー	21	2.27	4	2.76
人材関連	2	0.22	2	1.38
国際化関連	2	0.22	—	—
住宅関連	74	8.00	12	8.28
その他	10	1.08	1	—

業を継続・発展させて企業の存続可能性を高める，あるいは衰退の危機を回避して企業の存続を可能にする要因とはどこにあるのだろうか．次に，創造的中小企業の生存要因について分析を加えていく．

4.4　生存要因の全体像

　創造的中小企業の生存や非生存に影響を与える諸要因を導出するために，ここでは，まず 1233 社の分析対象企業を生存グループと非生存グループに分けて，その上で創造的中小企業の戦略やマネジメントに関わる諸要因との差を分析している．具体的には，図表 3-3 に示した先行研究から導出した生存に影響を与える 5 つの主要変数とそれらを構成するサブ変数（戦略 17 変数，経営姿勢 20 変数，事業環境 7 変数，経営資源 8 変数，企業属性 2 変数）について，生存と非生存グループの間の差異に注目して t 検定ならびにカイ 2 乗検定を用いて統計分析を行っている．主要変数の戦略，経営姿勢，事業環境，企業属性，そして経営資源の中の製品開発力については t 検定を用い

図表 3-14　創造的中小企業の生存要因分析（t 検定，カイ 2 乗検定）

要因	非生存	生存	t値	有意確率	非生存 N	率	生存 N	率	カイ2乗値	有意確率	N
（戦略）											
業界慣例にとらわれないドメイン	4.33	4.09	−2.89	0.004							1080
コスト優位性	3.41	3.08	−3.15	0.002							1083
国際商品開発	3.18	2.84	−2.68	0.007							1088
（経営姿勢）											
論理的で分析的アプローチ	3.33	3.16	−2.01	0.045							1055
（経営資源）											
特許など専有権制度											
ある					96	62.7	497	50.0	8.6	0.003	
ない					57	37.3	497	50.0			
小さい市場											
ある					27	17.6	308	31.0	11.4	0.001	
ない					126	82.4	686	69.0			
販路											
ある					7	4.6	118	11.9	7.3	0.007	
ない					146	95.4	876	88.1			
（企業属性）											
企業年齢	13.43	19.24	4.70	0.000							1147

（注）p≦0.05 水準で有意な要因を抽出．

て，それ以外，すなわち製品開発力を除く経営資源変数についてはカイ 2 乗検定を用いて，生存グループと非生存グループとの差の分析を行っている[5]．

　分析結果として図表 3-14 に示した諸要因にのみ 5％水準での統計的有意性が認められた．そこでは，創造的中小企業の生存要因として，戦略面では，業界の慣例にとらわれないドメインの捉え方，国際的な商品開発，コスト優位性は生存にはマイナス，経営姿勢においても，論理的で分析的アプローチは生存にはマイナスとの結果を得た．以下，この分析結果について解釈

5　なお，生存に有意な変数の抽出のために別途，分散分析も試行したが，t 検定による分析とほぼ同様の結果を得た．また分散分析によって抽出された変数の数は t 検定より少なく，探索型リサーチの趣旨よりここでは t 検定による分析を採用している．

を加えていくこととする．

　まず，創造的中小企業がグローバルに事業展開を図ろうとする場合，存続の危機を招く可能性が高いことがわかった．分析結果からは，国際的な商品開発に積極的である企業がそうでない企業と比べて，存続の可能性が低下することが示された．ただし，分析対象とした創造的中小企業のサンプル属性をみると，その規模は，資本金，従業員数，売上高ともにやや過少でかつ比較的若い企業であることがわかった．さらに，当面世界的な市場へ事業展開したり株式公開をするなど規模や事業を大きく拡大する予定の企業は僅かであった[6]．こうした企業の特徴を考慮すると，そもそもリスクのある国際的な事業展開に対する販路，技術，人材，資金に関わる情報（知識）など経営資源の蓄積と準備が十分とはいえなかったことも，存続の危機を招いた背景の1つにはあったといえるのではないだろうか．国内での事業展開に関わるマネジメントと国際展開に関わるマネジメントは，共通する部分もあろうがオペレーションを含めて異なる点も多々ある．経営資源に乏しい小規模で比較的若い企業が継続して事業を展開するためには，国際的な事業展開はリスクを伴う戦略といえる．むしろ，国際商品開発は，企業の存続ではなく，規模を拡大して大きく成長を遂げるプロセスの中での1つの選択肢として考えられるのではないだろうか．

　次に，コスト優位性が生存にマイナスとの結果について，企業の競争戦略においてコストを意識することの重要性は知られているが，同時に先行研究からは，衰退企業は競争優位性を保持するための戦略性が乏しく，そのためコスト削減や効率的な経営に注力する傾向にあるとの報告がある(Smallbone et al., 1992)．コスト重視は必要な戦略ではあるが，競争優位を発揮して企業の存続を勝ち取るための十分条件とはいえないのではないだろうか．さらに，経営姿勢に関して経営トップの意思決定様式が論理的で分析

---

[6] 調査結果全体から，既に株式公開をしているあるいはその準備に入っている企業の割合は4.8％に過ぎないことがわかった．しかし，将来の株式公開を検討している企業の割合も47.4％に達し，また企業成長の方法も多様化しているため，長期的にみると一概に規模の拡大に消極的あるいはグローバル戦略を否定する企業と判断することはできないだろう．創造的中小企業とは，今は国際展開を含めて急成長をみせていないが，将来の成長可能性を秘めた中小企業といえよう．

的であることが創造的中小企業の生存に有効でないとの結果は，Green et al.（2008）の研究成果を示唆させる．すなわち，彼らは，創造性や革新性を鼓舞する中小企業が不確実性の高い経営環境下で有機的な組織を用いて発展を目指すには，技術的・分析型の経営トップの意思決定スタイルより直感・経験重視型のスタイルの方が有効であると報告している．分析対象とした創造的中小企業は，創業者主導による経営が主体であり規模も小さく規律よりも一体感や柔軟性の高い若い組織形態であることから，トップの経験知に基づく直感型の経営スタイルが生存に有効に機能したといえるかもしれない．

なお，戦略や経営姿勢に関わる各要因の平均値をみると，業界の慣例にとらわれないドメインの捉え方以外の要因については，生存グループと非生存グループともに特に強い特性を示している訳ではなかった．それに対して，業界慣例にとらわれないドメインは，生存ならびに非生存グループともに4ポイント以上の強い特性を示し，その上で非生存企業の要因特性がより際立っていることがわかった．このことは，生存企業も新たな事業領域に対して固定的でない捉え方を示すものの，それ以上に非生存企業のドメインの捉え方が業界の慣例を大きく超えていることを示しているといえよう．既存の枠組みを打破して新たな領域に展開する戦略態度は重要ではあるが，業界の構造，競争状況，取引制度などについての十分な知識や認識が不足したり，軽視したりすると経営リスクが高まることが示唆された．

この分析結果は，創造的中小企業が企業家的な経営姿勢を鼓舞して事業を成功に導くには，他の補完的な要因が必要であることを示唆させる．そこでは，戦略的反応性（Green et al., 2008），経営資源（Wiklund and Shepherd, 2003a, 2003b, 2005; Lee et al., 2001），組織学習（Anderson, Covin and Slevin, 2009）といったマネジメント要素を触媒あるいは仲介する機能を同時に発揮させることによって創造的中小企業の存続可能性や成長性を高めるバッファーになると考えられないだろうか．

競争優位な資源と創造的中小企業の生存の関係については，販路の確保が生存にプラス，小さな市場もプラス，特許などの専有権制度の保持はマイナスとの結果を得た．販路の確保を他社の追随を困難にする強みとしている企業は，その数自体は少なく全体の約10％にとどまる．しかし，その強みの

保持はそうでない企業と比べて非生存率を約 1/3 減少させていることがわかった．売り手とのチャネル構築や関係性の強化は，原材料コストや品質，技能や特許など他の経営資源と比較して生存に強い影響を示しており，事業の継続や組織の存続と深く関わりをもつ経営資源として位置付けられよう．希少で他社の追随を許さない強い流通チャネルの構築やそのノウハウの蓄積と活用が，創造的中小企業の生存にとって競争劣位から競争優位へと誘導する企業固有の経営資源となっていたといえよう．

同様に，大企業では採算性が合わないが規模の小さい企業では十分に魅力的なニッチ市場や，新たな発展可能性を秘めた市場において事業機会を探索することに強みをもつ創造的中小企業は，その事業の継続や組織の存続に有効であることがわかった．先行研究においても，市場との対話や調整機能こそが商品ラインアップの充実や市場ニーズへの迅速な対応，製品調整の管理に結びつき企業の生存に不可欠な要素とし（Reid, 1991; Smallbone et al., 1992），中でもニッチ市場で狭く特化した製品領域の保持が組織の競争優位につながり，事業の継続を可能にしやすいと報告している（Reid, 1993; Bradburd and Ross, 1989）．

販路確保や小さな市場を自社の競争優位な経営資源とする企業は，その利益規模が全体と比べて大きくないこともわかった（順に，売上高利益率：11.1〈全体：16.5〉，8.6〈全体：16.5〉）．すなわち，小規模で利益率の低い事業でもビジネスとして成り立つ仕組みづくりが背後にあると考えられよう．緻密な事業コンセプトや企業が参入しにくい市場での果敢な事業機会の探索と，販路の強みやニッチ市場での優位性などとが結び付き生存に強い影響を与えたことが推察される．なお，特許などの専有権制度の保持は生存にマイナスとの結果を得た．この結果は，専有権保持企業の規模ならびに利益率が小さいことから（従業員数：19.5 人，経常利益：約 5000 万円），特許申請や保持に関わる各種手続きの煩雑さやコストが組織の負担になっていると解釈できよう．同時に，特許など占有権自体の価値はあるものの，それをいかに管理して戦略的に活用するのか，という技術管理や技術戦略への深い理解と志向性が重要であることを示唆しているともいえる．また，企業年齢は経過とともに生存にはプラスの効果を発揮していた．先行研究結果と同様に，企業年

齢の若い企業の方が古い企業よりも生存確率が低い可能性があるといえよう.
　ここまでのt検定分析ならびにカイ2乗検定分析を踏まえて，次に，生存グループと非生存グループとの間に統計的に有意な差が確認できた変数を独立変数として，生存（=1）と非生存（=0）の2項を目的変数とするロジスティック回帰分析を行い生存決定要因を抽出した．分析に際しては尤度比に基づく変数減少法を用いた結果,「国際商品開発」「論理的で分析的アプローチ」の2つの変数が除かれて7つの変数が残った．なお，これら独立変数間には，一部相関がみられるがそれほど大きくはなく，むしろ各オッズ比が示すように個々の独立変数は目的変数に対して十分に影響を与えていた．
　図表3-15はその分析結果を示したものである．企業属性をコントロール変数として戦略とマネジメントの視点から結果を示すと，戦略要因からは，コスト優位を武器とする戦略は生存にはマイナスとの結果が出た．同結果は，コスト戦略は一時的な生存には有利だが長くは続かず，最終的には価格競争に巻き込まれることによって経営体力が消耗して，中長期的に企業の自立と成長に大きくブレーキをかけると解釈できよう．また前述したように，事業領域に対する考え方は固定的であることは望ましくないが，極端に業界

図表3-15　創造的中小企業（全体）の生存決定要因分析（ロジスティック回帰分析）

変数	β	標準誤差	有意確率	オッズ比
（戦略）				
業界慣例にとらわれないドメイン	-0.217	0.121	0.074	0.805
コスト優位性	-0.218	0.083	0.009	0.804
（経営資源）				
特許など専有権制度	-0.511	0.209	0.015	0.600
小さい市場	0.546	0.244	0.025	1.726
販路	0.879	0.408	0.031	2.407
（企業属性）				
企業年齢	0.023	0.008	0.005	1.023
定数	3.288	0.621	0.000	
N		1022		
-2対数尤度		723.77		
モデルカイ2乗値		51.204	0.000	
自由度		6		

慣例から逸脱すると経営面でリスクをとる可能性が改めて示された．競争優位な資源の視点からは他社の追随が困難な「小さな市場」や「販路の確保」が生存に大きくプラスの影響を与えて，「特許など専有権制度の保持」はマイナスの影響を与えている．前述した通り，特許などの経営資源はその蓄積だけではなく管理と活用のあり方が求められているといえよう．

先行研究においてCovin and Slevin（1989）は，競争が過酷な経営環境下ではその変化に敏感で能動的な戦略姿勢が中小企業のパフォーマンスに有効で，逆に市場の不確実性の低い状況では，環境に順応で規律重視のやや保守的な戦略姿勢が有効であることを示したが，本分析結果からはこれを明確に指示する発見事実は導出できたとはいえない．むしろ，小規模な組織がニッチな市場や有利な販売ルートなど競争優位な資源蓄積を着実に開拓・蓄積する経営姿勢の重要性を示すことができた．それは，ドメインの変革・刷新など必ずしも市場の変化に対してドラスティックな行動姿勢で表現されるのではなく，やや規模は小さいが独自の守備範囲の中で果敢に市場を深耕するしぶとい企業の特徴として表れ，その戦略姿勢が生存に有効である可能性を示唆したといえよう．これは米国企業とは異なる中長期的な視点から経営資源としての情報（知識）や技術を組織内に蓄積する戦略や行動を重視して，そのための権限を組織内で分散し公式化や制度化を抑えるいわゆる有機的な組織様式を採用する日本型の環境適応戦略モード（加護野他，1983）を示唆させる．こうして蓄積された創造的中小企業固有の，顧客や取引先との濃厚な関係性や特定地域に密着した経営ノウハウが，競争優位な経営資源として事業存続に影響を与えたと考えられるのではないだろうか．江島（2011b）は，中小企業の保有する無形の経営資源が核となりEOを補完して企業の発展に大きく貢献していることを実証的に明らかにしている．

生存する創造的中小企業は，長期的な全社レベルでの経営資源の蓄積の重視や事業環境からの短期的圧力が抑えられている点に特徴をもつといえよう．しかし，一定の守備範囲の中で能動的に市場を深耕する核となる競争姿勢はEO構式要素の1つである能動的な行動と共通し，前述した特徴とあわせてここでは日本的な創造的中小企業の戦略姿勢の特色が導出できたといえるだろう．

ここまで進めてきた議論は，創造的中小企業の生存要因の全体像に関わる分析と考察であった．従って，分析対象とした企業の中には，事業を開始したばかりの企業から企業設立数十年を経た企業まで様々な企業年齢をもつ企業が存在していた．企業ライフサイクル論では，企業の創業期，成長期，安定期・再成長期などその企業の置かれた成長段階に応じて主な経営課題や課題克服に向けた鍵に違いがみられることを指摘する．それぞれの成長段階には，経営者の姿勢やマネジメント方法，製品，組織のあり方，市場など様々な経営要素に起因して，成長するパターン，安定軌道にのるパターン，下降局面に向かうパターンなどがある．果たして，どのライフサイクルの段階で，どういった経営要素が，どのような効果を発揮して企業の存続や衰退に影響を与えているのだろうか．以下では，2つの局面に焦点をあてて分析を加えていく．

4.5 若年企業の生存要因

前述したように創造的中小企業の生存率は企業年齢が若い企業の方が低い可能性が示された．企業ライフサイクル論において創業期からアーリーステージを経て成長期，安定期へと移る過程の中で企業のハザードレートが徐々に低くなってくることがわかっている（中小企業庁，2006）．そこで，ここでは分析対象企業全体の24％にあたる2004年時点での企業年齢が10年未満である若い中小企業の生存要因に焦点をあてて分析を行うこととした[7]．

生存要因の分析に際しては，まず創造的中小企業全体の中から若年グループを抽出する作業を行った．その結果，2004年で企業年齢が10年未満になる生存企業は200社，非生存企業は59社，合計259社を抽出することができた．また，若年企業グループの生存要因を分析するために，その方法として創造的中小企業全体の分析方法と同様にまず若年企業グループの生存と非生存グループの差をt検定ならびにカイ2乗検定を用いて行った．その後，同分析によって抽出した統計上有意な差を有する変数を使用したロジスティ

---

[7] 企業誕生後10年で概ね生存率が安定してくる（逆に，企業年齢10年未満は経営が不安定）との実証研究成果（中小企業庁，2002, 2006; 江島, 2006）を踏まえて本研究では若年企業を10年未満と定めた．

ック回帰分析を行っている．なお，ここで用いた若年企業グループの生存要因分析に関する変数は，創造的中小企業全体の分析と同様で図表3-3に示したものを使用している．以下，ここでの分析結果について考察を加える．

まず，若年企業の生存グループと非生存グループの差の分析結果については，環境要因としての「需要動向や消費者の趣向は予想しがたい」，競争優位な経営資源としての「製品開発力」と「販路の確保」の3つの変数のみが，統計上有意な水準[8]で生存にプラスの影響を示した．次に，これら3変数を独立変数として，生存と非生存の2項を目的変数とするロジスティック回帰分析を行った．その結果，競争優位な経営資源としての「製品開発力」が統計上有意な5%水準で，また「販路の確保」が10%水準で有意な変数として抽出できた．その結果は図表3-16に示している．

通常，企業の若年期では，経営資源や信用力，事業の基本コンセプトならびに組織体制などが脆弱で事業が軌道に乗るために多くの苦痛を伴うことが知られており，その結果生存率も低いと考えられている．しかし，こうした苦痛を乗り越えて存続を勝ち取る企業が存在することもまた事実である．本分析結果からは，その要因として，他社の追随を許さない取引先との強い関わりや独自の取引先との仕組み，そして顧客の趣向の変化に対応する新たな製品やサービスの開発に強みをもつ組織や戦略性，すなわち革新的な行動姿

図表3-16　創造的中小企業(若年企業)の生存決定要因分析(ロジスティック回帰分析)

変数	β	標準誤差	有意確率	オッズ比較
(事業環境)				
消費者の趣向は予想しがたい	0.329	0.211	0.118	1.390
(経営資源)				
製品開発力	0.181	0.090	0.044	1.198
販路確保	1.772	1.056	0.093	5.880
定数	−0.485	0.667	0.467	0.616
N		155		
−2対数尤度		154.62		
モデルカイ2乗値		10.967	0.012	
自由度		3		

8　なお，ここでは多くの変数の抽出を意図したので有意水準10%の変数も含むこととした．

勢が組織独自の強みとして企業生存の鍵を握っていることがわかった．また，同結果を創造的中小企業全体の生存決定要因（図表 3-15 参照）と比較したところ，販路に関わる強みは共通する要因であったが，製品開発に関わる点は若年企業特有の生存要因であることがわかった．

若年企業の従業員数の平均は 10.8 人で小規模組織である一方，売上高研究開発比は 1.17 と企業年齢や規模と比べてそれほど低くはない．そこには，研究開発力を基盤として，新たな技術開発や事業展開に向けて経営資源を集中させ，競争者より早く商品をマーケットに導入するなど企業家としてのパイオニア的行動姿勢が革新性の背後にあるといえるのではないだろうか．

こうした若い創造的中小企業の生存を決定する革新性を秘めた経営資源の重要性は，企業家的な戦略態度の潜在力を引き出す競争優位な資源の重要性を指摘する Wiklund and Shepherd（2003a, 2003b, 2005）の研究，中でも EO それ自体を競争優位な経営資源と位置付けて企業の存続や発展に寄与することを実証した Lee et al.（2001）の研究成果と整合するといえよう．さらに，EO を構成する諸要因[9] の中で，若い創造的小企業の存続要因が革新的な行動姿勢にのみ影響を受けていたことは，必ずしも EO を構成する諸要素すべてが総合的かつ包括的に機能を発揮する必要はなく，諸要素が独自にその特性を発揮することが重要であるとする Lumpkin and Dess（1996）の研究と一致し，個々の諸要因が個別に企業の発展に影響を与えている可能性があることも実証研究から明らかになったといえよう．このように，本分析結果からは若年創造的中小企業が生存するには競争状況に打ち勝つ強い戦略態度が際立っていることがわかった．

次に，創造的中小企業が成長軌道に乗った後，失速して消滅する場合と存続・発展を続ける場合のマネジメントの違いについて分析を加える．

4.6　成長企業の生存要因

同分析にあたっては，まず 2000 年時点での雇用基調がプラス（1 人以上

---

[9] 企業家的な戦略志向性を構成する諸要因の研究は欧米諸国を中心にこの 30 年間で発展を遂げてきている．代表的な研究としては Miller（1983），Covin and Slevin（1991），Lumpkin and Dess（1996）などが挙げられるが，その詳細は第 2 章に記している．

の雇用増）である企業を成長基調にある企業として捉えて分析の母体とした．また，これらの成長企業の 2004 年時点での生存実態を確認して，成長・存続グループと成長・消滅グループに分類している．その結果，成長・存続グループの企業数は 396 社，成長・消滅グループの企業数は 50 社となった．分析方法についてはこれまでと同様に，図表 3-3 の変数表を用いて成長・存続グループと成長・消滅グループの差を t 検定ならびにカイ 2 乗検定を用いて測定し，同結果から抽出した統計的に有意な変数を独立変数として生存と非生存の 2 項を目的変数とするロジスティック回帰分析を行っている．

　分析の結果，まず，創造的中小企業の成長・存続グループと成長・消滅グループとの間で統計的に有意な差が認められたマネジメント変数として，戦略面で「多様な技術・ノウハウを重視（生存にプラス）」「高品質の製品開発（生存にプラス）」「コスト優位性（生存にマイナス）」，経営姿勢面で「権限委譲，リスクに挑戦させる（生存にマイナス）」，事業環境面で「製品・サービスが廃れるスピードは速い（生存にマイナス）」「事業環境はリスキー（生存にマイナス）」，競争優位な経営資源として「特定社員がもつ技能（生存にマイナス）」「特許など専有権（生存にマイナス）」「販路確保（生存にプラス）」，企業属性で「企業年齢（生存にプラス）」を抽出できた．

　ここからわかることは，創造的中小企業が成長軌道を維持発展させるためには，技術開発を核とした製品・サービスの開発に関わる知識やノウハウ，経験の蓄積を重視して付加価値の高い商品を顧客に提供することに対する重要性といえる．新たな事業開発を通じて企業の存続や発展を長期的に志向する創造的中小企業にとって，その基盤となる研究や技術の開発はリスクはあるものの避けては通れない組織の中核と位置づけられるのではないだろうか．そのためのマネジメントとして，存続する創造的中小企業の経営トップは，権限委譲による現場からの知恵の提案や挑戦を重視する姿勢は控えて，むしろ経営トップ主導の戦略に重きを置いているようである．

　新事業開発を有効に進める 2 つの戦略と組織のプロトタイプを提示した山田（2000）の研究を踏まえると，創造的中小企業にとっては創発性を重視するタイプではなく戦略主導型に近い経営トップの主導性が際立つ経営姿勢を

鼓舞しているといえるかもしれない．そのことは，創造的中小企業の経営者のほぼ7割が創業者であることにも起因しているといえよう．また，成長基調にある創造的中小企業にとってコスト優先の戦略は命取りになることも示唆された．それは価格競争による体力消耗が衰退企業の特徴であったとする先行研究結果とも整合する（Smallbone et al., 1992）．特に，技術開発を軸にした創造的中小企業の存続と発展にとっては，コスト優位ではなく技術を核とした新たな事業開発の戦略こそが競争優位の本質であることが分析結果から示唆されたといえよう．

　技術開発力を新たな事業展開の核とする創造的中小企業にとって，その存続には経営資源の蓄積が重要な役割を果たすことはいうまでもないだろう．成長軌道にある創造的中小企業が失速せずに事業開発を通じて組織を継続・発展させるためには，本分析からは組織内部の企画・販売・技術などに携わる個々の人材の技術やノウハウ，経験に依拠するのではなく，むしろ全社的な経営資源の蓄積と活用に鍵があることが示唆された．前述した経営姿勢に関わる分析結果を踏まえて考察すると，こうした全社的な経営資源の蓄積と活用のためには，創業経営者を柱とする経営トップによる戦略的な主導性が何よりも必要であるだろうし，成長基調を維持発展させるための重要な意思決定を下す役割を果たすことになるともいえないだろうか．

　創造的中小企業全体の生存要因分析の結果と同様に，ここでの分析結果も，取引先との関係性や流通経路に関わる独自の仕組みの強みが，成長軌道から減速することなく組織を維持・発展させるための重要な要因であることを示した．同時に，技術開発を軸とする創造的中小企業でかつ成長基調にある企業ではあるが，その規模や経営体力の面から特許などその専有権を維持することによる維持費や煩雑さなどの諸負担は，その効用と比べて割が合わないことが示されたといえよう．むしろ，その特許などをいかに管理して戦略的に活用するかという技術マネジメントや技術戦略への志向性が求められているのではないだろうか．

　成長軌道にある創造的中小企業にとっては，その経営環境には存続を阻害する要因が多く潜んでいる可能性があり注視する必要があるだろう．分析結果からは，こうした不確実性の高い経営環境要因を適切に調整して自社にと

って好意的な環境で事業を展開する創造的中小企業が生存に有利であることが示唆された．それは，自社の扱う商品やサービスならびに同様の商品・サービスを提供する競合他社の動き，業界全体や買い手・売り手・エンドユーザー，そして商品・サービスに関連する技術動向など様々な経営環境の変化に対して，正確に認識をして迅速かつ適切に自社に有利なポジショニングを探索して確保できていることが企業存続の鍵であることを意味するといえよう．逆に，いかに創造性と革新性を保持する中小企業であっても，環境変化への適応に失敗すると成長軌道からいっきに失速して消滅してしまう危険性をはらんでいることを示唆する．こうした点について，Porter（1980）が主張する企業のポジショニングや加護野他（1983）の環境適応理論に基づく実証研究成果は，創造的中小企業が成長軌道から失速せず存続と発展を維持するための重要な視座を与えているといえよう．

次に，成長・存続企業グループと成長・衰退企業グループの差の分析結果から導いた変数を独立変数とするロジスティック回帰分析結果を行った（図表3-17を参照）．当該分析に際しては尤度比に基づく変数減少法を用いて7

図表3-17　創造的中小企業（成長企業）の生存決定要因分析（ロジスティック回帰分析）

変数	β	標準誤差	有意確率	オッズ比
（戦略）				
多用な技術・ノウハウを重視	0.558	0.215	0.009	1.748
コスト優位性	-0.465	0.158	0.003	0.628
（事業環境）				
事業環境はリスキー	-0.466	0.163	0.004	0.627
（経営資源）				
特定社員がもつ技能	-0.594	0.341	0.081	0.552
特許など専有権制度	-0.681	0.339	0.045	0.506
販路の確保	1.565	0.758	0.039	4.785
（企業属性）				
企業年齢	0.036	0.016	0.028	1.037
定数	2.829	1.192	0.018	
N		428		
-2対数尤度		253.83		
モデルカイ2乗値		38.238	0.000	
自由度		7		

つの生存決定要因を抽出している．また，これら7変数間にはごく一部相関がみられたもののその係数は極めて小さく，むしろ各オッズ比が示すように個々の独立変数は目的変数に対して大きく影響を与えていることがわかった．企業属性をコントロール変数として分析した結果，成長基調の創造的中小企業が，失速・消滅軌道に向かわず存続軌道に向かうマネジメント要因として，戦略面では企業全体のポテンシャルを高める多様な技術ノウハウの蓄積を重視していること，コスト優位性を選択していないこと，事業環境要因としては脅威が少ない事業環境，経営資源面では組織の強みが特定社員の技能に依存していないこと，特許など専有権制度に自社の強みを依存していないこと，他社の追随を許さない販路を確保していること，を抽出した．

創造的中小企業生存要因の全体分析結果とここでの成長企業の生存決定要因を比較すると，成長企業に特有な要因として，企業全体のポテンシャルを高める多様な技術ノウハウの蓄積の重視，脅威が少ない事業環境，組織の強みが特定社員の技能に依存していないことの3つがあげられた．なお，成長企業は創造的中小企業全体と比べて，その規模はやや大きく一定の事業規模と経営基盤を維持していると考えられよう（従業員数：35.6人，売上高：7億296万円，売上高伸び：1億5373万円，売上高研究開発比：2.42）．従って，企業組織を維持するためには，事業を安定させながら同時に広がりも求めていく必要があり，そのバランスに関わるマネジメントが要求されているといえるかもしれない．こうした点を考慮すると，成長企業が存続するためには，分析結果が示すように，個々の技術者や営業マンの能力だけに依拠するのではなく，組織全体の経営資源の蓄積と新たな事業に向けた配分に関わるマネジメント能力が必要といえないだろうか．また，経営トップが環境変化に対して安定的な自社のポジショニングを探索することも，成長企業が安定して事業の広がりを求めて存続を勝ち取るためには必要なのかもしれない．

分析結果からは，創造的中小企業が成長基調を持続させるためにはやや中長期的かつ全社的な視点からの資源蓄積，管理，活用に関わる経営トップの姿勢が求められていることが示唆された．先行研究も一定の成長段階を迎えた中小企業やベンチャー企業にとって留意しなければならないこととして，

企業家的な経営姿勢と全社的な管理のバランスを指摘する（清水，1986；金井，2002b）．組織内の個人や部署などでの諸活動に基づく技術や営業ノウハウ，ネットワーク，経験などを共有化して全社的な知識蓄積と活用へと舵を切り，新たな事業開発へと結びつけるマネジメントが一定の規模を維持して組織を継続・発展する技術開発型の中小企業にとって重要であることが示されたといえよう．また，絶え間ない経営環境の変化に対する適応性についても成長企業に対して警笛を鳴らしている．すなわち，自社の継続的な発展にとって有利な事業環境は必ずしも一定ではなく，比較的敵意の少ない環境を探索して確保することの重要性も指摘された．そのための組織内外のモニタリング活動が経営トップの姿勢に求められているといえよう．換言すると，事業環境が自社にとって管理可能な範囲で有利に認識されている条件下では，成長企業の存続の鍵は，全社的な資源の蓄積や活用と販路の確保やそのための仕組みづくりに関わる組織の強みに依拠している可能性が高いといえるのではないだろうか．

4.7 考察

これまで創造的中小企業の生存要因について大規模な企業アンケート調査結果に基づく大量の企業経営データを用いて分析と考察を加えてきた．ここでは，それらの分析結果を要約するとともに，全体を通じて把握できた創造的中小企業の生存要因の特徴について検討を加えることとする．また，本調査を通じて分析が困難であった創造的中小企業の生存要因に関する残された課題についても論じる．

図表3-18は創造的中小企業の生存要因の分析結果を端的に示している．創造的中小企業を全体と若年企業と成長企業に分けて，各々のロジスティック回帰分析の結果を整理した．記号（＋，－）は，各変数が生存にプラスに効いているのか，マイナスに効いているのかを表したものである．

分析結果から競争優位な資源としての販路確保という経営資源の蓄積が，若年企業，成長企業，そして企業全体において生存を決定付ける要因となっていることがわかる．すなわち，他社と差別化できる自社の強い武器としての独自の販路に関わるルートやそのための仕組みづくりは，顧客を結ぶ生命

図表 3-18　創造的中小企業の生存決定要因

変数	全体	若年企業	成長企業
(戦略)			
多用な技術・ノウハウを重視			＋
業界慣例にとらわれないドメイン	－		
コスト優位性	－		－
(事業環境)			
事業環境はリスキー			－
(経営資源)			
特許など専有権制度	－		－
小さい市場	＋		
販路の確保	＋	＋	＋
特定社員がもつ技能			－
製品開発力		＋	
(企業属性)			
企業年齢	＋		＋

線であり企業年齢にかかわらず，また成長軌道に乗った後でも，新たな事業を展開する中小企業にとっては，常に意識すべき基盤的なマネジメント要因といえよう．こうした競争優位な資源としての販路を保持した上で，創造的中小企業の各成長段階に応じた独自の多様な戦略を展開して生存を勝ち取っていることがうかがえる．従って，事業開発プロセスのどの段階で顧客との相互作用（インターフェイス機能）を開始して，どのようにその関係を設計，構築，発展させていくのかという製品開発に関わる戦略の重要性が改めて示されたといえよう．この点について，分析対象とした中小企業が，技術開発力を中核に据え新たな成長分野での事業開発を志向する創造的中小企業であるがゆえに，高い技術力に基づく製品をいかに売るかという市場との対話や調整機能は欠かせず，顧客や取引先との相互作用に深く関わる経営資源の強みが有効に機能したといえるのではないだろうか．

　創造的中小企業の各成長段階においては，生存に関わるいくつかの要因が導出できた．そこでは，若年企業には，革新性を背後に秘めた企業家的な戦略態度の重要性を見い出し，成長企業には，脅威の少ない事業環境を探索しそこに身を置き，全社的な資源の蓄積，管理，活用に注力することの有用性

を示した．全体としては，業界構造を一定程度理解してニッチな市場で希少な資源を駆使し，そしてコスト競争に巻き込まれないため，新たな事業を常に探索し開発する能動的だが一定の守備範囲の中で行動する欧米諸国とはやや異なる日本的な戦略態度の特徴が浮かび上がった．

　本章の分析では，これまであまり明らかにされてこなかった日本の創造的中小企業の生存要因について，国内外の先行研究から導出された諸要因を踏まえて探索的に定量分析を加えてきた．これまでの先行研究の分析枠組みの中では，戦略，経営姿勢，事業環境，経営資源などの諸要因が企業の生存に影響を与えることは知られていたが，その中身についての議論や具体的に有効な諸要因の分析は希薄であったといえないだろうか．

　本分析では2000年に存続をしていた創造的中小企業の戦略やマネジメントに注目をして，その4年後の生存との関係性に焦点をあてて考察を加えてきた．すなわち，2000年時点での企業の戦略や経営姿勢が4年後の生存に何かしらの影響を与えるとの仮説に基づき，その検証を行い前述した一定の結論を導いている．

　しかし，現実の企業の経営方針や具体的な戦略はその程度の差はあるにしろ変化することも事実であろう．特に，中小企業にとっては，経営環境の変化に対応して即座に戦略変更や事業ドメインの再定義を行わないと，死活問題に発展することも珍しくない．創造的中小企業のマネジメントも日々変化して，競合他社に追いつき追い越すために，人，モノ，資金など経営資源の管理や活用を踏まえながら戦略を実践し同時に改良を加えているはずであろう．

　そのプロセスの中では，これまでの事業展開やその進め方に関わる経営方針や戦略の変化が経営トップに求められることになろう．その意思決定プロセスでは，創造的中小企業を取り巻く事業環境の変化への認識が重要な役割を占め，その環境変化に対するトップの経営姿勢と戦略のあり様が，その後の企業の行動を決定付ける要因になってくると考えられる．トップの経営姿勢や戦略の方向性に関する意思決定は，経営資源の蓄積や配分の基本方針にも影響を与えて，企業の存続を左右することにもつながりかねない重要な経営要素を含んでいるといえよう．

こうしてみると，創造的中小企業のマネジメントの把握には，1時点での経営状況よりもその変化に注目する方が経営の実態をより正確に反映することにならないだろうか．戦略タイプの変化，経営姿勢の保守化あるいは企業家的な戦略態度への変容，自社にとって好意的な事業環境から敵意に満ちた事業環境への変化など創造的中小企業の戦略，トップの経営姿勢，事業環境の変化がその後の企業の存続に大きく影響を与えると考えられよう．次章ではこうした視点に立ち，より企業経営の実態に接近するために，創造的中小企業の戦略，トップの経営姿勢，事業環境の3つの生存の鍵要因に絞り，その変化に注目をしてどういったマネジメントのどのような変化が創造的中小企業の存続に影響を与えているのかについて分析を加えていくこととする．

第4章
創造的中小企業のマネジメント変化と生存

1. 分析のねらい

　前章では，創造的中小企業が生き残るための有効なマネジメント諸要因を企業属性，事業環境，戦略，経営姿勢，経営資源をキー概念として捉えて，多角的かつ探索的に分析を加えてきた．その結果，経営トップが業界構造や事業環境の変化を十分に理解した上でニッチな市場での競争と独自顧客ルートに強みをもつことが企業存続に重要であることがわかった．そこでは，一時的なコスト優位に走ることなく技術開発に関わる多様な経営資源を組織として蓄積し管理する戦略性や経営トップの能動的な経営姿勢が際立っていたといえよう．言い換えると，創造的中小企業の存続には，経営トップの主導のもと，事業環境の変化への認識とその変化に適応した能動的かつ冷静な戦略とその実践が鍵を握っていることがわかった．この経営トップの戦略にそって，組織における経営資源の蓄積や配分が決定されて新たな事業が展開されたといえよう．こうした，戦略，経営姿勢，事業環境に関わる創造的中小企業のマネジメントが相互に調整・補完し合いながら有機的に結びつき，不確実性の高い経営環境の中，失速することなく企業を存続させていたといえるだろう．

　しかし，前章での分析には課題も残った．それは，これら創造的中小企業の生存要因の実証分析は，企業の1時点における戦略や組織のマネジメントの諸要因間の比較分析を中心としていたことである．そこでの実証分析は，2000年時点での創造的中小企業のマネジメント諸機能のうち，どの要因が4年後の企業の生存に影響を与えたかについての研究であった．分析結果から

は，戦略，経営姿勢，事業環境に関わる特定の要因の重要性は把握できたものの，それぞれの変化が生存に与える影響については分析しておらず，どのようなマネジメント諸機能の変化が企業の存続に影響を与えたのかについては明確に示されなかった．

創造的中小企業の経営は，そもそも機動的で，経営環境の変化に対する認識，経営方針，競争戦略は常に一定とは限らず状況に応じて変化しているはずである．経営トップを中心とする経営陣は，直面する状況の変化に対して経営判断を下して，事業ドメインの刷新から新たな競争戦略の実践までマネジメントを柔軟かつ迅速に変更しているだろう．その結果，特定のマネジメント機能が強化されたり逆に弱められたりすることがあるのではないだろうか．しかし，マネジメント諸機能の変化が企業の生存にどのような影響を与えるかについての研究は，十分に進んでいるとはいえないだろう．ある時点での企業の経営姿勢や戦略のその後の変化に注目をした分析はそれほど多いとはいえない．しかし，その変化こそが中小企業のビジネスの実態をよく表しているだろうし，そのマネジメント変化の理解こそが経営成果に大きく影響を与えて企業の存続を決定付けるといえるのではないだろうか．

本章では，こうした中小企業の実践経営に影響を与えると考えられるマネジメント変化とその後の企業存続との関係性について分析を試みる．前章での創造的中小企業の生存要因に関する発見事実を踏まえて，ここでは存続に大きな影響を与える戦略，経営姿勢，事業環境の3つのマネジメント要因の変化に注目をする．具体的には，創造的中小企業の2000年から2002年の2年間のマネジメント変化を測定して，その変化がその2年後の企業の生存にどのような影響を与えるのかについて分析している．ここでの成果は，1時点でのマネジメント機能の測定では明確な把握が困難であった特定のマネジメントの強化や縮小による生存効果の分析が可能となり，企業経営の実践に有効な知見や示唆が与えられることが期待できよう．

こうした中小企業のマネジメント変化と企業の存続に関する実証分析の蓄積は重要であるにもかかわらず，第2章でみたように日本ならびに欧米諸国においても希薄であった．本章では，先行研究を参考にしながら，創造的中小企業の広範なマネジメント諸機能に注目をして，その変化と企業の生存と

の関係性について探索的に分析を進める．

以下では前章で導出した創造的中小企業の1時点でのマネジメントに関わる生存要因に注目をして，そこからいくつかの仮説を導き，創造的中小企業の2時点間のマネジメント変化と生存との関係性について検証を加えることとした．具体的には，戦略，経営姿勢，事業環境の3つの視点から次の6つの仮説を提示してその検証にあたっている[1]．

1.1 戦略

仮説 1a 創造的中小企業がコストを重視することは必要ではあるが，それは競争優位を発揮して企業の存続を勝ち取るための十分条件とはいえない．従って，他の競争優位を高める戦略性が乏しく，コストへの優先姿勢のみ強まれば，それは必ずしも存続可能性を高めることにはならないだろう．他のマネジメント要因を補完する機能としてコスト重視の戦略を捉えるべきだろう．

仮説 1b 創造的中小企業は，事業領域に対して固定的でない捉え方をすることは重要だが，業界の慣例を大きく越えてしまうと生存が危ぶまれる．従って，事業ドメインの捉え方が業界の理解を大きく越えて変化すると存続の危険性が逆に増すことになるだろう．その適切なバランスが生存の鍵を握るといえるだろう．

仮説 1c 創造的中小企業がグローバルな事業に積極的に取り組むことは，経営資源が過少である場合，存続には必ずしもプラスには働かないだろう．従って，国際商品の開発に向けた戦略の強化は，企業の存続を危ぶませることにつながるのではないだろうか．

---

1 ただし，ここで参考とする前章からの生存要因に関わる諸変数については，生存グループと非生存グループとの差のt検定分析結果を用いて，さらに探索的リサーチの趣旨から10％水準での変数の抽出を行うこととした．また，戦略要因ならびに経営姿勢要因に関しては，生存の全体分析から導いた変数をもとに仮説を記述しているが，事業環境要因については，全体の生存要因分析からは統計的に有意な変数は抽出できなかったため，次善の措置として成長企業ならびに若年企業の生存要因分析結果から抽出した変数を基に記述している．

1.2 経営姿勢

仮説2 不確実性の高い経営環境下では，技術的・分析的な経営トップの意思決定スタイルより直感・経験重視型のスタイルの方が生存に有効と考えられる．従って，創造的中小企業の経営トップが論理的で分析的な経営スタイルを強め過ぎると生存の可能性を低下させることになるかもしれない．厳しい経営環境下では創業者精神と事業への強い想いに支えられた経営トップの知恵と直感と突出した経営スタイルが企業存続に有効といえるのではないだろうか．

1.3 事業環境

仮説3a 需要動向や顧客の趣向が予想困難な状況下では，若い創造的中小企業の場合，革新的な戦略態度を発揮して，その行動は生存に有利に機能すると考えられる．従って，需要動向が一段と予測困難な状況になるなど事業環境の不確実性が高まるほど，創造的中小企業の特徴が発揮されて存続可能性も高まるといえるかもしれない．創造的中小企業は企業家的な戦略態度をとるがゆえ，事業環境が過酷な時の方が，生存に有利に働くといえるのではないだろうか．

仮説3b 成長軌道にある創造的中小企業にとって，部品・サービスが廃れるスピードが速い環境下や事業環境が苛酷で敵意に満ちた状況下にいることは，自社の発展を阻害する要因となり生存にはマイナスの影響を与えると考えられる．従って，自社にとって事業の不確実性が一段と高い状況下に創造的中小企業が置かれることになると，さらにその生存率は低くなってくることが予想される．自らをいち早く競争優位な安定的なポジションに置くための努力が，企業の存続に大きな影響を与えることになるといえよう．

この6つの仮説は果たして，創造的中小企業の生存を適切に説明しているのであろうか．以下では，これらの仮説を検証しながら創造的中小企業の生存要因についての理解を深めていくが，その分析に入る前に，まずその前提となる創造的中小企業の実態調査とそこから入手した企業データ，本分析で用いる諸変数や分析方法について論じておくこととする．

2. 調査

2.1 調査方法とデータ

　本章での分析対象企業は，前章でも詳述した創造的中小企業である．創造的中小企業を研究対象とする意義について簡潔に述べると，それは，創造的中小企業は事業創造活動を通じて，技術革新や新たな需要を喚起し雇用や経済成長を牽引する可能性を秘めているからに他ならない．日本の経済社会に占める中小企業の割合は企業ベースで9割以上，雇用者ベースで7割以上を占める大きな存在である．しかし，この中から大きく成長を遂げる中堅企業やベンチャー企業などはごく一部であることがわかっている．そうした創造性や革新性を秘めた成長中小企業や新規開業企業が，産業の新陳代謝を促し産業構造に風穴を開けて，新たな雇用や社会的富を生む点において，社会的存在意義は大きいといえよう．

　1980年代以降，欧米諸国では中小企業の役割に注目して，成長中小企業や新規開業企業に関わる諸研究が進むことになった．それに呼応して，各国政府も中小企業を新たな経済の駆動力とみなして，創業支援や成長可能性を秘めた中小企業への政策支援など各種支援措置を拡充している．中小企業に対するこうした認識は日本においても例外ではなく，これまで弱者として一律にみなされてきた中小企業観から脱却して，新産業を生み出す苗床としての多様な存在として中小企業を捉えるようになった．日本政府はその代表的かつ先駆けとして，1995年に創造法を制定して，創造的な中小企業の経済社会での意義と役割に期待を込めたといえよう[2]．

　本章で分析対象とした中小企業は，同法律によって政府認定を受けた創造的中小企業である．この創造的中小企業の数は本調査開始時点で，政府の公表データから抽出できた5521社で，このすべてを本調査での対象企業としている．また，創造的中小企業の戦略やマネジメントの変化と生存との関係を分析するために，ここでは3つの調査を実施して必要なデータの収集にあ

---

[2] 創造法や創造的中小企業の概念については第2章で詳細に述べているので，そこを参照して頂きたい．

たった．

まず，第1次調査では，前章で詳述した予備的企業訪問調査を踏まえ，2000年に創造的中小企業を対象に大規模郵送アンケート調査を実施している．そこでは，約2ヵ月間の回答期間を経て，1233社の有効回答数と22.3％の有効回収率を得ている．次に，創造的中小企業の2時点でのマネジメント変化を測定するために，2年後の2002年の秋に第2次調査を実施している．そこでは，2000年調査で回答を得た1233社に対して2000年と同様の質問調査票を経営トップを回答者として指定して発送した．有効回答数は289社で有効回収率は23.4％であった．そして，最後の第3次調査として，これら289社の創造的中小企業の存続状況を把握するために2004年の11月に電話による生存実態調査を行っている．

生存の基準は，2000年アンケート回答企業ならびに2002年アンケート回答企業と同一であり2004年時点で事業活動を継続していることを基本としている．廃業，休業，清算など実質的に企業活動を営んでいないことが確認できた場合や電話が不通であったり，常時電話応対がない場合はビジネスの実態がないとの理由で非生存企業とした．電話による調査を拒否されるなど生存や非生存の確認がとれなかった場合，ならびに2000年調査と2002年調査で把握した企業のうち同一との確認がとれなかった場合は不明として，分析対象からは除外した．

最終的にこれら3つの調査で得た企業経営に関わる質的な情報を用いて創造的中小企業の生存に影響を与える諸要因の分析を行っている．具体的には，2000年調査と2002年調査の企業経営に関わる，戦略，経営姿勢，事業環境の3つの要因についてパネルデータを構築して，各要因の諸変数の変化を測定しその変化水準と2004年調査で把握した生存状況との関係について分析している．

2.2 変数

本章での分析は，創造的中小企業の生存に影響を与える諸要因の中で，特に戦略やマネジメント要因に焦点を当てている．それは，前章での分析結果から導き出された戦略，経営姿勢，事業環境の3つの諸要因が創造的中小企

業の生存を規定するキー概念として浮かび上がってきたからに他ならない．しかし，時間の経過とともに戦略やマネジメントも変化するはずである．そして，その変化が事業や組織の存続にどのような影響を与えたのかについては，前章の分析結果からは厳密には把握できていない．

　従って，ここでの分析は前述した3つの諸要因に絞って，その要因ごとに設定した変数の2時点間での変化に注目をし，その変化の水準（強弱や高低）と生存との関係性について分析している．設定した3つの要因に関わる諸変数の基となる2回の大規模企業アンケート調査の質問項目については，2000年調査と2002年調査と同一である．従って，次に記述する3つの変数については前章で詳述した2000年調査の変数と同一であり，ここでは簡潔な説明に留めておきたい．なお，ここで述べる3つの要因に関わる諸変数については，原則，欧米諸国を中心とするこれまでの中小企業の存続に関わる実証研究の研究成果や，国際比較を通じて分析された日本企業の実証研究から得られた知見に基づいていることは，前章までに触れた通りである．

　まず，戦略変数の設定については，経営環境への適応との関係性を重視しつつ創造性と革新性を発揮する企業家的な行動のあり方に関わる経営要素が，企業の存続と発展に重要であるとの先行研究成果に照らして検討を加えている．そこでは，経営戦略や目標・ビジョンの捉え方，経営環境，技術・ノウハウ，組織などに関わる経営要素を取り入れ（加護野他，1983），同様に戦略タイプとの関係性から先駆性や独自性，リスク志向やドメインの捉え方に関わる変数の設定も考慮している（Miles and Snow, 1978）．さらに，中小企業の存続や消滅に影響を与える分析枠組みの中から，特に市場との対話や調整機能が重要であるとの認識を踏まえて（Storey, 1994），マーケットリーダーやトップシェアへの認識，ニッチ市場戦略やオールライン型製品・総合力重視，国際商品の開発，マーケティングに関わる戦略変数を設定している．その結果ここでは17の変数を設定している．そして，これらの変数に関する個別質問項目に対して5段階のリッカート・スケールを設けてアンケート調査票を作成し2000年と2002年の2度にわたり調査を実施して各々回答を得ている．

　次に，経営姿勢の変数に関しては，成長を志向する中小企業の経営トップ

の経営に関する先行研究結果を重視して設定している．そこでは，特に Timmons（1994），加護野（1987），山田（2008b）が主張する企業家活動の本質に関わる概念との整合性に考慮しながら，その具体的な変数設定に関しては，中小製造業の企業家的な経営姿勢について実証研究を行って，企業家活動の分野で頻繁に引用される Covin and Slevin（1989）が用いた諸変数を参照している．さらに，創造的中小企業に関する一連の先行研究（山田・江島，2003; Yamada et al., 2003, 2008）や予備的企業訪問調査からの発見事実を踏まえて，論理的・分析的，環境変化への俊敏さ，トップの価値観が組織に浸透などの視点も考慮した．その結果，経営環境の変化に対する姿勢，経営理念やトップの価値観，現場重視，先行・突出性，組織文化，リーダーシップ，情報網などを軸とした20の経営姿勢の変数を設定している．創造的中小企業に対する2つのアンケート調査票では，これらの項目ごとにその重要度を1〜5段階のリッカート・スケールに分けて設定して経営トップに対し設問をし，経営姿勢の違いについて回答を得ている．

　最後に，事業環境要因の変数設定については，制度や業界などの一般的環境要因（general environment）ではなく，個別顧客や競合他社を意識した環境要因（task environment）に関わる概念として変数設定を行っている．そこでは，環境適応理論に基づき実証研究を行った加護野他（1983）の考え方を参照しているが，具体的にはより中小企業の特性を踏まえた Covins and Slevin（1989）や Miller（1983）が実証研究で用いた環境変数と整合させている．そこでは，競合他社の動向や消費者の行動様式，技術や製品・サービスの変化などのスピードや予想の困難さ，また自社にとって現在の市場や事業環境は敵対的な環境なのか好意的・有利な環境なのか，さらに事業展開に際して投資機会は豊富な状況であるのか，といった業界でのポジショニング（Porter, 1980）とも関わりのある議論を軸にした事業環境の変数の概念設定が行われている．その結果，市場の性質や規模の変化を軸にして，創造的中小企業を取り巻く事業環境変数として，顧客，製品・サービス，技術，競争者，投資機会など7つの環境変数を設定している．創造的中小企業の2つのアンケート調査設問票では，各項目ともに5段階の尺度を用いてその認識の度合いについて経営トップから回答を得ている．なお，これら3つ

の要因の諸変数一覧を図表 4-1 に示している．

図表 4-1　創造的中小企業のマネジメント変化と生存関係分析の変数一覧

1. 戦略 (17)
ドメインの明確化
業界慣例にとらわれないドメイン
ビジョンの明確化
環境変化に応じて事業を再定義
多用な技術・ノウハウを重視
経営資源の展開は長期計画に基づく
トップシェアを志向し大規模な経営資源投入
マーケットリーダーに挑戦
製品開発のリスクを回避するフォロアー型
オールライン型製品群．総合力重視
ニッチな市場戦略
コスト優位性
ユニークな製品企画・開発
高品質の製品開発
新製品の導入
広告・宣伝を通じたブランド力
国際商品の開発

2. 経営姿勢 (20)
環境変化に敏感
社外に多様な情報源をもつ
会社のあるべき姿を明確にもつ
権限移譲，リスクに挑戦させる
トップの価値観が戦略・制度に反映
外部の技術情報に注目
時に突出した戦略を打ち出し，できない
ことに挑戦することを望む
社内の和に気を配る
現場の自発性を尊重
現場の提案を重視
社内でのできごとを掌握
戦略計画に精通
戦略に従って機動的に対応
論理的で分析的アプローチ

ハングリー精神を維持
経営陣の多くは生え抜き
業界に精通
現場に会社の基本方針を説いて回る
一旦決定したことを貫徹するリーダーが良い
過去の決定にとらわれないリーダーが良い

3. 事業環境 (7)
事業マーケティングを頻繁に変更
製品・サービスが廃れるスピードは速い
競争者の行動は予想しがたい
需要動向や消費者の趣向は予測しがたい
製品・サービスの技術は頻繁に変更
事業環境はリスキー
事業環境は投資機会に乏しく過酷

3. 分析結果と考察

大規模調査で収集した2000年と2002年の2時点における289社の創造的中小企業のパネルデータに基づき，そのマネジメントの変化水準と2004年時点における生存状況について分析を加えていくが，その分析方法についてはサンプル数の制約や広範囲でかつ探索的に生存要因を抽出したい趣旨から，第1次分析アプローチとして平均値の変化に注目しt検定分析に限定することとした．詳細な分析は今後の研究課題とした[3]．同様に，データサンプル数が過少であるため，創造的中小企業のうち，若年企業や成長企業など前章で分析を加えた成長段階ごとの生存要因分析はここでは扱わず，全体分析に限定することとした．

以下では，まず調査結果からわかった創造的中小企業の特徴と生存状況について論じ，その上で本分析の枠組みである創造的中小企業の戦略要因の変化と生存，経営姿勢要因の変化と生存，事業環境要因の変化と生存，の3つの点について分析結果を論じていく．その後，本分析結果を通じてわかった発見事実と前述した仮説とを検証しながら，創造的中小企業の戦略やマネジメントに関わるどういった要因の変化が，その後の生存にどのような影響を与えるのかについて考察を加えていく．

3.1 分析対象企業のデモグラフィ

2時点の調査を通じて把握した本章で分析対象とする創造的中小企業の特徴は次の通りである．

分析対象とした創造的中小企業の数は289社で，それら企業の平均設立年時は1981年であった．そこには100年以上前に設立された長寿企業も存在した反面，2000年に設立された若い企業も混じっており，最も多い設立年時は1998年であった．企業年齢の平均は26.8で，前章で対象とした創造的中小企業よりもやや古く，青年期から成熟段階にある企業がここでの分析対

---

[3] なお，ここでは補足的に分散分析も実施したが，抽出された変数の数は2つと少なく，かつt検定分析とほぼ同様の考察を導いている．従って，ここでは，第1次的分析アプローチである本研究の趣旨から，より抽出変数の数が多いt検定による分析方法を採用している．

図表 4-2　創造的中小企業の企業属性②：
設立点，企業年齢，資本金，従業員数，売上高

	平均値	標準偏差
設立年	1981.4	16.7
企業年齢	26.8	17.0
資本金（千円）	21,977.0	36,614.0
従業員数	33.0	51.4
売上げ高（千円）	607,983.0	872,597.0

象となっている．企業規模については，資本金が2197万7000円で従業員数が33人，売上高も6億798万3000円とそれほど大きな規模の企業組織とはいえないことがわかった（図表4-2参照）．

創造的中小企業は新たな技術や事業の開発を通じて発展を目指す企業であることから，主にどのような事業分野での展開に取り組んでいるのかについて大規模調査で質問している．第3章での分析と同様に，ここでも政府が閣議決定をした今後の成長が見込まれる新規・成長15分野の中から主な事業を選択してもらった．その結果，主力事業分野については，環境関連分野が最も多く22.6％，次いで新製造技術開発分野の18.8％，生活文化関連分野の14.7％，情報通信関連分野の12.8％で，これら4分野で全体の約7割を占めた．こうした新たな成長産業分野で，事業機会を探索しようとする創造的中小企業の戦略性がうかがえる．しかし，企業を取り巻く経営環境は厳しく新たな事業開発を通じて成長を目指す中小企業といえども，2000年から2002年にかけての業績は好ましくなく，売上高の平均値は9億8038万円から6億798万3000円，経常利益の平均値も2017万5000円から1648万円へと減少している．売上高に占める利益の割合は一定程度維持しているものの厳しい状況は続いているといえよう．ただし，従業員数の平均値はほぼ横ばいで維持しており，厳しい中でも我慢をしながら，しぶとく事業展開を継続して発展を目指そうとする経営の意思がうかがえる（図表4-3参照）．

こうした新たな事業に挑戦する中小企業のガバナンスについては，家族グループによる出資が5割を占める家族経営企業[4]が主流を占め，その平均出

---

[4] 家族経営企業とは，血縁関係や結婚によって関係のある単一家族グループが50％以上の出資をしている場合を指す（Westhead and Cowling, 1996）．

図表 4-3　2000-02 年の創造的中小企業の経営成果の変化

	2000 年	2002 年
売上高（千円）	980,380	607,983
経常利益（千円）	20,175	16,480
従業員数	31	33

図表 4-4　創造的中小企業の創業経営者の割合②

	実数(人)	割合(％)
社長は創業者	195	70.1
社長は非創業者	83	29.9

資比率は7割を超えていた．また，経営陣の中で半数以上が家族である割合も5割以上にのぼる．外部からの人材登用や現場からの生え抜き人材ではなく，創造的中小企業のガバナンスは血縁関係を中心とした身内主体の経営形態に特徴をもっていることがわかった．さらに，図表4-4に示したように経営の意思決定に影響を及ぼす経営トップについては，創業者による経営が大半を占めており，その割合は約7割であった．ここでも現場からの生え抜き人事や外部からの経営トップの登用は極めて少なく家族中心かつ創業者中心のトップマネジメントの特徴が示されたといえよう．

このように本章で分析対象とした創造的中小企業は，創業者主導による家族的色彩の濃い技術開発型の中小企業で，規模は小さいが新たな事業展開意欲をもった創造性と独創性の強い企業といえよう．その立地範囲は図表4-5に示したように日本全国に及び，最も多いのが東京の11.1％，次いで大阪の9.7％，埼玉の5.2％，長野の4.8％，静岡の4.5％と続き，都市圏に多いものの地方にも広く分布していることがわかる．

3.2　生存率

本調査での創造的中小企業の生存率の測定にあたっては，2000年ならびに2002年で生存が確認できた289社の創造的中小企業が，その後2年間の期間を経て2004年にどの程度の割合で存続しているのかに焦点を当てた．その結果，生存が確認できた企業数が256社，確認できなかった企業数が33社で，生存率は88.6％，非生存率は11.4％となった．

図表 4-5　創造的中小企業の都道府県別立地状況②

	実数	割合(%)		実数	割合(%)
東京都	32	11.1	三重県	4	1.4
大阪府	28	9.7	山梨県	4	1.4
埼玉県	15	5.2	大分県	4	1.4
長野県	14	4.8	富山県	4	1.4
広島県	13	4.5	福井県	4	1.4
静岡県	13	4.5	福岡県	4	1.4
岐阜県	10	3.5	沖縄県	3	1.0
岡山県	8	2.8	宮崎県	3	1.0
京都府	8	2.8	熊本県	3	1.0
滋賀県	8	2.8	群馬県	3	1.0
神奈川県	8	2.8	鹿児島県	3	1.0
千葉県	8	2.8	長崎県	3	1.0
福島県	8	2.8	奈良県	3	1.0
兵庫県	8	2.8	佐賀県	2	0.7
石川県	7	2.4	山形県	2	0.7
秋田県	6	2.1	青森県	2	0.7
愛知県	5	1.7	鳥取県	2	0.7
茨城県	5	1.7	徳島県	2	0.7
香川県	5	1.7	栃木県	2	0.7
山口県	5	1.7	和歌山県	2	0.7
新潟県	5	1.7	宮城県	1	0.3
愛媛県	4	1.4	高知県	1	0.3
岩手県	4	1.4	北海道	1	0.3

　前章では 2000 年時点に生存が確認できた創造的中小企業の 4 年後の存続に焦点を当てて測定し，生存率は 86.7％，非生存率は 13.3％という結果を得ている．この 2 つの調査結果を比較すると，生存率の測定期間が約 2 年短い本調査での生存率が 2 ポイントほど高くなっていることがわかった．一方，2000 年に先行的に実施した創造的中小企業の生存実態調査（江島，2006）では，1995 年に生存していた創造的中小企業の 5 年後の生存率が 83.3％，非生存率が 16.7％と報告している．これら 3 つの創造的中小企業の生存実態調査は，調査対象としたデータサンプル数や生存の測定時期などの違いから厳密には比較できないものの，同じ創造的中小企業を対象として，同じ測定手法を用いて分析している点において一定の生存の傾向はつかむことができ

るかもしれない．この点を踏まえてその傾向を概観してみると，創造的中小企業が2年後に継続して事業を営んでいる割合は88.6%（2002-04），同様に4年後は86.7%（2000-04），そして5年後では83.3%（1995-2000）とその幅は微少ながら徐々に低下していることがわかった[5]．この間の創造的中小企業の生存率は8割を超えるものの，様々な理由によって消滅していった企業の割合も時系列でみると増加していることが類推できるだろうし，この傾向は欧米諸国での先行研究とも一致する．それでは，こうした存続する創造的中小企業と消滅する創造的中小企業にはどのような違いがあるのだろうか．次に，生存企業と非生存企業の属性や規模などの企業特性についてみていく．

3.3 生存企業と非生存企業

まず，存続する創造的中小企業とそうでない創造的中小企業の設立時期の状況をみると，図表4-6に示したように，ややその分布に異なる傾向がみられた．生存企業の場合は，1990年以前に設立された企業の割合が最も多く約6割を占めて，次いで1995年以降の設立が2割を超える状況になっている．その間の1990年から1995年に設立された企業の割合は1割半と最も少ない．2004年時点を基点として企業年齢を計算すると15年以上の生存企業の割合が最も多く，逆に2時点調査の2002年時点で企業年齢6年以下の生存企業の割合が最も少ないといえよう．

創造的中小企業のうち非生存企業の設立時期については，最も多いのが1995年以降で6割を超えている．次いで，1990年以前と1990年から1995年までの設立時期と続き，約4割弱を占める．企業年齢でみると，2002年時点で企業年齢6年以下の企業の非生存率が最も高いことが示されている．創造的中小企業の生存企業と非生存企業の設立時期の分布状況をみると，概ね企業年齢15年を超える安定・成長期にある企業の生存率が高く，概ね企

---

5 なお，正確な生存率の測定には，3つのデータサンプル内に含む企業の設立年や属性などを揃えた上で，サンプル数の過少性も克服し緻密なデータ解析を行う必要があることは言うまでもないだろう．ここでの分析は3つの異なる測定期間に基づく創造的中小企業の生存率についての発見事実から生存率の変化を類推して，その傾向をつかむことに主眼を置いたものである．

図表 4-6　創造的中小企業の設立年別生存・非生存企業の割合②

(年)	生存企業 実数(社)	割合(%)	非生存企業 実数(社)	割合(%)
1990 以前	156	60.94	7	21.21
90-95	40	15.63	5	15.15
95 以降	60	23.44	21	63.64

図表 4-7　創造的中小企業の資本金規模別生存・非生存企業の割合②

(単位：万円)	生存企業 実数(社)	割合(%)	非生存企業 実数(社)	割合(%)
300 未満	6	2.37	3	9.38
300 以上 1000 未満	32	12.65	13	40.63
1000 以上 2000 未満	117	46.25	11	34.38
2000 以上 4000 未満	59	23.32	2	6.25
4000 以上	39	15.42	3	9.38

業年齢6年を下回る若年企業の生存率が低いことがわかる.

次に，創造的中小企業の生存企業と非生存企業の規模別の特徴をみると，図表4-7に提示したようにやや異なる分布状況を示した．生存企業においては，資本金規模が1000万円以上2000万円未満の企業が最も多く5割弱を占めて，次いで2000万円以上4000万円未満が2割強，そして4000万円以上と続いている．上位2つの区分を合わせると，1000万円以上4000万円未満の資本金規模をもつ企業の割合が約7割に達した．一方，非生存企業の場合は，最も多い資本金規模は300万円以上1000万円未満で約4割の企業を占めて，次いで多い1000万円から2000万円の資本金規模の企業を合わせると全体の約7割半に達する.

創造的中小企業の生存企業と非生存企業の資本金規模別の分布状況をみると，生存企業の場合は1000万円から4000万円の資本金規模に多く，非生存企業の場合は300万円から2000万円の資本金規模に多く，両者の間に資本金規模において差があることがうかがえる.

創造的中小企業の生存企業と非生存企業とで主力事業分野においてどのような違いがあるのだろうか．図表4-8は，創造的中小企業が新たな事業を展開しようとする主な事業分野について，存続した企業と消滅した企業との分

図表 4-8　創造的中小企業の主力事業分野別生存・非生存企業の割合②

	生存企業		非生存企業	
	実数(社)	割合(%)	実数(社)	割合(%)
医療・福祉	8	3.13	4	12.12
生活文化	36	14.06	3	9.09
情報通信	33	12.89	1	3.03
新製造技術	46	17.97	4	12.12
流通・物流	4	1.56	—	—
環境関連	52	20.31	8	24.24
ビジネス支援	7	2.73	2	6.06
海洋関連	3	1.17	—	—
バイオテクノロジー	7	2.73	1	3.03
都市環境整備	9	3.52	1	3.03
航空・宇宙	1	0.39	—	—
新エネルギー・省エネルギー	10	3.91	5	15.15
人材関連	1	0.39	—	—
国際化関連	—	—	—	—
住宅関連	17	6.64	1	3.03
その他	2	0.78	—	—

布を示している．生存企業の主力事業分野としては，環境関連分野が最も多く，次いで，新製造技術関連分野，生活文化関連分野，情報通信関連分野，住宅関連分野と続いている．一方，非生存企業の主力事業分野は，環境関連分野，新エネルギー・省エネルギー関連分野，新製造技術関連分野，医療・福祉関連分野と多岐にわたっている．こうした主力事業分野の分布状況をみてみると，創造的中小企業の生存企業ならびに非生存企業に共通して環境関連分野での事業展開に特徴がみられるものの，両者ともに多岐にわたる多様な主力事業分野での展開が行われていると考えられよう．

3.4　マネジメントの変化

次に，創造的中小企業の戦略，経営姿勢，事業環境の変化について分析を加える．本分析で対象とした創造的中小企業を取り巻く経営環境はその調査期間中，極めて厳しい状況にあったことがわかっている．2000年から2009年のビジネス環境の変化を日経平均株価の推移でみると，2000年3月に株

価が最高値をつけて以来，一気に下降曲線を辿り2003年の4月に最安値をつけている．すなわち，本研究の基礎としている2000年調査時点から2002年調査時点にかけての外部環境は激変して，この10年間で最も過酷な時期であったともいえよう．

こうした中，2000年から2002年にかけて存続が確認された289社の創造的中小企業のマネジメントはどのように変化したのであろうか．以下では，3つのマネジメント機能ごとにその変化をみていくこととする．なお，個別マネジメント変数の変化データについては，2002年の各変数の平均水準から2000年の平均水準を差し引いた値を採用しており，図表4-9にその詳細を記載している．併せて，2ヵ年でのマネジメント諸機能が強まったのか，弱まったのかを示すためにプラスとマイナスでその傾向を表示している．

図表4-9　2000-02年の創造的中小企業のマネジメント変化（戦略・経営姿勢・事業環境）

	2000 平均	標準偏差	2002 平均	標準偏差	N	変化の方向
（戦略）						
ドメインの明確化	4.35	0.76	4.38	0.72	271	＋
業界慣例にとらわれないドメイン	4.12	0.86	4.14	0.86	271	＋
ビジョンの明確化	4.23	0.83	4.10	0.83	271	－
環境変化に応じて事業を再定義	3.71	1.07	3.71	1.08	272	－
多様な技術・ノウハウを重視	4.53	0.68	4.38	0.72	272	－
経営資源の展開は長期計画に基づく	3.55	0.96	3.40	1.02	272	－
トップシェアを志向し大規模な経営資源投入	2.85	1.24	2.89	1.15	262	＋
マーケットリーダーに挑戦	3.14	1.30	3.18	1.24	263	＋
製品開発のリスクを回避するフォロアー型	2.48	1.14	2.52	1.07	262	＋
オールライン型製品群．総合力重視	2.62	1.24	2.62	1.24	263	
ニッチな市場戦略	3.80	1.06	3.71	1.15	264	－
コスト優位性	3.18	1.20	3.05	1.28	264	－
ユニークな製品企画・開発	4.20	0.97	4.19	0.93	266	－
高品質の製品開発	4.11	0.91	4.17	0.85	266	＋
新製品の導入	3.77	0.96	3.66	1.03	261	－
広告・宣伝を通じたブランド力	2.44	1.16	2.56	1.16	265	＋
国際商品の開発	2.88	1.41	2.83	1.40	263	－
（経営姿勢）						
環境変化に敏感	4.20	0.90	4.14	0.77	265	－
社外に多様な情報源をもつ	4.02	0.89	3.99	0.82	266	－

会社のあるべき姿を明確にもつ	4.21	0.82	4.17	0.78	265	−
権限移譲,リスクに挑戦させる	3.62	0.93	3.57	0.90	263	−
トップの価値観が戦略・制度に反映	4.12	0.85	4.03	0.79	263	−
外部の技術情報に注目	4.31	0.80	4.28	0.71	265	−
時に突出した戦略を打ち出し挑戦させる	4.08	0.89	3.97	0.91	272	−
社内の和に気を配る	3.89	0.95	3.89	0.94	271	−
現場の自発性を尊重	4.15	0.79	4.15	0.74	268	+
現場の提案を重視	4.20	0.73	4.20	0.71	270	+
社内でのできごとを掌握	4.25	0.81	4.18	0.79	269	−
戦略計画に精通	3.82	0.84	3.74	0.93	268	−
戦略に従って機動的に対応	4.04	0.81	3.98	0.85	269	−
論理的で分析的アプローチ	3.21	0.97	3.16	0.98	267	−
ハングリー精神を維持	3.77	0.94	3.74	0.94	268	−
経営陣の多くは生え抜き	3.58	1.13	3.59	1.18	267	+
業界に精通	3.75	0.95	3.77	0.85	268	+
現場に会社の基本方針を説いて回る	3.33	1.04	3.48	0.94	267	+
一旦決定したことを貫徹するリーダーが良い	3.31	1.00	3.38	1.02	268	+
過去の決定にとらわれないリーダーが良い	4.03	0.77	4.04	0.83	269	+
(事業環境)						
事業のマーケティングを頻繁に変更	3.16	1.22	3.13	1.22	263	−
製品・サービスが廃れるスピードは速い	3.06	1.26	2.99	1.33	265	−
競争者の行動は予想しがたい	2.63	1.06	2.64	1.11	267	+
需要動向や消費者の趣向は予測しがたい	2.78	1.04	2.85	1.10	264	+
製品・サービスの技術は頻繁に変更	3.39	1.29	3.36	1.25	266	−
事業環境はリスキー	3.55	1.07	3.53	1.05	266	−
事業環境は投資機会に乏しく過酷	2.97	1.07	3.04	1.07	267	+

　その結果,まず事業環境に対する認識の変化については,市場における技術面や商品・サービス面での動きがやや鈍くなり需要が低迷して,一様に景気悪化の影響を直接的に受けている様子がうかがえる.同時に,競争者や消費者の動向が不確実で予測しがたいという認識が強まり,新たな投資環境もさらに苛酷さを増してきている状況であった.総合的に事業環境に対する見方が一層厳しくなってきた時期といえよう.

　このように自社にとっては極めて過酷な事業環境下ではあるが,経営トップはどのような経営姿勢や経営方針を打ち出して存続を勝ち取ろうとしていたのであろうか.ここでの分析結果からは,その全体的な特徴として,外部情報や資源へのアクセスや依存はやや控えつつも,これまで培ってきた業界

知識・ノウハウや独自資源の活用ならびに現場発の創発性やリーダーシップに重点を置く特徴が浮かび上がった．これは，一見，内向きな経営姿勢にもみえるが，逆に過酷な事業環境から抜け出すための能動的な経営姿勢としてその機動力を組織内部に求めたリーダーシップの発揮とも受け止められるのではないだろうか．事実，創造的中小企業の戦略は，厳しい経営環境だからこそ市場に対して能動的に攻める内容に変化している．図表4-9の戦略変化の要素をみると，既存の事業ドメインに特にこだわることなく，市場でのシェアを獲得すべく果敢に新たなことに挑戦している姿が浮かび上がっている．リスクをとり大規模な経営資源を投入する志向性も強まったといえよう．しかし，彼らは無謀な冒険は避けて高品質の製品開発への絞込みや製品開発のリスクヘッジにも抜かりなく，計算されたリスクを負う戦略姿勢も強調されているようにみえる．いずれにせよ，2000年から2002年にかけての創造的中小企業のマネジメントの変化は，急激な事業環境の悪化への認識とそれへの対応の実態を表しているといえないだろうか．

　こうした創造的中小企業の2000年から2002年にかけての事業環境，戦略，経営姿勢に関わるマネジメントの変化は，変数の値を見る限りいくつかの変数を除いてそれほど大きな変化としてはみられなかった．しかし，その違いに関わる特徴は把握できたといえよう．全体的な傾向としては，マクロ経済環境の悪化を原因としたやや保守的なマネジメント志向への傾向はみてとれたが，同時に危機的な状況だからこそ攻める攻撃的な経営姿勢を鼓舞するマネジメントへの志向性も観察されている．

　果たしてこうした創造的中小企業のマネジメント変化の特徴が，どの程度まで企業の生存や消滅に影響を与える有効な変数として機能したのであろうか．企業の生存と非生存とを分けるマネジメントとはいったい何に起因するのか．

　次に，戦略，経営姿勢，事業環境に関わる諸変数の変化と生存との関係性について分析を加える．具体的には，2004年調査で判明した創造的中小企業の生存実態を踏まえて，それらを生存グループと非生存グループに分け，2000年から2002年にかけてのマネジメント変化による影響を測定している．分析には，図表4-1で示した17の戦略変数，20の経営姿勢変数，7つの事業環境変数の2000年調査時点での値と2002年調査時点での値の差をマ

図表 4-10　創造的中小企業の戦略・経営姿勢・事業環境の変化と生存との関係分析（t 検定）

2000-02 の変化	2004 年の生存状況				
	生存	非生存	t 値	有意確率	N
（戦略）					
コスト優位性	−0.059	−0.808	1.850	0.075	264
他社にないユニークな製品開発	0.036	−0.370	1.844	0.066	266
（経営姿勢）					
権限委譲，リスクに挑戦させる	−0.008	−0.481	2.198	0.029	263
過去の経験にとらわれず柔軟に軌道修正	0.054	−0.333	2.098	0.037	269
（事業環境）					
競争者の行動は予想しがたい	−0.046	0.448	−1.853	0.065	267

ネジメント変化と捉えて，それらが生存企業と非生存企業との間でどのような違いを示すのかに着目をして t 検定による分析を行っている．分析結果は図表 4-10 にまとめて示している．

3.5　戦略変化と生存要因

　ここでは，2000 年から 2002 年の創造的中小企業の戦略の変化が 2004 年時点での創造的中小企業の存続にどのような影響を与えているのかについて分析を試みている．その結果，17 の戦略変数のうち，2 つの変数において統計上有意な生存要因を抽出できた．

　1 つ目が，コスト優位性を武器とした戦略である．分析結果からは，競争上の武器としてのコスト優位性が 2 時点間でより低下した企業ほど生存可能性も低下する傾向にあることがわかった．そこには，小規模だが比較的長い業歴をもつことによる技術力や経験・ノウハウ，情報の蓄積に伴う経験曲線効果が生存企業に働き，そのことがコスト低下を可能にしたと考えられよう．その結果，激しい競争下の中でも価格競争に耐えることを可能にして事業を存続させることに成功していると捉えられよう．

　しかし，ここでの分析結果からは，非生存企業グループと同様に生存企業グループにおいてもコスト優位性は 2 時点間で低下していることが示されている．ただし，その減少幅をみると，非生存企業ほど大きくはなく微減であ

った．このことは，コスト優位性を重視する戦略の強化は，組織の存続にとって必要な条件としては捉えられるものの，十分な条件，すなわち生存を有利にするための積極的な理由としては捉えられなかったといえるのではないだろうか．換言すると，経験曲線効果に伴うコスト優位性は創造的中小企業の存続には必要不可欠ではあるものの，それのみをもって戦略上優位な武器として位置づけることは危険であると考えられよう．先行研究からも指摘されている通り，他の競争優位な資源蓄積や市場開拓（Smallbone et al., 1992; Reid, 1993; Bradburd and Ross, 1989）との相互補完的な関係が全体として創造的中小企業の存続にプラスの影響を与えると考えられよう．

　ここでの分析結果は，仮説1aで示したコスト優位の戦略強化は必ずしも創造的中小企業の生存にプラスには働かない，とは同一ではなかったものの，コスト優位性は生存にとって必要条件であるが，十分条件ではないとした点では類似する結果を示したといえよう．

　次に，2時点調査で生存に影響があるとされた2つ目の変数は，ユニークな製品開発力の強化であった．分析結果からは，他社にないユニークな製品開発力を組織の競争上の武器として強めている企業ほど生存率が高い傾向にあることがわかった．小規模だが研究開発や技術開発に力を入れて市場を積極的に開拓している戦略が功を奏したといえるのではないだろうか．この生存要因は，前章から導いた創造的中小企業の生存要因では抽出されなかった新たな発見事実であったが，同結果は，欧米諸国の先行研究結果と整合し（Reid, 1993; Bradburd and Ross, 1989），ニッチ市場で狭く特化した製品領域での独自の製品開発への取り組みは生存にプラス効果を発揮することが示唆されたといえよう．

　この点については，新たな事業開発を志向する創造的中小企業が本来もつ特徴とも整合すると考えられる．創造的中小企業は小規模ながらも自社の技術開発力を軸にして，環境関連分野や情報通信関連分野など今後の成長が見込めるテーマへの事業開発意欲が旺盛である．こうした新たな製品企画や開発を持続的に強化し続けられるかどうかが，創造的中小企業の存続の鍵を握っているといえないだろうか．厳しい経営環境の中でも一定の製品需要は存在することは事実で，その小さな市場の中で地域に密着し顧客のニーズを探索して

それに応える製品の企画や開発を行える企業には，生き残るチャンスがあり逆に成長する機会も与えられていることが分析結果から示唆されたといえよう．

仮説1bで想定した事業ドメインへの捉え方に関わる戦略要因については，2時点間での変化では，生存に有利な変数としては確認できなかった．すなわち，事業領域の捉え方が業界の慣例を大きく越えて事業を実践する場合と業界構造を十分理解して一定の枠内で創造性を発揮するケースと，どちらの事業領域の捉え方を追究した方が生存に有利なのかについては，今回の2時点の調査結果からは明確な結果を得ることはできなかった．同様に，仮説1cで提起した国際商品の開発に関わる戦略についても，2時点間での変化とその後の企業の生存との関係性について統計上有意な違いは確認できなかった．創造的中小企業のグローバルな事業展開の強化や抑制が，その後の企業存続にどのような影響があるかについては，分析結果からは明らかにならなかった．

3.6 経営姿勢の変化と生存要因

次に，創造的中小企業の経営姿勢の変化と生存との関係性について，前述した戦略要因の分析と同様にt検定を用いて統計分析を行った．その結果，生存企業グループと非生存企業グループの間に2つの統計上有意な経営姿勢に関わる変数を抽出できた．

1つ目は権限委譲とリスク志向性である．分析結果から，経営トップによる現場への権限委譲ならびにリスクに挑戦させる経営姿勢が大幅に減少すると生存リスクが高まる可能性が示唆された．前述した通り2000年から2004年にかけての企業を取り巻く経営環境は極めて厳しい状況であり，中小企業の場合はなおさらその状況は過酷であったと考えられよう．従って，生存した創造的中小企業の経営姿勢も以前ほど挑戦意欲が旺盛とはいえない状況であった．しかし，本分析結果から，現場への思い切った権限委譲やリスクを負わせる経営姿勢なしに，生存を勝ち取ることは難しかった事実も浮かび上がってきた．この結果は，現場への権限委譲は相対的に生存にプラスに働くとした先行研究とも一致する（Smallbone et al., 1992）．

一方，分析結果からは，生存企業グループの権限委譲やリスクへの経営姿

勢の2時点変化もごく僅かではあるがマイナスであることもわかった．このことは，無謀なリスク志向ではなく，ある程度管理可能な範囲での権限委譲やリスク負担を負わせることが，生存に必要な探索的かつ能動的な要因を補う上でも重要な視点であることが示されたといえるのではないだろうか．それは，予期せぬリスクを最小限にくい止める組織能力や戦略的反応性が，一定程度保たれていることが重要であるとの先行研究結果（McGrath and MacMillan, 2000）と整合し，リスクと挑戦とのバランス感覚が経営資源の限られた小規模な創造的中小企業にとっての重要な経営姿勢であるとの指摘（江島，2003）とも合致するといえよう．

　創造的中小企業の生存に影響を与えた2つ目の経営姿勢の変化に関わる変数は，柔軟な対応と意思決定に関わる経営トップの姿勢であった．分析結果から，経営トップが過去の決定にとらわれず企業が直面する状況を掌握して柔軟に対応し軌道修正するようになると，創造的中小企業の生存はそうでない企業と比較して高くなる可能性が明らかになった．特に，景気悪化が顕著であった時期に存続していた創造的中小企業の経営トップは，その事業環境の変化に対して的確に環境適応を図り経営の舵を切ったことが組織の衰退を免れた要因になったといえないだろうか．

　加護野他（1983）の指摘する環境適応理論に関連して，ここでは日本特有の有機的適応モードが発揮された結果ともいえるかもしれない．ただし，経営トップの意思決定やマネジメントのスタイルについては，生存企業と非生存企業との間で明確なパターンの違いを見い出すことはできなかった．仮説2では，先行研究成果から創造的中小企業の経営トップは，不確実性の高い経営環境下では技術的・分析的な経営トップの意思決定スタイルより直感・経験重視型の経営スタイルの方が生存に有効であり，論理的で分析的な経営スタイルが強まると存続の危険性が高まるとしたが，ここでの分析からはこの点については確認できなかった．

3.7　事業環境の変化と生存要因

　最後に，創造的中小企業の生存要因を事業環境の変化の視点から分析する．前述した7つの事業環境変数を用いて，2000年と2002年の創造的中小

企業の事業環境への認識の変化を測定した上で，2004年時点での生存企業グループと非生存企業グループの違いへの影響を測定している．その結果，創造的中小企業の生存に影響を与えた事業環境の変化要因としては，競争者の予測しがたい行動様式のみ，統計上有意な変数として抽出できた．すなわち，競合他社の行動が予想しがたいとの認識が高まるほど，創造的中小企業の生存率は低くなる傾向にあることがわかった．

このことは，外部環境が激変する状況下では，業界状況や外部環境の情報蓄積が不足すると存亡の危機を招く可能性が高まることを示唆し，外部へのアンテナを張り日常的なモニタリング活動を重視する経営姿勢の重要性を示したといえよう．特に，競合他社の製品，価格，取引や経営状況などを十分に理解した上でないと自社にとって競争優位な戦略は描けないはずである．外部環境に対する理解が進むことによって始めて経営トップの冷静かつ柔軟な経営判断が下せるだろうし，そうした理解が不十分あるいは情報の蓄積が進まないと誤った経営行動を招いてしまう危険性をはらんでいることをここでの分析結果は示唆しているといえるのではないだろうか．

この結果は，第3章で分析を加えた成長軌道にある中小企業が失速せずに存続を勝ち取るための事業環境への認識や対応のあり方と概ね整合する．すなわち，仮説3bで示した成長軌道にある創造的中小企業にとって，部品・サービスが廃れるスピードが速い環境下や事業環境が苛酷で敵意に満ちた状況下にいることは，自社の発展を阻害する要因となり，その変化の拡大は生存にマイナスの影響を与えるとの考え方を支持しているといえよう．

また，ここでの分析対象企業の企業年齢は27年と比較的高く，企業ライフサイクル論の中では，青年期を超えた成長・安定期に至る段階と捉えられよう．従って，こうした段階にある創造的中小企業が継続して発展を遂げるためには，自社を取り巻く競争者の動向をいち早くつかみ，事業環境が苛酷になる前に自社にとって有利なポジションを探索し，その変化への対応に取り組む必要があることが示唆されたといえよう．それに失敗して苛酷な競争環境下に身を置かざるをえなくなった創造的中小企業と新たな展開を見い出すことに成功した創造的中小企業との違いがこの結果に表れたといえるかもしれない．前述した，経営環境が苛酷な状況になるほど起業家的戦略態度が

促されて存続を可能にするとの仮説3aは棄却されたが，ここでは，逆に仮説3bは支持されたといえるのではないだろうか．

3.8 考察

以下では，ここまで分析を加えてきた創造的中小企業の戦略やマネジメントに関わる変化と生存との関係性について考察を加えて，本章での結論を導きたい．

本章での創造的中小企業の生存要因分析は，国内外の先行研究ならびに第3章での実証分析結果を踏まえて，企業存続の鍵を握る戦略，経営姿勢，事業環境の3つの要因に焦点をあてて，これらに関わる諸変数の変化とその後の生存との関係性について分析を加えてきた．すなわち，2000年から2002年にかけての創造的中小企業のマネジメント諸変数の変化が2年後の生存と非生存に影響を与えているとの仮説に基づき，どの変数が企業の存続に影響を与えたのかについて分析を行った．

企業の経営現場においては，企業の存続や発展のためにどのように戦略や組織を変更すれば良いのか，日々経営者は悩み苦闘していると考えられよう．小規模な企業にとっては，1つのマネジメントの変化が組織の存亡を揺るがす大きな危機へと発展する可能性も秘めているといえるだろう．中小企業の戦略やマネジメント機能の変更は，経営上大きなリスクを抱えることになるといえるが，同時に企業の存続と発展のためには必要不可欠なことでもあるといえよう．こうした極めて実践的経営課題に対して，本実証分析はいくつかの発見事実と知見を提供している．

図表4-11は，本実証分析の仮説と分析結果を端的に示したもので，創造的中小企業の生存に影響を与える要因をプラスとマイナスで表現している．そこで示したように，1時点調査から導出した生存要因の仮説と2時点調査からの分析結果は，必ずしも同じではないことがわかった．分析結果からは，6つの仮説については1つを除いて明確に肯定あるいは否定することはできなかったものの，生存要因に関する新たな発見事実を導き出している．具体的には，戦略については，独自の製品開発やコスト優位の戦略重視が生存に有効であるとし，トップの経営姿勢に関しては，権限委譲やリスクへの

図表 4-11　創造的中小企業のマネジメント変化と生存との関係分析結果

変数（2000-02）	仮説	結果
（戦略）		
業界慣例にとらわれないドメイン	−	
コスト優位性	−	＋
他社にないユニークな製品開発		＋
国際商品の開発	−	
（経営姿勢）		
権限委譲，リスクに挑戦させる		＋
過去の経験にとらわれず柔軟に軌道修正		＋
論理的で分析的アプローチ	−	
（事業環境）		
事業環境はリスキー	−	
製品・サービスの技術は頻繁に変更	−	
需要動向や消費者の趣向は予測しがたい	＋	
競争者の行動は予測しがたい		−

挑戦，過去の経験にとらわれない経営の柔軟性の強調が重要であることが示された．事業環境については，競争者の行動が予測しがたい状況が強まると存続を危うくすることがわかった．

　これらの分析結果を包括的に捉えて，創造的中小企業の戦略やマネジメントの変化と生存との関係性について考察を加えると，生存要因に関する次の2つの点を指摘することができよう．1つは，技術を核とした能動的な市場戦略とリスク志向すなわち，企業家的な戦略態度であるEOに関わる点で，もう1つは苛酷な事業環境下を生き抜く競争戦略のベースとなるコスト優位性についてである．

　EOに関する理論的かつ実証的研究は，欧米諸国を中心に発展をみせて，創造的な技術開発型中小企業は，市場に対して能動的で先駆的な行動姿勢とリスクを負って果敢に挑戦する戦略性を鼓舞することにより，不確実性の高い市場環境下や成長可能性の高い新しい市場分野で，成功する可能性が高まることを示唆している（Rauch et al., 2009）．具体的には，戦略タイプや経営姿勢に関わる諸要因として，革新性，能動的な行動姿勢，リスク志向性，競争・攻撃性に関わるマネジメント機能が中小企業の存続や発展に大きく影

響を与えることが指摘されている．本実証分析を通じて，EO を軸とするマネジメント諸要因の変化が，日本の創造的中小企業の存続に肯定的な影響を与えたのであろうか．

　分析結果からは，他社と差別化できる自社独自の技術開発や製品開発に取り組むなど市場に対して能動的である戦略は生存可能性を高め，また，経営トップによる現場への権限委譲やリスクに果敢に挑戦させる経営姿勢が低下すると生存可能性も低下する結果を得た．経営トップの意思決定や経営スタイルに関しては，過去の成功体験や慣例ならびに経験にとらわれることなく，今直面する経営課題や市場にニーズに対して積極的かつ柔軟に環境適応できることが，企業存続にプラスの効果を発揮することが示された．

　こうした創造的中小企業の行動姿勢・態度やマネジメントは，EO の概念とほぼ一致するといえ，創造的中小企業にとって企業家的な戦略態度に関わるマネジメントの強化は企業存続にとって有効であることが指摘できたといえよう．ただし，多くの先行研究が指摘する不確実性の高い事業環境下で，EO が企業の発展にプラスの効果を発揮するとの指摘については，本分析では直接的にそれを支持する結果は得られなかった．すなわち，経営環境面での不確実性が高まる程，創造的中小企業の企業家的な戦略態度が促されて，その結果企業が失速していく可能性が低下するとの結論は導き出せていない．ここでの分析結果は，創造的中小企業の企業年齢が若くないこととも関連して，企業ライフサイクルの成長期あるいは安定期にいる状況下においては，EO の発揮とともに，競争優位なポジショニングあるいは自社にとって有利なニッチ市場をいち早く確保しないと存続を危うくさせることが示唆されたといえよう．

　コスト優位性に関わる分析結果からは，それがより低下すると創造的中小企業の生存可能性も低くなるとの結果を得ている．しかし，本分析から導出された生存要因としてコストを重視する戦略は，創造的中小企業の生存に必要な条件ではあるが，必ずしも同戦略を強化することによって生存可能性が高まることを意味している訳ではないことが示された．

　創造的中小企業は，小規模といえども組織内に技術，経験，情報を蓄積して，それが一定の経験曲線効果を生みコスト低下を実現しているといえる．

その結果，確かに価格競争に耐える一定の競争力として企業の失速を抑える役割を果たしているといえるだろう．しかし，それは，経営資源が限定的で小規模な創造的中小企業の競争優位を積極的に高めて存続に導く鍵にはなっているとはいいがたいだろう．他のマネジメント要因と相互補完関係をもち企業の生存を勝ち取っている役割を担っているといえるのではないか．創造的中小企業にとって，コスト優位性を高める戦略は生存に必要な条件であっても十分な条件ではなかったといえよう．

　創造的中小企業の生存要因について，第3章では1時点でのマネジメント状況とその後の生存・非生存との関係，それを踏まえ第4章では2時点間でのマネジメント変化とその後の生存・非生存との関係について分析を加えてきた．そこには苛酷な事業環境下で自社の優位性をいかしながら，積極的な戦略態度で果敢に競争し生存を勝ち得ている企業の姿が浮かび上がった．逆に，企業を取り巻く事業環境に対する認識やそれに対する戦略や組織のマネジメントのあり様に失敗すると市場から退出することが示唆された．このように，ここまでは創造的中小企業の生存と非生存を分ける鍵について分析と考察を加えてきた．

　一方，苛酷な競争環境を乗り越えて生存を勝ち得ている創造的中小企業ではあるが，彼らはいったいどのような経営状態で存続しているのであろうか．激しい過当競争の結果，生存はしているものの，じり貧の状態で事業を営んでいるところもあるかもしれない．雇用を大幅に減らして，ほそぼそと家族経営に特化している企業も想像できよう．あるいは，競合相手との激しい競争や取引先・顧客からの厳しい要求に応える中で，事業を拡大して大きく成長を遂げて生存している企業もあるかもしれない．本章までの議論ではビジネスを継続しているかどうかという一点において企業の生存を捉えて，その生存状況や経営状況については検討を加えてこなかった．同じ生存企業ではあるが，その存続状態には大きな違いがあるのではないだろうか．特に，第2章の企業ライフサイクル論で指摘した創業初期段階の生存リスクの極めて高い時期を乗り越えた企業の特徴とはいったいどのようなものなのか．次章では，こうした問題意識のもと，設立10年を迎える創造的な中小企業の生存状況に焦点をあてて，その実態を探っていくこととする．

第5章
設立10年の創造的中小企業の生存状況

1. 分析のねらい

　本章では第1章ならびに第2章で考察を加えてきた企業のライフサイクル論の視点から，最も存続の危険性が高いアーリーステージを生き抜いてきた企業誕生後概ね10年の創造的中小企業の生存状況について，独自の大規模定量調査に基づき実証分析を試みている．

　中小企業庁の調べによると，企業設立1年後の生存率は72.8%，2年後は83.6%，そして10年後に概ね9割に達して，その後企業の生存率は同水準を維持して推移するとしている．また，企業設立3年後の企業と5年後の企業の生存率の間には，概ね10ポイントの差がみられる（中小企業庁, 2006）．従って，日本のスタートアップ企業は誕生して概ね10年の間に，事業活動を継続して発展させることを拒む様々な苛酷な事業環境の変化に直面していることが推察されよう．それは，技術を核として事業を成長軌道に載せようとマネジメントに取り組む創造的な中小企業にとっても同様である．予期しない顧客や部品等の調達先との取引停止や銀行からの融資停止，経営パートナーの裏切りや優秀な従業員の辞職，研究開発費の枯渇など企業の技術革新や成長を拒む事業環境の変化に直面することが多い時期といえよう．

　しかし，こうしたアーリーステージの厳しい時期に，逆境を越えて新たな事業機会を発見して大きく成長を遂げる企業も存在する．また，この時期の急成長が後々の企業の存続や成長にプラスの影響を与えるとの研究成果も報告されている（Cressy, 2006a）．確かなことは，企業設立10年間は苛酷な時期ではあるが，その中でも存続を勝ち得ている企業が存在し，さらにその

プロセスで大きく成長を勝ち得ている企業も存在していることである．すなわち，企業設立後 10 年の間で，失速して消滅していく企業（非生存企業）と，幸いにも存続はできているが成長は成し得ていない先行きの不確かな生存企業，さらに大きく成長を遂げながら生存している企業が，同じ生存企業だが異なる成長次元で存在している．本章では，その違いに注目をしてそれは主に企業の戦略や組織のマネジメントのあり方に深く関係していると捉えて分析している．

　スタートアップ期を経てハザードレートの最も高い時期を生き抜いてきた創造的な中小企業とはいったいどのような企業特性やマネジメント特性を有しているのであろうか．また，そもそもどの程度の成長を遂げているのか．さらに，そのプロセスにおいてはどういった戦略や組織のマネジメントの諸機能が企業の成長に影響を与えているのか．こうした問いに対して，スタートアップ企業の存続・成長プロセスやマネジメント要因に関わる実証研究が，1980 年代を起点に英米諸国を中心に活発化してきている．そこでは，大企業に代わる新たな経済発展の担い手となりうる急成長を果たしたスタートアップ企業や成長する中小企業に注目した研究が際立つ．中でも，Storey (1985, 1994) や Storey, Keasey, Watson and Wynarczyk (1987) の研究は注目を集めて OECD 諸国や日本における影響は大きかった[1]．

　Storey (1985) ならびに Storey et al. (1987) は，英国北東部地域における新規開業企業の生存状況にばらつきがあることを指摘して，同地域で 1965 年に設立された新規開業企業の 1978 年における生存と成長状況を分析して，生まれて約 10 年間で生存企業の約 4％がネットベースで雇用全体の約半数を占めていることを示した．

　また，忽那 (2004) は 1992 年から 1994 年の間に大阪市内で設立された企業の約 10 年後の生存状況（雇用状況）を分析して，企業数にして全体の 2.5％の企業が約 5 割の新規雇用を生み出したと報告している．日本におい

---

[1] Storey (1985, 1994) や Storey et al. (1987) の一連の研究成果を踏まえながら，OECD は世界の成長中小企業の実証研究プロジェクトを立ち上げている．また，日本では Storey (1994) の研究成果に影響を受けるかたちで，その分析枠組みを 2002 年の中小企業白書に取り入れている．

ても新規雇用は企業全体から均等に創出されるのではなく，少数のアーリーステージを乗り越えた中小企業から生まれていることを示すものであった．

Storey（1994）はさらにこうした生存を勝ち得た中小企業の成長要因について英国を中心とする欧米諸国のこれまでの膨大な実証研究成果を丹念かつ詳細に整理・分析をして，成長に影響を与える3つの枠組みを提示している．それらは，「企業家（中小企業経営者）が保有する経営資源」「企業そのものに関する特性」「経営戦略」に関わる3つの要因から構成される35の諸機能[2]として整理されている．その中で，特に成長要因として注目されているのが経営戦略要因の中の「経営者の訓練」「外部株主の導入」「計画の作成」「経営スタッフの調達」の4機能で，同結果は前述した大阪市内の企業を対象とした忽那（2004）の分析結果とほぼ同様であった．

一方，中小企業の成長要因として近年注目を集めている概念として，アントレプレナーシップを導く企業家的な戦略志向性（EO）があげられる．当概念の詳細と実証研究や理論研究に関わる先行研究については，既に第2章で詳述した通りであり，第3章ならびに第4章における創造的中小企業の実証研究成果からも，EOを構成する各諸機能が企業の存続に果たす重要な役割について指摘してきた．そこでは，苛酷な生存競争を繰り返す中小企業が生き残るための重要な施策を実践する前提となる戦略的な態度の意義について述べて，実証研究においてその効果について確認をした．特に，戦略態度の諸機能である，先駆的志向，革新的な取り組み，リスク負荷に注目をして考察を加えてきたが，そこでは主に因果関係を想定する指標（formative factor），すなわちLumpkin and Dess（1996）などが主張する複数の指標（multilevel measurement）の各々の特性の発揮を強調する議論を支持するものであった．それは，EOという構成概念への因果として各指標が影響を

---

2 ①企業家に関わる諸機能としては，動機，失業，教育，経営者としての経験，創業者メンバーの数，自営業の経験，家族の履歴，社会的周辺性，機能的スキル，訓練，年齢，事業失敗の経験，斯業経験，企業規模別の就労経験，性別，②企業特性の諸機能としては，企業年齢，業種／市場，事業組織形態，立地，企業規模，所有形態，③経営戦略の諸機能としては，雇用者の訓練，経営者の訓練，外部株主の導入，技術の洗練度，市場でのポジショニング，市場に対する調整，計画の作成，新製品の導入，経営スタッフの調達，国の支援，顧客の集中度，市場における競争，情報とアドバイスの利用，輸出があげられている．

及ぼすという概念モデルに基づく考え方であり，Miller（1983）やCovin and Slevin（1991）などが主張するEO概念そのものを反映させるモデル（reflective model）とは異なるものであった．彼らはEOを1つの単体（construct）として捉えて，それと3つのサブ指標を同等の関係（因果関係ではなく）とみなす概念モデルを提示している．当該モデルを基礎とした実証研究や理論研究は欧米諸国のみならずアジア諸国においても広く波及して，それらの関連諸研究の分析（meta-analysis）も報告されるなど（Rauch et al., 2009），当該分野の研究者の間や国際的な経営学会やアントレプレナーシップ学会において，Miller-Covin/SlevinモデルEの信頼性や妥当性を評価する潮流が形成されつつある（Covin and Wales, 2011）．

第3章ならびに第4章における創造的な中小企業の実証研究においては，現在の世界的な潮流となりつつあるEOを単体の構成概念として捉えた上での生存効果の測定は実施できていなかった．同時に，当該構成概念の3つのサブ指標（formative factors）についても，先行研究オリジナルの質問項目を用いたものではなかった．本章では，改めて創造的な中小企業が生存10年を迎えた時点での生存状況，具体的には存続状況下での成長状況を測定し，第2章で詳述した生存分析枠組みに基づく諸要因を用いて分析する中で，特にEOの要因による影響に注目している．グローバルな指標として注目される当概念が日本の創造的な中小企業の生存状況にどの程度影響を与えるのか．日本での研究成果が今後のアントレプレナーシップ研究の国際比較に一定の貢献を果たすことが期待できよう．以下では，前述した研究目的を達成するために実施した大規模調査について，その方法や使用したデータならびに分析に用いた変数について論じた上で，分析結果について詳述しその解釈や発展可能性について考察を加えることとする．

2. 調査

2.1 調査方法とデータ

創造的な中小企業の生存状況とマネジメントとの関係性を探索的に分析するために，先行研究の枠組みを用いて独自の設問票[3]を設定し設立後概ね10年を迎える製造中小企業に対する郵送アンケート調査を実施して，企業の経

営に関わるデータの獲得を試みた．なお，ここでは，ハザードレートの高い企業誕生後10年を乗り越えて生存している製造中小企業を，技術力を基盤とする成長志向性が比較的高い創造的な中小企業とみなして，本研究の対象企業と位置づけている．第1章で詳述した創造的な中小企業の概念や役割に基づき，本章で研究対象とする中小企業を選別しているが，当該企業は独創性や成長志向性を併せ持つ創造的な中小企業として捉えられる．後ほど詳述するが，ここで分析対象とする中小企業は，第3章で分析を加えた創造的中小企業のデモグラフィーともほぼその企業特性は一致していることから，実証研究で用いるサンプル企業として妥当であると考えた．

調査に際して，郵送アンケートの対象として，日本の製造企業で2008年時点で企業年齢が概ね10年になる生存企業を選んだ．その対象企業の抽出には，東京商工リサーチの企業データベース（TSR企業情報）を活用した．2008年10月時点で存続している企業で1997年，1998年，1999年に日本で設立された製造企業をランダムにセレクトし，1764社，1790社，1646社の計5200社の調査対象企業を抽出した．最終的に，この中から重複企業や住所などに不備のある企業を除いた5054社を郵送アンケート調査における対象企業とした．調査実施期間は，2008年の10月から11月末として，調査対象企業の経営トップを回答者として指定をして5054社の質問票の郵送配布を行った．その結果，転居や住所不明で返却された質問票が144通，倒産などが2社，最終的な有効回収数は572社，有効回収率は11.3％となった．

回収した572通の調査票の中には，分析に馴染まないデータも含まれていた．従って，分析対象企業の抽出にはいくつかの基準に基づく企業のスクリーニングを行っている．まず，調査票に回答のあった中から以下の13組織は分析対象から除外した．具体的には，第三セクター（2社），NPO法人（1社），グループ会社として回答（5社），休業（1社），吸収合併のため消滅（1社），廃業（1社），解散（2社）である．次に，本調査では主力事業を製造業とする企業を対象としていたが，回答企業からはそうでない企業からの

---

3 調査票の設計に際しては，国内外の先行研究を踏まえて9つの枠組みからなる111の設問を設けた．調査票の詳細は本書の付録を参照のこと．

回答が8通あり，分析対象企業から除外している．また，業種について回答のなかった企業については，郵送アンケート調査票の発送企業と同一であると確認ができた場合は，製造業とみなし分析対象とした．さらに，本調査では，会社設立年が概ね1997年から1999年で企業年齢が概ね10年になる企業としていたが，対象外企業が14社，不明企業が3社あり，計17社は分析対象から除外している．なお，回答企業による設立年あるいは発送リストであるTSR企業情報に掲載された設立年のどちらかが，概ね1997年から1999年に記載されていれば分析対象とした．また，その回答が異なった場合は，TSR企業情報を優先した[4]．

こうして分析対象から除外された企業は計38社となったが，重複企業が2社あったため，最終的な分析対象企業は536社となった．なお，この分析対象サンプルは，中小企業庁が実施する中小企業実態調査結果から，2008年時点で企業年齢が概ね10年を迎える日本の製造企業の平均像とその基本属性において概ね合致していることがわかった[5]．また，本調査への無回答企業と回答企業との間の回答バイアス（non response bias）に関して，回答の遅かった企業を無回答企業と仮定してバイアスチェックを試みたところ（Kanuk and Berenson, 1975; Oppenheim, 1966）[6]，基本属性において有意な違いはないことがわかった[7]．従って，以下で分析を加える企業は，概ね日本の製造中小企業の平均的な姿に近い状態を代表しているといってもよいだ

---

4 同様に，調査票に掲載した現在の資本金，現在の従業員数，現在の売上高について回答のなかった箇所については，企業名が合致するなど可能な範囲でTSR企業情報とマッチングをさせて代替させた．

5 2008年の8月1日に中小企業庁が実施した平成20年中小企業実態調査（2007年度決算に基づくデータ）によると，1998年から2000年に設立された製造企業の2008年調査時点で存続企業数は8387社で，総従業員数は13万6049人．売上高の総額は2兆5883億900万円．従業員数の平均は16.2人．平均売上高は3億860万円．一方，本調査での分析対象サンプルの存続企業数は536社．総従業員数は8654人．売上高の総額は，3184億500万円．従業員の平均は16.2人．平均売上高は5億9500万円で，ほぼ平成20年の中小企業実態調査と同様の結果を示している．

6 遅い回答者と無回答者との間には，回答類似性が高いことがわかっている．

7 調査票発送後，約1カ月半以上経過してから返却のあった企業をA（無回答企業）と想定をして，B（回答企業）との違いの有無を，企業の基本属性の平均値の視点から検討を加えている．その結果，いずれの項目についても統計上有意な違いはみられなかった．具体的

ろう[8].

2.2 変数
ここでは以下の6つの変数に焦点をあてて分析を行っている．

2.2.1 生存状況
　企業は事業の継続と発展を目指して適切なマネジメントを試みるが，そのプロセスの中で技術開発や商品開発など企業の成長に向けた取り組みに成功する場合もあれば失敗する場合もあり，その結果，企業は存続しているものの経営成果は下降に向かう場合や逆に上昇に向かう場合もあるだろう．すなわち，同じ存続状況ではあるが，成長基調にある生存企業と逆に低迷基調にある生存企業が存在することになり，その後の企業の存続に影響を与えることになろう．

　こうした企業の成長基調や低迷基調を変数として表現するためにここでは，2つの成長指標（雇用成長と売上高成長率）を採用した．企業のどの変数を成長指標として捉えるのかについては，増収率（売上高）や増益率（営業利益），ROA（総資産利益率）や売上高営業利益率の変化など各種指標が考えられるものの，中小企業の業績指標については公表データが限られている上，郵送アンケート調査から入手できる可能性や，先行研究における指標の妥当性と信頼性が概ね確認されていることなどを考慮して，指標として上記の従業員の増減（雇用成長）と売上高の増減（売上高成長率）を郵送アンケート調査から自己申告の形で会社設立時（年度）と調査時（年度）のデータを入手した（Anderson and Eshima, 2011; Storey, 1994; 忽那, 2004;

　　には，企業設立当初の従業員数は，A：12.7人，B：8.8人，調査時点での従業員数はA：15.9人，B：16.2人企業設立当初の売上高は，A：1億7672.6万円，B：2億3291万円，調査時点での売上高はA：6億1110.2万円，B：5億9238.6万円．企業設立当初の資本金はA：1561.3万円，B：1863.4万円，調査時点での資本金はA：2226.4万円，B：2888.4万円であった．

8　なお，本調査では1企業から単一の回答を得て，それを組織を代表する情報として捉えている．従って，各質問項目を過大評価あるいは過少評価している可能性も否定はできないだろう．いわゆるcommon method biasのコントロールや検定が必要であるが，この点については今後の研究課題としている．

Covin and Slevin, 1989; Lawrence and Lorsch, 1967; Tan and Peng, 2003). その上で存続時点における雇用数の変動（実数）と売上高成長率を計算して生存状況の変数データとした．

2.2.2　企業属性（企業家特性）

第2章では本研究の分析枠組みの1つの変数として企業属性について詳述したが，そこでは，主に企業年齢，規模，業界など産業組織論での議論が中心であったといってもよいだろう．しかし，その中でも重要な指摘がなされていた1つに人的資本による影響があげられる（Cressy, 1996）．そこでは，従来いわれてきた財務要因などは真に生存に影響を与えるものではなく，企業家の人的資本（human capital）が主な生存制約要因となっていることが示された．ここでいう人的資本とは，企業家の年齢，特定の業界での業歴，経営チームなどビジネスネットワークにつながる人的資本の総体で，こうした企業家の特性が企業の生存に強く影響を与えることを実証研究を通じて明らかにした．

これまで国内外で蓄積されてきた生存要因分析への経営学的アプローチでは，環境要因，資源要因，戦略や組織要因など企業行動に直接的かつ強く影響を与える諸要因に注目をした分析アプローチが主流となり，企業属性に関わる諸要因は，企業活動や事業創造活動を支える基盤的変数として捉えられる傾向にあった．本研究の第3章における生存要因の実証研究においても同様のモデルによる分析を行ってきた．しかし，Cressy（1996）の指摘の通り，経営トップを中心とする人的資本の総体としての企業特性が直接的あるいは間接的に強くマネジメントに影響を与えて企業の生存や成長を規定していることも否定できないだろう．経営トップは日々変化する苛酷な事業環境の中で迅速かつ緻密に戦略を実行していく必要があり，その先見性や行動力が事業の成否に大きく影響を与えることは間違いない．

第3章でみたように，創造的な中小企業の経営を担う経営トップの特性にはいくつかの特徴がみられた．その経営者自身の特徴そのものが企業の存続に直接的に結び付くとは言い切れないものの，その考え方や知識は，経営者のこれまでの経験プロセスに埋め込まれて戦略的な意思決定に大きく影響を

与えているはずであろう．すなわち，どのような事業経験や経営能力ならびにバックグランドをもった経営者であるかが，経営戦略や組織のマネジメントの実践に深く関わってくると考えられる．また，企業が設立された背景にも関わって，その企業組織の設立形態も企業の発展の制約条件や競争優位な条件になることも考えられよう．ここではデータの制約から第3章ならびに第4章で詳細には実施することが困難であった企業家（中小企業経営者）の特性を企業属性の中の人的資本の重要な変数として位置付けて分析する．具体的には，企業家（中小企業経営者）の特性に関連した ①創業者による経営，②企業の所有・経営経験の有無（habitual entrepreneur），③学歴，④年齢，⑤設立形態，と企業の生存状況との関係性について分析を加えていく．

2.2.3 事業環境認識

既に第2章で詳述した通り，創造的中小企業が生き残って事業を継続していくためには当該企業を取り巻く一般環境要因とともに個別環境要因に対して，その業界動向や競争環境などを適切に理解し迅速に適応していくことが重要となる．中小企業の置かれた事業環境が敵意に満ちた苛酷な状況にあるのか，比較的自社にとって安定した好意的な状況にあるのか，その状況が企業の戦略姿勢やとるべき戦略タイプにも大きく影響を与えて，その結果，企業の存続状況に違いを生じさせているといえよう．

ここでは，設立後10年を経過して生存を勝ち取った創造的中小企業が現時点でどのような事業環境に身を置き事業展開を図っているのか，また現在の事業環境についてどのような認識をもっているのか，事業環境認識を1つの変数として捉えアンケート調査結果を用いて存続企業の実態について分析している．具体的には，中小企業の環境適応性について研究した Covins and Slevin（1989）や Miller（1983）が実証研究で用いた事業環境変数を参考に，当該変数に関わる3つの質問項目を7段階のリッカートスケールを用いて経営トップの経営環境認識を把握している．また，統計分析には事業環境変数の統合指標を用いた．標準化された Cronbach のアルファは0.747を示した．また，ここではこのデータを用いて生存する創造的中小企業の事業環境認識の苛酷さを「高」と「中・低」の2つに分類をして生存状況につい

て分析を試みている．事業環境認識の苛酷さの「高」とは5ポイント以上，「中・低」とは5ポイント未満を指す．質問票では事業環境認識の苛酷さに関わる項目について1から7のリッカートスケールで聞いており，4をその中間点，5以上を事業環境認識の苛酷さが強まった状況を示している．

2.2.4 戦略

　企業がどの程度成長を遂げるのかは，企業組織の意図や意志によって変化するだろう．その企業の目指す戦略目標やその射程範囲の広がりをどのあたりに設定するのかによって，必要な経営資源の質や量も変化するはずである．また，その目標を実現するために，どのような戦略姿勢や経営哲学で戦略や組織を構築して実践していくかも，戦略的な意思決定プロセスにおいて重要な要素になるといえよう．

　戦略や経営姿勢に関わる変数の詳述は既に第2章，第3章，第4章で扱ったが，そこではデータ上の制約で戦略目標ならびに組織機構については調査分析していなかった．ここでは，その点を加えて創造的な中小企業の①戦略目標，②EO，③組織機構に注目して設立10年後の生存状況について分析することとする．

　まず，戦略目標に関しては，創造的な中小企業の経営目標を先行研究成果を用いて，①現在の製品・サービスの売上維持，②既存市場での現在の製品・サービスの売上増加，③新市場での現在の製品・サービスの売上増加，④既存市場での新たな製品・サービスの開発，⑤新市場での新たな製品・サービスの開発の5点に絞って戦略的な射程範囲や意図について分析を加えている（Mole, Hart, Roper and Saal, 2008）．

　次に，EOについては，第2章で述べたように欧米諸国を中心とする先行研究（戦略形成過程論）において，企業家的な戦略姿勢あるいは戦略態度の強さはアントレプレナーシップを促し，その結果，企業の存続や発展に一定の貢献を果たすとの結論を得ている．また，第3章での創造的中小企業の実証研究においては，特に若年企業において市場や顧客に対する革新的な戦略姿勢が，新製品開発を通じて生存に有効に働いたとの結果を得た．同様に第4章においては，創造的中小企業の戦略や組織のマネジメントの変化につい

て，他社にないユニークな製品開発や過去の経験にとらわれない柔軟な経営姿勢など，先駆的で革新的な戦略態度を市場で誇示することは創造的な中小企業の存続可能性を高めることを示した．

しかし，いずれの分析においても，実証研究で用いた変数は，企業家的な戦略態度に関わる統合された構成概念ならびに3つのサブ構成概念（先駆的な行動，革新性，リスク志向性）の意図を忠実に包含してはいるものの，Covin and Slevin（1989, 1991）や Miller（1983）が提唱し，彼らの実証研究で用いられた個別質問項目と同一のものではなかった．従って，概念としては十分に EO を反映はしているものの，欧米諸国で先行的に発展をみせる EO 研究と国際比較をする上ではやや不十分なデータセットであったといえよう．

こうした視点にたち，ここで用いる変数はその原点に戻り国際比較も可能な Covin and Slevin（1989）や Miller（1983）の質問項目に従っている．また，本分析においては，EO の構成ならびに指標化については，組織としての概念や多角的な総体としての概念として捉えているため，前述した通り Miller（1983）ならびに Covin and Slevin（1989, 1991）の概念化と指標化を参考にした．従って，当該構成概念については，革新性，能動的な行動，リスク志向性の3つの構成からなる9つの質問項目（各項目は1から7のリッカートスケール）への回答を統合して指標化を試みている．ただし，本研究ではより広範な視点から創造的中小企業の生存状況を捉えたいため，EO の概念化に関して，その3つの機能が同時に発揮している必要はないとの Lumpkin and Dess（1996）の見解も考慮をして，3つのサブ構成要素と生存状況との関係性についても分析を加えている[9]．なお，ここでは企業家的な戦略志向性の「高」とは5ポイント以上，「中・低」とは5ポイント未満を指す．質問票では EO に関わる項目について1から7のリッカートスケールで聞いており，4をその中間点，5以上をその機能が強まった状況を示している．

9　なお，統合化指標に関して，革新性の標準化された Cronbach のアルファは 0.778，能動的な行動は 0.635，リスク志向性は 0.714，EO 単体は 0.800 であった．

最後に，組織機構のあり様については，第2章でみたように，それが企業の戦略に沿って規模の小さな中小企業といえども経営資源の獲得や蓄積，戦略の立案や実行，市場との対話，マネジメントの効果にも影響を与えて，その結果，企業の存続や発展にも強く影響を与えていることがわかっている．中でも，その組織機構の質的様相が機械的であるのか，あるいは有機的であるのかによって企業のとるべき戦略姿勢やその結果としての経営成果にも違いが生じるとの古典的な研究（Burns and Stalker, 1961; 加護野他, 1983）があり，その理論の中小企業への適用可能性や発展可能性についての研究もみられた（Covin and Slevin, 1989; Sine et al., 2006）．

ここでは，こうした理論的枠組みを踏まえて，創造的な中小企業の組織機構のあり様と生存状況との関係性について分析を加えている．具体的には，組織機構のあり様について，Covin and Slevin (1989) の環境変化に柔軟な有機的組織の構成概念と変数を用いて，1～7段階のリッカートスケールからなる7つの質問項目を設定して有機的組織機構の統合化指標を設定した．標準化 Cronbach の α は 0.807 であった．また，有機的な組織構造の「高」とは5ポイント以上，「中・低」とは5ポイント未満として後段では分析を行っている．

2.2.5 内部経営資源

第2章で述べたように，企業の存続と持続的な発展のためには経営資源の蓄積と適切な配分は欠かせない．この考え方を支える RBV は，企業の競争優位の源泉が経営資源にあることを主張し，それら資源の価値と所有を強調する（Wernerfelt, 1984; Barney, 1991）．

中でも事業を発展させようと考えている成長可能性を秘めた創造的中小企業にとって，事業目標を達成するために必要な経営資源と現在保有している経営資源との資源ギャップは大きく，その溝を埋めることは組織の存続と発展にとって重要な鍵を握るといえよう．金井（2002b）は，このように経営資源が不足する創造的な中小企業の持続的な発展のためには，組織発展の基盤となるコア能力の重要性を主張する．それは，ライバル社との明確な違いや顧客価値を高めることができる企業組織内の核となる能力をさし，競争優

位な経営資源を生み出す能力とみなすことができる．
　ここでは，こうした企業固有の競争優位な内部経営資源の蓄積を創造的な中小企業の生存状況に影響を与える重要な変数として捉えて，分析を加えている．すなわち，同じ生存を勝ち得た創造的な中小企業といえども，組織内部に他社との差別化が明確な競争優位な経営資源の蓄積がなされている場合とそうでない場合とでは，生存状況に違いが出ると考えられよう．そこで，郵送アンケート調査を通じて創造的中小企業の経営トップに対して，ライバル企業と比較して自社が競争上優位な状況にある内部経営資源8項目について1〜5のリッカートスケールで聞いている．その結果に基づき，内部経営資源の総合化指標を構成して分析にあたった（標準化Cronbachのαは0.841）．分析には，競争優位な経営資源の「高」を3ポイント以上，「低」を3ポイント未満とみなして結果の解釈を行っている．

2.2.6　外部経営資源

　一般的に中小企業は資金や人材が潤沢ではなく，事業を展開するために必要な自社保有の経営資源は限られているといえよう．創造的な中小企業といえども例外ではなく，中でも設立10年という比較的若い企業にとってはなおさら資源制約条件が事業展開の課題となっていると考えられる．従って，多くの中小企業は外部から無形，有形の経営資源を獲得しようと努力しているだろう．ここでは，その経営資源の獲得先を民間と政府・大学部門の2つに分けて，その資源の提供が創造的中小企業の生存状況にどのような影響を与えているのかについて，個別支援内容ごとに分析を試みている．具体的には，設立から現在に至るまでの間に企業がそれぞれの支援機関から受けた支援の有無を，郵送アンケート調査から把握して，支援変数として分析にあたっている．

3. 分析結果と考察

　調査を通じて得た発見事実や分析結果から導出された知見についての検討に入る前に，以下ではまず設立10年を迎える創造的中小企業の生存状況の姿について記述統計を用いて把握しておくこととする．

3.1 分析対象企業のデモグラフィ

分析対象とした設立10年の存続する創造的な中小企業の特性について，以下では立地と業種，企業規模，技術・研究開発力，市場範囲・株式公開の意欲，家族経営について記述している．

3.1.1 立地と業種

分析対象とした創造的な中小企業は，図表5-1に示したように地方を含め全国に立地しているものの，関東地方 (28.7%)，中部地方 (24.7%)，近畿地方 (17.8%) に多く，全体の7割以上を占める．所在地の多い都道府県としては，東京都 (15.0%)，大阪府 (9.6%)，愛知県 (9.2%)，埼玉県 (4.5%)，北海道 (4.1%)，新潟県 (4.1%) があげられる．また，企業が生産している製品・サービスなど主力事業については，日本標準産業分類 (製造業2桁分類) に即して整理すると，図表5-2に示した通りその他の製造業 (26.3%)，食料品 (10.2%)，金属製品 (8.8%)，電気機械 (8.3%)，プラスチック (6.5%)，精密機械 (4.9%)，衣服・その他の繊維 (4.9%)，一般機械 (4.7%) の順に多いが，その事業ドメインは多岐にわたり広がりをもった製造企業で構成されていることがわかる．

3.1.2 企業規模

図表5-3ならびに図表5-4は創造的中小企業の設立から10年間の企業規模の変化を示している．創造的中小企業の設立時点での資本金の平均は1811万円であったが，資本金規模別の分布状況をみると，300万円から1000万円未満が最も多く275社で，次いで1000万円から2000万円未満の163社と続く．一方，企業設立から約10年を経た調査時点での資本金額の平均は，2790万6000円と約1000万円増加していることがわかった．資本金規模別の分布状況も1000万円から2000万円未満，2000万円から5000万円未満，5000万円から1億円未満，1億円以上ともに設立時点よりも増えている．このように資本金規模はこの10年間で確実に増加している状況がうかがえる．

次に，企業規模を雇用面からみる．その結果，図表5-5に示すように企業

図表 5-1　設立 10 年の創造的中小企業の都道府県別立地状況

都道府県	企業数(%)	都道府県	企業数(%)	都道府県	企業数(%)
北海道	22 (4.1)	石川県	6 (1.1)	岡山県	8 (1.5)
青森県	3 (0.6)	福井県	3 (0.6)	広島県	16 (3.0)
岩手県	6 (1.1)	山梨県	5 (0.9)	山口県	6 (1.1)
宮城県	8 (1.5)	長野県	12 (2.2)	徳島県	3 (0.6)
秋田県	1 (0.2)	岐阜県	12 (2.2)	香川県	6 (1.1)
山形県	8 (1.5)	静岡県	19 (3.6)	愛媛県	4 (0.7)
福島県	8 (1.5)	愛知県	49 (9.2)	高知県	6 (1.1)
茨城県	7 (1.3)	三重県	7 (1.3)	福岡県	17 (3.2)
栃木県	5 (0.9)	滋賀県	5 (0.9)	佐賀県	3 (0.6)
群馬県	3 (0.6)	京都府	9 (1.7)	長崎県	2 (0.4)
埼玉県	24 (4.5)	大阪府	51 (9.6)	熊本県	7 (1.3)
千葉県	14 (2.6)	兵庫県	14 (2.6)	大分県	2 (0.4)
東京都	80 (15.0)	奈良県	7 (1.3)	宮崎県	3 (0.6)
神奈川県	20 (3.7)	和歌山県	2 (0.4)	鹿児島県	4 (0.7)
新潟県	22 (4.1)	鳥取県	5 (0.9)	沖縄	5 (0.9)
富山県	4 (0.7)	島根県	1 (0.2)		N=534

図表 5-2　設立 10 年の創造的中小企業の主要業種別割合

業種	企業数(%)	業種	企業数(%)	業種	企業数(%)
食料品	52 (10.2)	化学工業	13 (2.6)	金属製品	45 (8.8)
飲料・飼料	7 (1.4)	石油・石炭製品	2 (0.4)	一般機械	24 (4.7)
繊維工業	4 (0.8)	プラスチック	33 (6.5)	電気機械	42 (8.3)
衣服・その他の繊維	25 (4.9)	ゴム製品	5 (1.0)	輸送機械	14 (2.8)
木材・木製品	17 (3.3)	皮製品	4 (0.8)	精密機械	25 (4.9)
家具・装備品	6 (1.2)	窯業・土石	10 (2.0)	その他の製造業	134 (26.3)
パルプ・紙	4 (0.8)	鉄鋼業	15 (2.9)		N=509
出版・印刷	23 (4.5)	非鉄金属	5 (1.0)		

設立時点の従業員数（役員と正社員数の合計）の平均は 9 人で，その後 10 年間で雇用は増えて，調査時点では平均 16 人になっていた．設立当初の従業員規模の最小値は 1 人で，最大値は 377 人，10 年後は 1 人と 329 人であった．なお，10 人以上の従業員数をもつ企業の数は，図表 5-6 で示したよ

図表 5-3　設立 10 年の創造的中小企業の設立時と現在の資本金の基本統計量

(単位:千円)

	設立時	現在
平均	18,110	27,906
標準偏差	76,958	70,016
最小値	1	250
最大値	878,530	1,000,000
N	510	533

図表5-4　設立10年の創造的中小企業の資本金別にみた設立時と現在の企業数

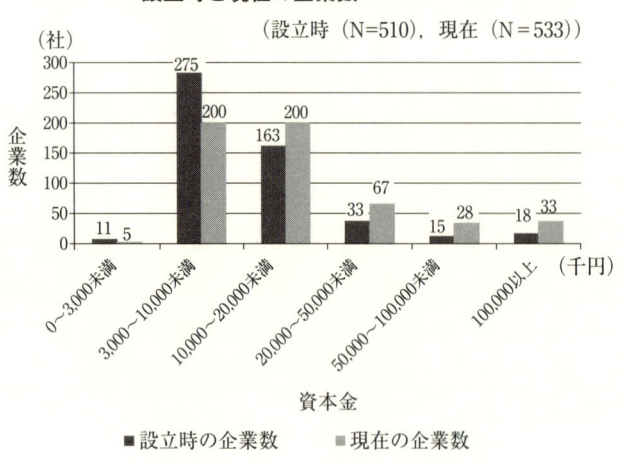

(設立時 (N=510), 現在 (N=533))

資本金	設立時の企業数	現在の企業数
0～3,000未満	11	5
3,000～10,000未満	275	200
10,000～20,000未満	163	200
20,000～50,000未満	33	67
50,000～100,000未満	15	28
100,000以上	18	33

図表 5-5　設立 10 年の創造的中小企業の設立時と現在の従業員数の基本統計量

(単位:千円)

	設立時	現在
平均	9	16
標準偏差	32.4	29.2
最小値	1	1
最大値	377	329
N	510	533

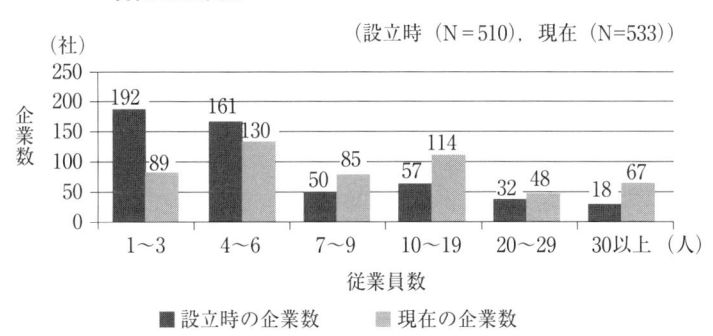

図表5-6 設立10年の創造的中小企業の従業員規模別にみた設立時と現在の企業数

(設立時 (N=510), 現在 (N=533))

従業員数	設立時の企業数	現在の企業数
1～3	192	89
4～6	161	130
7～9	50	85
10～19	57	114
20～29	32	48
30以上	18	67

うに設立当初は107社であったが，10年後の調査時点では，229社と倍以上となり大きく雇用を伸ばしていることがわかる．詳細な雇用成長の状況については後述するが，雇用規模についても資本金規模と同様に全体としては確実に増加していることがわかった．

さらに，企業の売上規模についてみてみると，過去3ヵ年の売上高にはそれほど大きな変化はみられず，平均で5億3000万円から5億8000万円で推移している．2005年度，2006年度，2007年度ともに，売上規模1億円から2億円未満と2億円から5億円に多く分布していることがわかる（図表5-7と図表5-8を参照）．

3.1.3 技術と研究開発

ここでは生存する創造的中小企業の技術力や研究開発力について理解を深めるために，過去3カ年（2005-07）の間に企業が戦略的に投資をした研究開発規模（研究開発費÷売上高×100％）を分析している．企業が長期的に成長を遂げるためには，その核を担う組織のコア能力（core competency）を備えていることは重要であるといわれる（Hamel and Prahalad, 1994）．創造的中小企業の場合，その多くは技術力が中心的な役割（駆動力）を担い，そのための戦略的な研究開発投資と技術マネジメントの重要性が注目される．どの程度の投資を技術開発や研究開発に向けて実行しているのかは，

企業にとってはリスクは高いものの，将来の成長に影響を与える重要な鍵と考えられよう．

分析の結果，創造的中小企業の設立時の研究開発規模は，2005年度は平均5.09％，2006年度は4.98％，2007年度は4.65％と毎年若干減少傾向にはあるものの，一定水準の技術開発や研究開発投資を維持している姿が浮かび上がった（図表5-9を参照）．また，大規模な研究開発投資を実行しているところもあり，中には売上高の2倍以上もの研究開発を行う企業も存在した

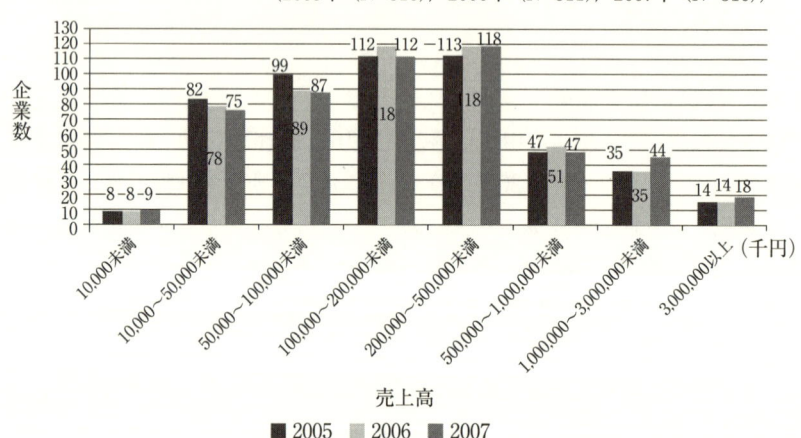

図表5-7　設立10年の創造的中小企業の過去3年の売上高の基本統計量

	売上高（千円）		
	2005年度	2006年度	2007年度
平均	534,254	536,913	581,676
標準偏差	2,006,439	1,811,321	1,919,792
最小値	1,190	1,300	1,050
最大値	34,600,000	25,700,000	28,500,000
N	510	511	510

図表5-8　設立10年の創造的中小企業の最近3年の売上高分布状況

（2005年（N=510），2006年（N=511），2007年（N=510））

図表 5-9　設立 10 年の創造的中小企業の過去 3 年の研究開発投資規模の基本統計量

(％)

	2005 年度	2006 年度	2007 年度
平均	5.09	4.98	4.65
標準偏差	17.79	15.69	13.28
最小値	0.00	0.00	0.00
最大値	250.00	200.00	140.00
N	425	426	434

(2005 年度：最大値 250％，2006 年度：最大値 200％).

　研究開発や技術開発の成果の1つとして，また製造企業の競争優位性も左右する可能性をもつものとして特許の存在があげられる．もちろん，特許の保持については，競争者からの攻撃に対する防御目的や維持コストの負担など消極的な側面もあるものの，経営資源が潤沢ではない中小企業を想定した場合，むしろ積極的に特許を経営戦略に活用し他社との競争を優位にすることも考えられよう．大企業や社歴の長い中小企業など経営に一定の余裕のある企業ではない設立 10 年企業が特許を保持していることは，経営戦略とも深く関わり，企業の競争優位性を発揮する可能性を秘めた企業固有の経営資源が存在すると解釈できるのではないだろうか．

　調査の結果，図表 5-10 には創造的な中小企業の過去 3 カ年（2005-07）に取得した特許の累計件数を示している．この分析結果からは，ほとんどの企業が会社設立 10 年経過した時点において特許を取得していないことがわかった（78.8％）．一方，少数ではあるが複数の特許を取得している企業も1割強存在していた．

　なお，研究開発や技術開発が最終的に目標とするところは，新しい製品やサービスの開発といえる．いくら素晴らしい基盤技術や特殊技術が企業組織内に蓄積されていても，それが最終的な製品開発に結びつかないと企業が技術力を保持している意味は半減するだろう．こうした視点にたち，そもそも創造的中小企業はどの程度の新たな製品やサービスを開発しているのかについて調査を通じて把握した．

図表5-10　2005-07年の設立10年の創造的中小企業の特許取得件数

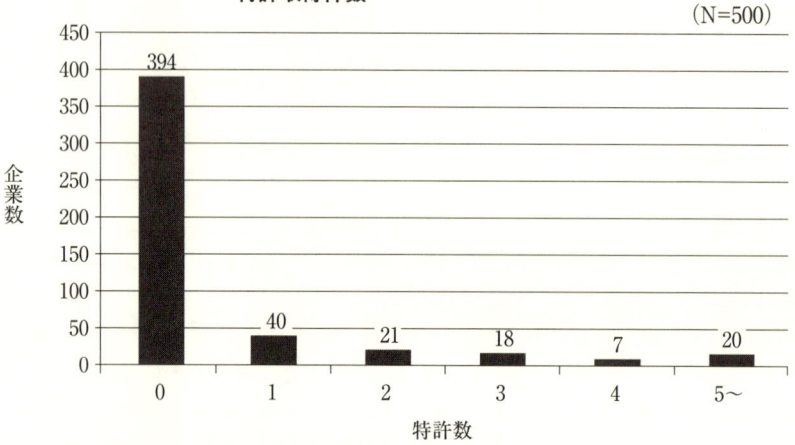

(N=500)

特許数	企業数
0	394
1	40
2	21
3	18
4	7
5〜	20

図表5-11　過去3年間の新製品・サービスの累計数別にみた設立10年の創造的中小企業数の分布状況

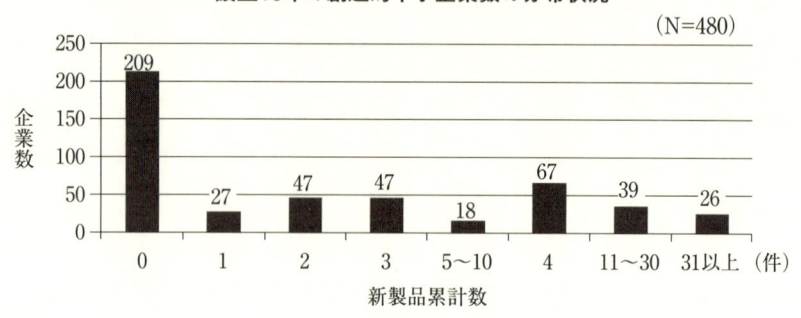

(N=480)

新製品累計数	企業数
0	209
1	27
2	47
3	47
5〜10	18
4	67
11〜30	39
31以上	26

(件)

　図表5-11は創造的中小企業が過去3年間で開発した新製品ならびにサービスの累計数を示している．その結果，約4割の企業は新たな製品・サービスを生み出してはいないが，全体の約3割を占める132社が2005年から2007年の間に5件以上の新製品・サービスの開発に成功していることがわかった．また，その累計数には若干のばらつきがみられ，個々の企業によって生まれてくる新製品・サービスのスピードや広がりが異なることがうかがえる．そして，その違いの背景には，類似する事業ドメインで約10年とい

図表 5-12　設立 10 年の創造的中小企業の主な事業範囲

	企業数（社）	割合（%）
1. 近郊	57	11
2. 市レベル	23	4
3. 都道府県レベル	101	19
4. 地域ブロックレベル	65	12
5. 全国レベル	228	43
6. 世界レベル	55	10
N	529	100

う企業年齢にも差がないことを踏まえると，組織の経営目標や経営トップの戦略やマネジメント姿勢の在りようの違いが，深く関わっていると言えるのではないだろうか．この点については後の章で触れることとしたい．

3.1.4　市場範囲と株式公開

　創造的中小企業がどのような状況で生存しているのかを検討するに当たっては，企業が想定している市場の範囲やターゲット群の広がりは重要な目安になるといえよう．本調査では，企業が注力する主力事業の市場範囲の広がりについて，本社の近郊，市レベル，都道府県レベル，地域ブロックレベル，全国レベル，世界レベルの 6 段階にわけて聞いている．その結果，最も回答の多かった市場範囲は全国レベルで全体の 43％を占めた．一方，本社近郊や市レベル（15％）や世界レベル（10％）といった小さな市場やグローバル市場などを想定してビジネスを展開する企業も少数ながら存在し，市場範囲の想定は広範囲にわたることがわかった（図表 5-12 を参照）．なお，各企業が想定する市場範囲が設立当初からどう変化してきたのか，ビジネスの射程範囲が拡大傾向にあるのか，変化はないのか，縮小傾向にあるのかについては，本調査では把握しきれていない．また，こうした市場範囲が今後，拡大していくのか，縮小していくのか，変化はみられないのかについては，企業成長の潜在的な可能性と深く関わる部分であり，注視して分析を進めていく研究課題と考える．

　一方，企業成長の 1 つの方法として考えられる株式公開については，今回

図表 5-13　設立 10 年の創造的中小企業の株式公開の意向

	企業数（社）	割合（％）
1. まったく考えていない	437	82.0
2. 長期的な目標として考えている	83	16.0
3. 近い将来の株式公開を検討している	4	1.0
4. 株式公開の準備に入っている	4	1.0
5. 既に株式公開している	2	0.0
N	530	100.0

の調査からは企業設立から 10 年を経過した創造的中小企業の約 8 割はまったく考えていないことがわかった．ただし，長期的な目標として株式公開を視野にいれている企業は一定程度（16％）存在した（図表 5-13 を参照）．会社が設立されて 10 年程度の段階なので，株式公開についてはまだ射程圏内にない，と解釈するのが適切なのか，あるいはそもそも株式公開への志向性が乏しいのか（経営トップの意識が乏しい），判断はつきにくいものの，アーリーステージを乗り越えた時点での株式公開意欲は必ずしも強いとは言えないと解釈できよう．

3.1.5　家族経営

創造的中小企業の経営形態は，家族を中心とする所有や経営が主流なのか，あるいは家族とは関係のない外部関係者による所有や経営が中心となっているのか．以下ではこうした家族グループによる出資比率について分析を加え企業の経営形態の特徴について理解を深める．なお，ここでいう家族グループとは，Westhead and Cowling（1996）の実証研究を参考に，血縁関係や結婚によって関係のある単一のグループとしている[10]．

調査の結果，図表 5-14 に示すように家族グループのみから出資を受けている企業が圧倒的に多く，ほぼ半数（47.5％）を占めた．その一方で，家族

10　なお，親戚の何親等までを家族グループに加えるかは，回答者である経営トップの判断に委ねられているが，逆にビジネス展開に関わる家族グループの概念を当事者である経営トップの認知によって判断するアプローチ（cognitive approach）の方がより本質的な家族による影響力や統制力が反映されると考えられよう．

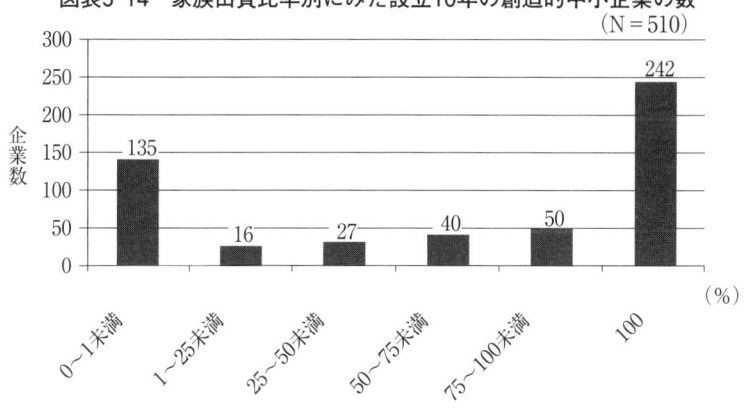

図表5-14 家族出資比率別にみた設立10年の創造的中小企業の数
(N=510)

区分	企業数
0~1未満	135
1~25未満	16
25~50未満	27
50~75未満	40
75~100未満	50
100	242

グループからの出身をほとんど受けていない企業も一定程度（26.5%）存在した．Westhead and Cowling（1996）の定義に従い，家族企業を家族グループが50%以上の出資をしている場合とした時，日本の創造的中小企業の家族企業は65.1%，非家族企業は34.9%となる．

3.2 生存状況

以下ではハザードレートの高い創業初期段階を乗り越えて設立後約10年を迎える創造的な中小企業の生存状況を雇用と売上高の視点から捉えている．具体的には，企業設立当初の状況と調査時点の状況との概ね10年間の雇用と売上高に注目をして分析を加えている．

3.2.1 雇用成長

調査結果によると企業設立当初の平均従業員数は9.3人，約10年後の平均従業員数は16.2人で平均約6人の雇用増加がみられた．中央値はそれぞれ，4人，8人，2人であった．また，企業設立後約10年間で最も雇用を増やした企業の雇用増加数は196人で，逆に雇用を最も減らした企業の雇用減少数は90人であった．さらに，全体の雇用数をみると，企業設立当初は4800人，10年後は8654人で，その間3250人の雇用増加がみられた．このうち，雇用を増やした企業数は340社，雇用に変化がなかった企業数は84

社,雇用を減らした企業数は91社であった(図表5-15参照).

一方,雇用創出の内訳をみると,雇用増加数の多い上位12社(雇用数の増加50人以上)で1102人の雇用を生み出していることがわかった.企業数でみると全体の3.2%の企業が雇用全体の34%を創出していた.また,上位25社(全体の4.8%)で雇用増加数全体の約半数の雇用を生み出していることも明らかになった(図表5-16参照).この結果は,Storey (1985),Storey et al. (1987),忽那(2004)の分析結果と整合し,企業設立10年の間に新たに創出された雇用は,すべての企業から平等に生まれた訳ではなく,わずか5%の成長中小企業が雇用全体の約半分を創出していることを示した.

図表5-15　設立10年の創造的中小企業の雇用成長の記述統計

	設立時の雇用	2008年時の雇用	増加数
N	515	535	515
平均値	9.3	16.2	6.3
中央値	4.0	8.0	2.0
最頻値	3.0	4.0	0.0
標準偏差	22.9	29.2	17.9
最小値	1.0	1.0	−90.0
最大値	377.0	329.0	196.0
合計	4,800.0	8,654.0	3,250.0

図表5-16　設立10年の創造的中小企業の雇用創出の内訳

	企業数の割合(%)	雇用増加数(人)	増加数の割合(%)
上位12社(雇用数の増加50人以上)	3.2	1102	33.9
上位25社(雇用数の増加30人以上)	4.8	1593	49.0
上位51社(雇用数の増加20人以上)	10.1	2220	68.3
合計(515社)	100.0	3250	100.0

3.2.2 売上高成長

創造的な中小企業は設立後約 10 年間で，どの程度の売上を伸ばしているのであろうか．調査分析の結果，設立時の平均売上高は約 2 億 2500 万円で，10 年後の平均は約 5 億 9000 万円，その間約 3 億 5000 万円以上の売上高の伸びを示し，売上高成長率[11]は 4.8％に達した．また，10 年間で売上を増やした企業の数は 407 社，減らした企業の数は 78 社で，ほぼ変化がなかった企業の数が 3 社であった（図表 5-17 参照）．

一方，売上高増加額の内訳をみると，増加額 60 億円以上を占める上位 5 社（1.0％）で増加額全体の約 3 割を占め，増加額 19.9 億円以上の上位 14 社（2.9％）で全体の約半数を占めることがわかった（図表 5-18 参照）．すなわち，わずか 3％の成長中小企業で 10 年間の間に生み出された売上高のほぼ半分を担っていることが示された．雇用成長と同様に少数の成長中小企業の役割が売上成長においても際立っていたといえよう．

このように日本の創造的な中小企業の設立 10 年後の生存状況について分析を行った結果，設立当初のハザードレートを脱して生存を勝ち取った企業の多くは確実に成長を遂げているものの，そのスピードや規模は一様ではないことがわかった．英国東北部での実証研究から得た発見事実（Storey,

図表 5-17　設立 10 年の創造的中小企業の売上高成長の記述統計

	設立時の売上高 (千円)	2008 年時の売上高 (千円)	増加額 (千円)	売上高成長率 (％)
N	488	535	488	488
平均値	224,620.2	595,149.5	352,310.7	4.8
中央値	50,000.0	166,000.0	81,540.0	3.7
最頻値	30,000.0	100,000.0	20,000.0	2.7
標準偏差	813,378.7	1,950,672.2	1,357,571.5	6.1
最小値	0.0	210.0	−1,600,000.0	−13.6
最大値	13,000,000.0	29,000,000.0	16,970,000.0	32.3
合計	109,614,650.0	318,404,975.0	171,927,600	—

11　売上高成長率 $= \dfrac{\log S_t - \log S_{t-a}}{a} \times 100$ (％)．S_t は調査年の売上高，S_{t-a} は調査年から企業年齢 a 年前の売上高を指す．

図表 5-18 設立 10 年の創造的中小企業の売上げ増加額の内訳

	企業数の割合 (%)	売上増加額（千円）	増加額の割合 (%)
上位 5 社 （売上高の増加 60 億円以上）	1.0	57,423,818	33.4
上位 14 社 （売上高の増加 19.9 億円以上）	2.9	87,511,148	50.9
上位 39 社 （売上高の増加 8 億円以上）	8.0	122,068,596	71.0
合計（488 社）	100.0	171,927,600	100.0

1985; Storey et al., 1987）や日本の大阪市での調査結果（忽那, 2004）などと同様に，日本全国を対象とした本調査分析においても創造的な中小企業の成長はすべての企業から一律に生み出されている訳ではなく，ごく一部の企業によるものであることが示された．全体の約 5％の企業が雇用の半分を生み出しているとしたここでの発見事実は，これまでの先行研究を支持する結果となった．しかし，その成長要因については，日本のみならず欧米諸国においても，十分な実証研究が蓄積されている訳ではない．理論的にも十分な理解が進んでいない部分が多く存在することも事実であろう．どういった戦略や組織のマネジメント要因が創造的な中小企業の生存状況を規定して成長や衰退へと導くのであろうか．次に，こうした諸要因に関わる分析を進めていくこととしたい．

3.3 企業属性と生存状況

誰が企業経営の指揮をとっているのかが，その組織の繁栄や衰退に大きな影響を与えることはいうまでもないだろう．特に，社歴が短く規模の小さな企業にとっては，企業の進む方向や競争を勝ち抜く戦略は，経営トップの考えに委ねられていることが多いといえる．以下では，その特性を個別に分析していくこととする．

3.3.1 創業経営者

図表 5-19 は，創造的な中小企業の社長が，①創業者，②創業者ではない

図表 5-19　設立 10 年の創造的中小企業の創業者経営と成長状況の関係

	N	割合(%)	雇用成長（実数） 平均値	中央値	標準偏差	売上高成長率(%) 平均値	中央値	標準偏差
1. 社長は創業者	353	76.9	6.1	2.0	15.2	5.3	4.1	6.1
2. 創業者と親戚関係にある	51	11.1	7.5	2.0	25.5	3.6	3.1	5.8
3. 内部からの生え抜き	33	7.2	5.4	1.0	19.8	2.3	1.5	5.0
4. 外部からのスカウト	22	4.8	5.3	2.0	20.5	5.6	3.7	6.7
F 値			1.250			2.966		
有意確率			0.291			0.032		

が血縁者，③血縁とは関係ない組織内部の生え抜き，④外部からのスカウト人事かによって，設立10年後の企業の生存状況に違いがみられるのかについて分析したものである．その結果，まず全体を通じて社長が創業者である企業の割合は76.9%と大半を占めていることがわかった．次に，社長は創業者と親戚関係にあるとの回答が11.1%と続いた．内部からの生え抜き（7.2%）や外部からのスカウト（4.8%）は1割程度で，圧倒的に創業経営者が多いことがうかがえる．

一方，雇用成長との関係についてみると，社長が創業者と親戚関係にある場合は，平均雇用増加数が7.5人と最も多く，次いで社長が創業経営者の場合の6.1人となっている．また，売上高成長率が高いのは，外部からのスカウト人事（5.6%）と社長が創業者（5.3%）である場合と続く．なお，こうした経営トップの4つの属性と生存状況の違いについて分散分析を試みたところ，雇用成長性の面では有意な違いは見られなかったものの，売上高成長の面では統計上有意な違いがみられた．高成長を達成し存続している創造的な中小企業は，創業者や外部からのスカウトによる経営者に導かれている場合が多く，低成長の状態で存続する中小企業の場合は，創業者と親戚関係にある経営トップや内部からの生え抜きの人材によって経営が主導されている可能性が指摘できよう[12]．事業や企業の起動時における創業者の高い志や強い想いが，その後の企業の経営成果に大きく影響を与えていると同時に，内

---

[12] しかし，いずれも「1. 社長は創業者」と比較してサンプル数は過少で分析結果の解釈には一定程度留意する必要があろう．

部の人的なしがらみや伝統に左右されることなく客観的に事業や組織の良し悪しを判断し決断できる外部からの経営トップの登用が，企業の存続と成長に影響を与えていることがわかった．

3.3.2 所有・経営経験 (habitual entrepreneur)

経営者の経営能力を単に過去の職歴や事業経験からではなく，会社の所有や売却・閉鎖の経験など (habitual entrepreneur) 企業の統制に深く関わる視点から把握する方がより適切に経営トップのマネジメント能力を理解できるとの見方が近年報告されている (Westhead, Ucbasaran and Wright, 2005)．以下では，こうした視点から，創造的中小企業の現社長は，①会社の所有や経営の経験がまったくない初心者 (novice entrepreneurs)，②過去に企業の売却や閉鎖の経験があり，現在1つの会社を所有・経営している経営者 (serial entrepreneurs)，③現在，2つ以上の会社を所有・経営している経営者 (portfolio entrepreneurs) に分けて，企業の生存状況との関係性について分析を試みている．

その結果は図表5-20に示した通りであるが，全体を通じて，novice entrepreneurs が全体の74.9%を占めた．また，portfolio entrepreneurs が14.4%，そして serial entrepreneurs が10.7%という結果を得た．

生存状況の1つの指標である雇用面において最も高い成長状況を示してい

図表5-20 設立10年の創造的中小企業経営者の企業所有・経営経験と成長状況との関係

	N	割合(%)	雇用成長（実数） 平均値	中央値	標準偏差	売上高成長率（%） 平均値	中央値	標準偏差
1. novice entreneurs	344	74.9	5.9	2.0	15.0	4.8	3.5	6.1
2. serial entreneurs	49	10.7	5.7	2.0	12.0	5.1	5.1	6.4
3. portfolio entreneurs	66	14.4	8.1	2.0	28.0	5.2	4.0	5.5
F値				0.168			0.198	
有意確率				0.845			0.821	

るのが，portfolio entrepreneursで平均雇用数 8.1 人の伸びを示した．また，生存状況のもう1つの指標である売上高成長率に関しては，前述した3つのタイプの会社の所有・経営経験による大きな違いはみられなかった．なお，企業の所有・経営の経験の3つのタイプと2つの指標からみた生存状況の違いについて分散分析を試みた結果，いずれも統計上有意な結果は得られなかった．

3.3.3　学歴

経営者の学歴は企業経営にどのような影響を与えているのであろうか．図表 5-21 は創造的中小企業の社長の学歴を中卒，高校卒，短大・専門学校卒，大学学部卒，大学院修了ならびにその専攻として文化系と理科系も組み込みながら企業の生存状況との関係について分析した結果を示している．

図表 5-21　設立 10 年の創造的中小企業経営者の学歴と成長状況との関係

	N	割合(%)	雇用成長（実数） 平均値	中央値	標準偏差	売上高成長率（%） 平均値	中央値	標準偏差
1. 中学卒	32	7	5.0	0.5	14.0	5.5	2.9	8.5
2. 高校卒	152	33	4.6	2.0	11.1	4.7	3.9	5.9
3. 短大・専門学校卒	54	12	6.2	2.5	11.5	5.2	5.0	5.7
4. 大学学部卒（文科系）	121	26	7.5	2.0	24.0	4.4	3.2	6.2
5. 大学学部卒（理科系）	84	18	5.4	2.0	13.2	4.8	3.3	5.6
6. 大学院修士（経営学・MBA）	1	—	—	—	—	—	—	—
7. 大学院修士（理科系）	7	2	19.7	2.0	42.6	6.3	3.5	7.3
8. 大学院修士（その他）	3	1	3.7	4.0	2.5	10.2	10.0	2.8
9. 大学院博士（経営学系）	—	—	—	—	—	—	—	—
10. 大学院博士（理科系）	4	1	6.0	7.5	4.1	9.4	10.8	3.7
11. 大学院博士（その他）	1	—	—	—	—	—	—	—

分析サンプルの中で最も割合の高かった学歴は，高校卒で33%，次いで文科系の大学学部卒の26%，理科系の大学学部卒の18%，短大・専門学校卒の12%と続いた．中・高・短大・専門学校卒と大学卒・大学院修了との割合はそれぞれ52%，48%で半々に分かれた．また，経営者の学歴と生存状況の違いについては，雇用面では，理科系大学院修士修了の社長をもつ企業の平均雇用増加数が19.7人と最も高く，次いで文科系大学学部卒の7.5人となっている．売上高成長率については，経営系や理科系ではない大学院修士を社長にもつ企業で最も高く10.2%，次いで理科系の大学院博士の9.4%と続いた．ただし，大学院修士（理科系），大学院修士（その他），大学院博士（理科系）ともにサンプル数が過小であるため，分析結果の解釈には一定程度留意する必要があろう．なお，こうした少数のサンプルグループ以外の学歴状況と生存状況との関係をみてみると，それほど大きな違いがみられないことがわかった．

一方，経営トップの学歴について，大きく大学学部卒業以上とそれ以外とに分けて2つの指標からなる生存状況との関係性について分析してみたところ，図表5-22に示した通り雇用成長状況において統計上有意な結果を得た[13]．大学学部卒業以上の学歴をもつ経営トップが率いる企業の雇用成長状況は7.7であるのに対して中・高・短大・専門学校卒業の学歴をもつ経営トップが率いる企業は5.0であった．10年という短期間ではあるが，経営者の専門性に大学や大学院での教育が多少なりとも影響を与えて，それが単なる企業の生存のみならず，その状態，具体的には高成長や低成長という生存状況にまで影響を与えている可能性があることが示唆されたといえよう．

図表5-22 設立10年の創造的中小企業経営者の学歴（大卒以上）と成長状況との関係

	雇用成長（実数）			売上高成長率（%）		
	平均値	t値	有意確率	平均値	t値	有意確率
中・高・短大・専門学校卒業	5.0	1.7	0.085	4.8	-0.1	0.916
大学卒業以上	7.7			4.8		

---

13 ここでは広くその関係性を把握する趣旨から10%水準を含む有意性の検証を行っている．

figure 5-23　設立 10 年の創造的中小企業経営者の年齢と成長状況との関係

	N	割合 (%)	雇用成長（実数）			売上高成長率（%）		
			平均値	中央値	標準偏差	平均値	中央値	標準偏差
1. 30 代	19	4	7.8	5.0	8.9	8.6	7.8	4.4
2. 40 代	78	17	10.0	4.0	26.0	5.8	4.9	5.8
3. 50 代	179	40	5.4	2.0	14.4	4.6	3.6	5.7
4. 60 代	143	32	6.1	2.0	17.1	4.7	3.0	6.6
5. 70 代	29	6	1.0	0.0	7.9	2.2	1.9	4.9
F 値			1.790			4.122		
有意確率			0.130			0.003		

3.3.4　年齢

図表 5-23 は経営者の年齢と生存状況との関係性について分析した結果を示している．分析サンプル全体の中では，50 代の社長が最も多く 40％を占める．次いで，60 代の社長が 32％，40 代の社長が 17％と続く．30 代の若い社長や 70 代の高齢の社長は 4％，6％と僅かであった．

一方，社長の年齢と企業の雇用面での成長との関係については，40 代の社長をもつ企業が他の年齢層と比べて雇用成長が最も高く，平均雇用増加数 10 人を示し，次いで 30 代が 7.8 人となった．一方，売上高については，30 代の社長をもつ企業が最も高く 8.6％，次いで 40 代で 5.8％と続く．雇用ならびに売上高ともに，30 代ならびに 40 代の比較的若い経営者に率いられている企業に，その成長が顕著にみられるといえるかもしれない[14]．なお，経営トップの年齢の違いと生存状況との関係性について分散分析を試みたところ，売上高成長においてのみ統計上有意な違いがみられた．そこでは，経営者の年齢が若いほど高い成長率で企業が生存している状況が浮かび上がった．逆に，経営者の年齢が高くなればなるほど企業組織は保守的な経営意識が強くなり，低成長で存続する可能性が高くなるといえるかもしれない．

---

[14] なお，ここでのサンプル数は過少であるため分析結果の解釈には一定程度留意する必要があろう．

3.3.5 設立形態

どういう背景や理由で会社が設立されたかは，その後の企業経営の方針や自由度に大きく影響を与える要素の1つと考えられよう．既存企業からの分社化あるいは関連会社として設立された企業は元の親企業との関係性が色濃く残るといえよう．それに対して独立型として設立された企業は，関係会社とのしがらみがない反面，資金面や営業面などの支援やネットワークは限定的にならざるを得ないだろう．また，家族企業の後継者として設立された企業の場合は，家族によるガバナンスが経営戦略やマネジメントに大きく影響を与えることになろう．図表5-24は，上記3つの設立形態とその後の生存状況との関係性について分析した結果を示している．分析サンプル全体の特徴としては，独立型の企業が最も多く62.7％，次いで既存企業からの分社化・関連会社化で27.9％，家族の後継者型が9.4％と続く．

一方，設立形態と雇用面における生存状況に関しては，既存企業から分社化・関連会社化した企業の平均雇用数が最も高く6.7人で，独立型企業は6.2人，家族後継者型の4.3人を大きく上回った．設立形態と売上面における生存状況との関係性については，独立型企業が6％と最も高く分社化・関連会社化（3.3％）ならびに家族後継者型（2.4％）を大きく上回っている．既存企業から分社化・関連会社化して設立された企業は，雇用成長は高いものの売上高成長率は低く，親企業からの雇用の受け皿としての機能を担っているといえるかもしれない．一方，独立型企業は雇用ならびに売上ともに高い成長を遂げて生存している可能性があるといえよう．なお，3つの設立形

図表5-24　設立10年の創造的中小企業の設立形態と成長状況との関係

	N	割合(%)	雇用成長（実数）平均値	中央値	標準偏差	売上高成長率（%）平均値	中央値	標準偏差
1.既存企業から分社または関連会社	128	27.9	6.7	2.0	20.2	3.3	2.3	5.4
2.独立型	288	62.7	6.2	2.0	15.9	6.0	4.9	6.1
3.家業の後継者	43	9.4	4.3	1.0	16.0	2.4	1.2	6.5
F値				0.887			11.171	
有意確率				0.412			0.000	

態と2つの指標からなる生存状況との関係性について分散分析を試みたところ，売上高成長率の面において3つの設立形態との間に有意な違いがみられた．その結果，既存企業や家族企業とは無関係に独立して設立された創造的中小企業において，高い成長率を維持して生存を続けている可能性があることがわかった．そこには，高い志や成長志向が存在し，既存組織や関係する人的なつながりから解放された独立的な組織形態の特性が表れているといえるかもしれない．

3.4 事業環境認識と生存状況

次に，設立10年を迎える創造的中小企業の事業環境認識と生存状況との関係について分析を行う．図表5-25に示すように，事業環境を極めて苛酷で厳しいと認識している企業の雇用成長状況は3.9で，比較的厳しさの認識が低い企業は7.2と統計的に有意な違いを示した[15]．同様に，事業環境が厳しいと感じている創造的中小企業の売上高成長率は3.4％，そうでない企業は5.3％であった．創造的な中小企業を取り巻く競争環境を低く抑制している，あるいは比較的安定した事業環境下に自らの事業を適切に位置付けている企業の生存状況は成長基調にあり，逆にそうでない苛酷な競争環境下に身を置く創造的中小企業は中・低成長基調下で生存を維持しているといえよう．このことは業界内で競争優位な立ち位置に自らの事業を置くために，顧客や仕入れ先などとの関係性を有利に導いたり，新規参入者による参入コストを高くするなど競争優位な戦略（Porter, 1980）の実践とも深く関係して

図表5-25 設立10年の創造的中小企業の事業環境認識と成長状況の関係

	雇用成長（実数）					売上成長率（％）				
	平均	標準偏差	N	t値	有意確率	平均	標準偏差	N	t値	有意確率
事業環境認識の苛酷さ										
高	3.9	13.7	123	-1.788	0.074	3.4	6.6	111	-2.902	0.004
中・低	7.2	19.1	385			5.3	5.8	363		

---

15 ここでは広くその関係性を把握する趣旨から10％水準を含む有意性の検証を行っている．

いるといえるかもしれない．

3.5 戦略と生存状況

企業がどの程度成長を遂げるのかは，企業組織の意図や意志によって変わってくるだろう．企業の目指す戦略目標やその射程範囲の広がりをどのあたりに設定するのかによって，必要な経営資源の質や量も変化するはずである．また，その目標を実現するために，どのような経営姿勢や経営哲学で戦略を立案・実践していくかも，戦略的な意思決定プロセスにおいて重要な要素になるといえよう．以下では，創造的な中小企業の ①経営目標，② EO，③組織機構に注目して設立10年後の生存状況について分析する．

3.5.1 戦略目標

図表5-26に示したように，サンプル全体の傾向としては「既存市場での現在の製品・サービスの売上増加」と「新市場での現在の製品・サービスの売上増加」が共に24％と多く，続いて「既存市場での新たな製品・サービスの開発」(21％)，「新市場での新たな製品・サービスの開発」(19％) と続いた．また，こうした経営目標と生存状況を示す2指標の1つである雇用成

図表5-26　設立10年の創造的中小企業の重視する戦略目標と成長状況との関係

	N	割合(％)	雇用成長（実数）平均値	中央値	標準偏差	売上高成長率（％）平均値	中央値	標準偏差
1.現在の製品・サービスの売上を維持	61	13	1.8	0	5.6	2.6	1.4	5.9
2.既存市場で現在の製品・サービスの売上増加	108	24	5.1	2	15.5	4.4	3.1	4.9
3.新市場で現在の製品・サービスの売上増加	108	24	8.9	2	26.8	5.5	4.2	6.5
4.既存市場で新製品・サービスの開発	96	21	7.2	2	14.1	5.9	4.7	6.5
5.新市場で新製品・サービスの開発	86	19	6.7	3	11.3	5.8	5.0	6.1
F値			1.381			3.674		
有意確率			0.239			0.006		

長との関係については，経営目標を「新市場での現在の製品・サービスの売上増加」においている企業の平均雇用増加数は 8.9 人で最も高く，次に「既存市場での新たな製品・サービスの開発」で 7.2 人，「新市場での新たな製品・サービスの開発」の 6.7 人と続いた．一方，経営目標と売上高成長率との関係性については，「既存市場での新たな製品・サービスの開発」(5.9%)，「新市場での新たな製品・サービスの開発」(5.8%)，「新市場での現在の製品・サービスの売上増加」(5.5%) が上位を占めた．これらの結果から，企業の雇用や売上の成長には，既存の製品やサービスよりも新たな製品やサービスの開拓や開発に経営目標を設定した方がその効果が高まる可能性が示されたといえよう．同時に，既存の製品やサービスの売上増加の経営目標の設定には既存市場よりも新たな市場に照準を合わせた方が企業成長に結びつく可能性が高まることも示唆された．また，現在の製品やサービスの売上高を維持しようとする経営目標は，雇用ならびに売上高の両面において低い成長を示した (1.8 人，2.6%)．

　なお，創造的中小企業の生存状況と経営目標との関係性について分散分析を試みたところ，生存状況の 1 指標として設定した売上高成長率において 5 つの経営目標との間に統計上有意な違いがみられた．既存市場や新市場で新たな商品開発を志向する創造的中小企業の生存状況の方が，そうでないやや保守的かつ受動的な企業より高い売上高成長率を維持した形で生存している状況がわかった．

3.5.2　企業家的な戦略志向性（EO）

　次に，創造的な中小企業の戦略変数の中の EO と生存状況との関係について分析を試みた（図表 5-27 参照）．

　その結果，EO と雇用成長面の関係については，革新性の高い企業の雇用増加数の平均は 7.2 人で，そうでない企業は 5.9 人となった．同様に，先駆的な行動姿勢の強い企業の平均雇用増加数は 7.8 人で，そうでない企業は 5.7 人との結果を得た．リスク志向性については，その高低と雇用面からの生存状況との間にはそれほど大きな違いは見られなかった．統合化した EO と生存状況（雇用面）の関係については，高い EO の水準を発揮した企業の

図表 5-27　設立 10 年の創造的中小企業の企業家的な戦略志向性（EO）と成長状況との関係

	雇用成長（実数）					売上成長率（%）				
	平均	標準偏差	N	t値	有意確率	平均	標準偏差	N	t値	有意確率
革新性										
高	7.2	17.3	201	0.837	0.403	5.8	6.1	188	2.684	0.008
中・低	5.9	18.4	307			4.3	6.0	286		
能動的な行動										
高	7.8	18.7	171	1.258	0.209	6.4	6.8	161	3.762	0.000
中・低	5.7	17.5	338			4.1	5.5	314		
リスク志向										
高	6.0	13.8	130	−0.280	0.780	6.4	5.9	122	3.347	0.001
中・低	6.6	19.2	378			4.3	6.0	353		
企業家的な戦略志向性（EO）										
高	8.8	20.3	140	1.847	0.065	6.9	6.3	129	4.521	0.000
中・低	5.5	16.9	369			4.1	5.8	347		

平均雇用増加数は 8.8 人を示し，中あるいは低い水準を示した企業は 5.5 人で，その水準の違いが生存状況（雇用面）に影響を与える可能性を示した．次に，EO と創造的な中小企業の生存状況を売上高成長率の視点からみると，まず革新性については，その水準が高い企業で 5.8％，中あるいは低い水準の企業では 4.3％，能動的な行動姿勢については，その水準が高い企業の売上高成長率は 6.4％，そうでない企業は 4.1％，そしてリスク志向性では，高いリスク水準を鼓舞する企業の売上高成長率は 6.4％，そうでない企業は 4.3％との結果を得た．統合化した EO としては，その水準が高い場合，企業は 6.9％の売上高成長率を，その水準が中あるいは低い場合は 4.1％の売上高成長率を示した．統合化指標ならびに 3 つの構成サブ指標ともに，その水準が高いと生存する企業の雇用成長[16]ならびに売上高成長率ともに高まっている可能性が示唆されたといえよう．

　なお，EO と創造的中小企業の生存状況との関係性について t 検定による分析を行ったところ，統合指標については生存状況との間に有意な違いがみ

16　リスク志向性指標を除く．

られ[17],EO の水準が高い企業はそうでな企業より成長基調の中で生存している状況が浮かび上がった．一方，企業家的な戦略志向性の 3 つのサブ指標と生存状況との関係性については，売上状況からみた生存状況との関係性については，3 つのサブ指標ともに統計上有意な違いを示し，その水準を高く鼓舞する企業の方がそうでない企業よりも高い成長を維持して生存していることが示された．しかし，雇用面からみた創造的中小企業の生存状況については，3 つのサブ指標ともに統計上有意な違いはみられなかった．先駆的な姿勢，革新性，リスク負荷の経営姿勢が同時に相互に影響を与えながら組織に広く反映されている状況においてはじめて，雇用面においても高い成長を維持して生存を勝ち得ているといえるのかもしれない．

3.5.3 組織構造

図表 5-28 に示すように，有機的な組織としての特性が強い創造的な中小企業は，雇用成長の面では違いはみられない半面，売上高成長の面では，統計上有意な違いがみられた．同じ生存企業ではあるものの，有機的な組織特性を強くもつ創造的な中小企業は，売上高成長率が 5.7％であるのに対して，そうでない企業は 4.2％と 1 ポイントほどの差を示した．市場との対話や新製品開発に対する組織内部での柔軟かつ活発な知識共有と創造活動を基盤とした組織構造や組織文化が根底にあり，それが有効に機能したことがその背景にあるといえるのではないだろうか（Burns and Stalker, 1961; 加護野他, 1983）．

図表 5-28　設立 10 年の創造的中小企業の組織構造と成長状況との関係

	雇用成長（実数）					売上成長率（％）				
	平均	標準偏差	N	t 値	有意確率	平均	標準偏差	N	t 値	有意確率
有機的な組織構造										
高	6.4	14.1	218	-0.032	0.975	5.7	6.5	205	2.522	0.012
中・低	6.4	20.5	288			4.2	5.7	267		

17　ここでは広くその関係性を把握する趣旨から 10％水準を含む有意性の検証を行っている．

図表 5-29　設立 10 年の創造的中小企業の内部経営資源[a]と成長状況との関係

	雇用成長（実数）					売上成長率（%）				
	平均	標準偏差	N	t値	有意確率	平均	標準偏差	N	t値	有意確率
競争有意な経営資源の蓄積										
高	9.6	21.7	136	2.115	0.036	6.6	6.6	133	3.880	0.000
低	5.2	16.2	374			4.1	5.7	342		

[a]なお，ここでは中間点を含む 3 ポイント以上を「高」と設定している．

3.6　内部経営資源と生存状況

　図表 5-29 は内部経営資源と生存状況との関係についての分析結果を示している．そこからは，競争優位な経営資源の蓄積が比較的厚い（少なくとも蓄積が浅くない）創造的中小企業の方がそうでない企業より，雇用ならびに売上の両面で成長基調を維持して生存している状況であることがわかった．雇用面では 4 ポイント，売上面では 2 ポイント以上の差をつけて存続していた．また，いずれの結果も t 検定による分析の結果，その差は統計上有意であることがわかった．このように，質の高い内部経営資源の蓄積は単に存続を可能にするのみならず，成長をも促す役割を果たしているといえよう．

3.7　外部経営資源と生存状況

　以下では外部経営資源を民間部門からの経営資源と政府や大学部門からの経営資源とに分けて分析を加えている．

3.7.1　民間

　企業組織を立ち上げて成長をめざす過程においては経営目標に応じた経営資源の調達，配分，利用が欠かせない．研究開発や技術開発の面で潜在的な能力をもっている創造的な中小企業といえども例外ではなく，外部からいかに魅力的な経営資源を獲得し活用すべきかについて常に知恵を絞って様々な組織へアプローチを行っている．しかし，こうした経営資源へのアクセスによって得られた資源を活用することによって，中小企業の事業継続や成長に

どの程度の影響を与えているのかについては，必ずしも十分な検証がなされているとはいえないだろう．特に，個別資源ごとにみた効果については，信用金庫や地方銀行をはじめとする中小企業への間接金融を主たる業務とする民間金融機関や直接金融を通じてスタートアップ企業の成長を目指すベンチャーキャピタルなどにとっても，主たる関心事であるだろう．また，資金的な支援とともに経営課題への助言・コンサルティング支援の効果についても，近年増えてきているとは言え，その効果については十分な分析がなされているとはいえない．以下では，民間からの経営資源の提供として，銀行からの融資，ベンチャーキャピタルからの支援，民間からの経営アドバイス・コンサルティング，先輩起業家からの経営アドバイス・コンサルティング，民間からの技術指導，そして最後にこうした5つの支援を統合した民間支援全体の効果について分析している．なお，ここでは，それぞれの個別支援の有無別に存続している中小企業の状況（雇用ならびに売上高成長率）についてt検定を用いて統計分析を行っている（図表5-30参照）．

銀行からの融資

経営資源の中でも特に重要な資源としてあげられるのが資金といえよう．それは，物質的資源，人的資源，情報資源など多様な資源へのアクセスと転換が柔軟で，さらには成長に向けたスラック資源（Singh, 1986）としても活用できるからといえよう．具体的に，資金調達手段として経営の実践面で頻繁に利用されているのが民間銀行からの融資である．郵送アンケート調査の結果，企業設立10年の間に銀行からの融資を受けた企業は約8割，受けていない企業が約2割であった．この両者の存続状況を比較してみると，雇用創出面では，融資獲得企業は平均6.7人，非融資獲得企業は平均5.2人の雇用を増やし，売上高成長率では，前者が5.0%，後者が3.9%で，いずれも融資獲得企業の方がそうでな企業より成長基調でいることがわかった．しかし，いずれの場合も，統計的には有意な差ではなかった．

ベンチャーキャピタルからの支援

次に，直接金融支援による中小企業の事業の存続や成長への影響について

図表 5-30　設立 10 年の創造的中小企業の民間支援獲得と成長状況との関係

	雇用創出（実数）						売上高成長率（%）				
	平均値	中央値	標準偏差	N	t値	有意確率	平均値	中央値	標準偏差	N	t値	有意確率
銀行からの融資												
あり	6.7	2.0	18.4	412	0.713	0.476	5.0	3.8	6.3	385	1.501	0.134
なし	5.2	1.0	16.0	96			3.9	2.8	4.9	90		
ベンチャーキャピタルからの支援												
あり	13.8	4.0	34.3	39	1.456	0.153	6.6	5.0	8.2	33	1.819	0.070
なし	5.7	2.0	15.8	459			4.7	3.5	5.9	432		
民間からの経営アドバイス・コンサルティング												
あり	8.1	2.0	25.5	119	0.911	0.364	5.3	3.5	6.8	112	0.918	0.359
なし	5.8	2.0	14.9	387			4.7	3.6	5.8	360		
先輩起業家からの経営アドバイス・コンサルティング												
あり	8.3	2.0	19.6	128	1.418	0.157	4.7	3.7	6.2	120	−0.117	0.907
なし	5.7	2.0	17.4	378			4.8	3.6	6.0	352		
民間からの技術指導												
あり	7.7	2.0	21.2	98	0.731	0.466	5.2	4.0	6.4	91	0.623	0.534
なし	6.0	2.0	17.1	407			4.7	3.5	6.0	380		
民間からの支援												
あり	6.6	2.0	18.4	438	0.926	0.355	5.0	3.8	6.3	411	2.611	0.010
なし	4.6	1.0	14.5	77			3.5	3.0	4.3	70		

分析を行った．設立して短期間の間に大きく成長を遂げるためには，リスクマネーの調達やそれに関わるハンズオン支援が欠かせないといえよう．しかし，苛酷な経営環境の中でリスク管理や成長戦略のマネジメントに失敗をして，失速する場合もあるだろう．郵送アンケート調査では，こうしたリスクマネーの提供に関わる一連のサポートが創造的な中小企業の生存状況にどのような影響を与えているのかについて分析を加えている．具体的には，ベンチャーキャピタルからの支援の有無が存続を勝ち得た企業の雇用や売上に与えている影響について統計分析を行った．その結果，まずベンチャーキャピタルからの支援を受けた企業はごく僅かで，1 割弱の企業のみが支援を受けていることがわかった．また，中小企業の存続状況については，ベンチャーキャピタルからの支援を受けた企業は，10 年間で平均 13.8 人の雇用を増や

しているのに対して支援を受けていない企業は，平均5.7人の雇用増にとどまった．しかし，この違いについては統計上有意な差は認められなかった．一方，売上高については，ベンチャーキャピタルからの支援を受けた存続企業の場合は5.0％の成長率を示し，そうでない企業は3.5％で，統計上も有意な差が認められた[18]．ベンチャーキャピタルによる直接的な支援は生存する創造的中小企業の売上高成長に一定の効果を発揮した可能性が示唆された．

民間からの経営アドバイス・コンサルティング

　外部からの専門的な経営に関わる知識や情報の提供は中小企業経営者にとって貴重な情報源となり経営方針にも大きく影響を与えるものとなるだろう．ここでは，そうした経営に関わる様々な助言やコンサルティング・サービスを外部の民間組織や専門家から受けることによって，その後の事業の存続状況がどの程度影響を受けるのかについて分析を加えた．アンケート調査結果からは，まず民間からの経営アドバイスやコンサルティング・サービスを受けたことのある企業は全体の24％であることがわかった．また，同サービスを受けた企業の存続状況は，8.1人の雇用増で，受けていない企業（5.8人）より雇用面で成長基調にあることがわかった．同様に，売上面においても，経営アドバイス・コンサルティングを受けた企業（5.3％）の方が受けていない企業（4.7％）よりも若干ではあるが順調にみえる．しかし，いずれの場合も統計上有意な差は示されなかった．

先輩起業家からの経営アドバイス・コンサルティング

　前述した通り，外部からの経営に関わる助言や知識の提供は，熾烈な競争環境下に日々直面している小規模な企業にとっては重要な経営ノウハウ蓄積の源となるだろう．ただし，そうしたアドバイスの提供方法やアドバイスの提供者は様々であり，中小企業経営者にとっては，むしろ普段から頼りにしている元上司や起業時にお世話になった知り合いの経営者など先輩起業家と

18　サンプル数の過少性があるため，ここでの結果については断定することは避けたい．結果の解釈については留意する必要があろう．また，ここでは広くその関係性を把握する趣旨から10％水準を含む有意性の検証を行っている．

の対話の中から希少性の高い情報や知識などが伝わってくることが多いのではないだろうか．こうした視点から，先輩起業家からの経営アドバイスやコンサルティングが事業の継続状態にどの程度影響を与えているのかについて分析を加えた．その結果，先輩起業家からの助言などを受けた経験のある企業は全体の7割以上，経験のない企業は3割以下となった．そして，先輩起業家からアドバイスを受けた企業の方が受けていない企業より多くの雇用を生み出しており平均8.3人を示した．一方，売上高の面では，アドバイスを受けた企業は3.7%の成長，受けていない企業は3.6%の成長とほぼ同じであった．なお，雇用ならびに売上高成長の両面において，先輩起業家からのアドバイスを受けた企業と受けていない企業との間に統計上有意な差は認められなかった．

民間からの技術指導

　企業を取り巻く厳しい経営環境の中で，売れる価値ある製品を顧客に届け続けてきたからこそ創造的中小企業は存続を勝ち得てきたといえよう．しかし，その事業プロセスの中には，製品開発に欠かせない自社技術の改良や向上など日常的に技術開発に関わる地道な取り組みと技術開発ノウハウの蓄積が，事業継続の重要な要因の1つになってきたことも見逃せないだろう．特に，小さく生まれた企業が10年の間に存続し発展起動に乗るには，技術改良に関わる様々な情報や知識が必要といえる．経営者をはじめ組織内の職人や技術者に組織の核となる技術は蓄積されているかもしれないが，取引先からの厳しい要望に答えたり，自社独自の製品開発を進めるためには，従来の組織内の知識やノウハウの蓄積の活用だけでは十分とはいえず，迅速に顧客ニーズにこたえていくためには外部の力も必要となろう．そのために，日頃から親密な関係にある企業，異業種の企業，取引先企業などとの情報交換や共同開発，そして技術指導を直接受けることもある．こうした技術開発に関わる情報の共有や技術指導が日常的に提供されるプロセスの中で，技術開発や製品開発の能力が付加されていくと考えられよう．

　郵送アンケート調査の結果によると，存続企業の中で民間からの技術指導を受けた企業の割合は19%で，大半の企業は民間からの技術指導の提供を

受けていないことがわかった．また，技術指導を受けた企業と受けていない企業の存続状況を比較してみると，雇用面では，指導を受けた企業は7.7人の雇用増，受けていない企業は6.0人の雇用増という結果であった．一方，売上高の面では，技術指導ありの企業は4.0％の成長で指導なしの企業は3.5％の成長を示した．しかし，いずれも統計上有意な差は認められなかった．

民間からの支援

次に，前述した民間からの様々な資金，経営，技術などの経営資源の付与が，全体として存続の状況にどのような影響を与えているのかについて分析を加えた．すなわち，設立後10年の間に自社以外の民間組織から獲得した多様な経営資源が存続企業の成長状況に変化を与えたのかについて分析を加えた．

郵送アンケート調査結果からは，まず民間から何らかの支援を受けた企業は全体の85％で，受けていない企業を大きく上回った．そして，存続企業の雇用面での成長状況については，支援を受けた企業で10年間の雇用増の平均が6.6人であるのに対して，支援を受けていない企業は平均4.6人の雇用増となった．しかし，この違いは統計上有意な差としては認められなかった．一方，存続企業の売上高成長面では，支援を受けた企業は10年間で5.0％の売上高成長率を示したのに対して，支援を受けていない企業は3.5％に留まった．この違いは統計上有意な差として認められた．

3.7.2　政府・大学

企業組織を立ち上げて成長をめざす過程においては，経営目標に応じた経営資源の調達，配分，利用は欠かせないといえよう．特に，スタートアップ企業は経営資源が潤沢ではなく市場から調達することも容易とはいえず，多くの場合，地方政府や中央政府から様々な形で支援を受けているケースが多い．ここでの分析では，政府からの支援を金融，経営，技術などの分野に分けて，その分野を代表する7つの具体的支援策の利用状況と存続企業の成長状況との関係性について分析を加えている．それらの支援措置は，国民生活金融公庫からの融資，国・自治体からの制度融資，国・自治体からの債務保

証，国・自治体からの補助金，国・自治体からの経営アドバイス・コンサルティング，大学からの技術指導，公設試験研究機関（公設試）からの技術指導で，最後にこれらの支援措置を統合した政府・大学からの支援を加えて，以下にそれらの分析結果を記述している（図表5-31参照）．

図表5-31 設立10年の創造的中小企業の政府・大学支援獲得と成長状況との関係

			雇用創出（実数）					売上高成長率（%）				
国民生活金融公庫 からの融資	平均値	中央値	標準 偏差	N	t値	有意 確率	平均値	中央値	標準 偏差	N	t値	有意 確率
あり	4.5	2.0	12.1	189	−2.288	0.023	4.8	3.9	5.8	237	−0.008	0.994
なし	8.3	2.0	22.6	306			4.8	3.2	6.2	226		
国・自治体からの制 度融資												
あり	5.8	3.0	15.7	189	−0.5779	0.564	4.7	3.9	5.8	174	0.014	0.989
なし	6.8	2.0	19.5	306			4.9	3.3	6.2	289		
国・自治体からの債 務保証												
あり	5.6	2.0	17.6	168	−0.524	0.600	4.7	3.8	6.3	94	−0.154	0.878
なし	6.6	2.0	18.3	327			4.8	3.6	5.9	369		
国・自治体からの各 種補助金												
あり	9.5	4.0	21.4	168	2.640	0.009	5.7	4.1	6.7	154	2.507	0.012
なし	4.8	2.0	16.0	327			4.3	3.3	5.6	309		
国・自治体等からの 経営アドバイス・コ ンサルティング												
あり	2.8	2.0	14.3	69	0.911	0.364	5.7	4.1	6.7	154	0.918	0.359
なし	7.0	2.0	18.6	426			4.3	3.3	5.6	309		
大学からの技術指 導												
あり	7.8	3.0	20.2	68	0.832	0.406	3.8	2.9	5.5	58	2.408	0.016
なし	6.2	2.0	17.9	427			5.0	3.8	6.1	405		
公設試験研究機関 からの技術指導												
あり	5.4	2.0	9.9	68	−0.284	0.776	6.1	5.4	5.7	47	0.988	0.324
なし	6.6	2.0	19.1	427			4.7	3.5	6.0	416		
政府・大学からの 支援												
あり	6.2	2.0	15.5	392	−0.119	0.905	5.0	3.9	6.3	371	1.556	0.120
なし	6.5	1.0	24.1	123			4.0	2.8	5.3	110		

国民生活金融公庫[19]からの融資

　当該融資制度は，主に市場からの資金調達が困難な小規模企業や新規開業企業を対象に制度設計がなされている．

　当該制度を利用している189社と利用していない306社の雇用増加数を比較してみると，利用企業の平均雇用増加数は4.5人，非利用企業は8.3人と当該融資制度を利用している企業の雇用増加数が利用していない企業よりも少ない結果を示した．また，この結果は統計上有意な差として認められた．一方，売上高成長率については，当該融資制度の利用企業（N＝237），非利用企業（N＝226）ともに4.8％と違いはみられず統計上有意な差も認められなかった．分析結果から，当該融資制度の利用は存続企業の雇用成長については，それほど大きな役割を担っているとはいえず，むしろ雇用には負の影響を与えている可能性が示された．なお，当該融資制度は，小規模企業やスタートアップ企業など資金が潤沢でない中小企業にとっては評判が良く利用頻度が高いとされていたが，その効用は雇用促進よりむしろ雇用の下支えあるいは事業継続のための補てんの意味合いが強い可能性が示唆されたといえよう．

国・自治体からの制度融資

　中央政府や地方政府は政策的に中小企業やスタートアップ企業の成長を促すために，民間金融機関よりも条件の良い形で金融支援を従来から行っている．ここではこうした金融支援の典型的な措置として位置付けられる制度融資の効果と存続企業の成長との関係性について分析している．

　まず，制度融資を利用した企業189社と利用していない企業306社の雇用面での成長状況を比較分析したところ，利用企業は5.8人の平均雇用増，利用していない企業は6.8人の平均雇用増を示した．一方，売上高成長についてみると，制度利用企業（N＝174）の売上高成長率は4.7％で，非利用企業（N＝289）は4.9％でそれほど大きな違いはみられなかった．また，雇用ならびに売上高成長率のいずれにおいても，制度融資の利用企業と非利用企業

19　現在，国民金融公庫は解散して株式会社日本政策金融公庫に業務移管されている．

との間には統計上有意な差はみられなかった．国・自治体からの制度融資は存続企業の成長に直接的には影響を与えているとはいえないかもしれない．

国・自治体からの債務保証

　企業のリスクを担保して成長を後押しする支援施策の１つとして中央政府や地方政府が主導する債務保証制度がある．この制度の利用状況と企業成長との関係性について分析を加えたところ，雇用面においては，利用企業（N＝168）が5.6人，非利用企業（N＝327）が6.6人の雇用増，売上高成長率では利用企業（N＝94）が4.7％，非利用企業（N＝369）が4.8％で，いずれも債務保証非利用企業が大きく，当該債務保証の影響は小さいといえよう．ただし，これら制度利用企業と非利用企業との差は統計上有意な違いとしては認められなかった．

　国民生活金融公庫からの融資，国・自治体からの制度融資や債務保証など中小企業やスタートアップ企業への金融面からの支援施策については，そうした利用が非利用者と比較して直接的に雇用や売上面でプラスの効果を示している訳ではないことがわかった．

国・自治体からの各種補助金

　中小企業やスタートアップ企業は技術開発や新商品開発を通じて事業の継続と発展を目指そうとする．しかし，多くの場合，事業発展のために必要な経営資源の獲得が困難な状況に陥るといえよう．こうした課題を克服するために，中央政府や地方政府は，研究開発や新事業開拓に向けた様々な補助金制度を地域の事情や目的に応じて準備しているケースが多い．ここでは，こうした補助金制度と企業の成長状況との関係性について分析している．

　分析の結果，当該補助金制度を利用した企業は168社，利用したことのない企業は327社で，平均雇用増加数は利用企業で9.5人，非利用企業で4.8人であった．売上高成長率については，利用企業（N＝154）は5.7％，非利用企業（N＝309）は4.3％を示した．雇用面ならびに売上面において，補助金制度を獲得した企業の成長状況は，獲得していない企業よりも大きく，いずれも統計上有意な違いとして認められた．

国・自治体からの経営アドバイス・コンサルティング

中央政府や地方政府は，中小企業の経営戦略や組織，人事管理，生産管理など経営全般に関わる指導を専門家を派遣したり支援機関の窓口で相談を受け付けたり，さまざまな形態を用いて実施している．ここでの分析結果からは，当該経営指導サービスを利用している企業（N＝69）の雇用増の平均は2.8人，非利用企業（N＝426）の平均雇用増は7.0人となった．一方，売上高成長率については，利用企業（N＝154）は5.7％，非利用企業（N＝309）は4.3％との結果を得た．売上面では，公的な経営指導サービスはその役割を果たして成長に正の効果を発揮している可能性があるが，雇用面では逆に効率的な経営の推進など結果として雇用をそれほど増やさなくても良い効果を生み出した可能性が考えられよう．ただし，いずれの場合も経営指導サービスの利用企業と非利用企業の間には統計上有意な差はみられなかった．

大学からの技術指導

地域の中小企業が，新たな技術開発や製品開発に望む際に地元の大学と連携を図りながら共同研究や商品開発を実施することはよく知られている．同時に，こうした取り組みは，従来からの中小企業支援政策の重要な柱の1つとしても位置付けられている．ここでの分析結果からは，まずこうした技術指導の利用企業数はそれほど多くなく，全体の1割強程度であることがわかった．また，大学からの技術指導の利用と企業の成長状況との関係性について分析を加えたところ，雇用面では，技術指導を受けた企業の雇用増加数は平均7.8人，指導を受けていない企業は平均6.2人で，利用企業の雇用増加数が非利用企業をやや上回った．一方，売上高成長率は，利用企業の場合3.8％，非利用企業の場合5.0％で必ずしも大学の技術指導の利用企業の成長率が高いという訳ではなかった．なお，企業の成長状況について，売上高成長率においてのみ大学からの技術指導の利用企業と非利用企業との間に統計上の差異がみられた．この結果は，大学からの技術指導は個別技術の開発や製品の改善・開発に関わる現場レベルでのオペレーションに関わる問題解決が中心となり，企業の経営成果の1つである売上高とは直接的には関わりが薄いためと考えられるのではないだろうか．

公設試験研究機関からの技術指導

　地域の中小企業の技術的課題の支援を目的に公設試が全国の各地域に整備されている．分析結果からは，大学からの技術指導と同様にその利用企業数は少なく，全体の1割強であることがわかった．また，雇用成長状況と公設試の利用との関係については，利用企業の雇用増加数の平均が5.4人，非利用企業の平均が6.6人であった．一方，売上高成長率については，利用企業で6.1％，非利用企業で4.7％という結果を得た．また，いずれの場合も，公設試技術指導の利用の有無は統計上有意な違いとしては認められなかった．公設試の場合，大学からの技術指導とは異なり，商品開発や改善に直結するような技術やデザインに関わる指導も重要なテーマの1つになっているものの，存続する企業の成長には影響を与えている可能性は低いとの結果を得た．

政府・大学からの支援

　ここでは，前述した7つの政府や大学からの支援措置を総合的に勘案して，公的な支援措置と企業の成長状況との関連性について分析を行っている．そのために，前述した支援措置を1つでも利用した企業とまったく利用していない企業とにデータを分類して分析を実施している．その結果，雇用面では，政府・大学からの支援を受けた企業392社の平均雇用増加数は6.2人，支援を受けていない企業123社の平均雇用増加数は6.5人で両者にそれほど大きな違いはないことがわかった．一方，売上面については，支援企業371社の売上高成長率は5.0％，非支援企業110社の売上高成長率は4.0％で，支援企業の成長率が非支援企業よりもやや高い結果を得た．しかし，いずれの場合も，支援を受けた企業と受けていない企業との間には統計上有意な差はみられなかった．政府や大学など公的な機関からの支援は，一見，経営資源の乏しい中小企業の存続やその後の成長に大きな役割を果たしているようにみえるが，実はそれ単独では必ずしも十分な影響は行使していない可能性がみえてきた．あくまでも補完的な役割を担っている可能性が高いといえよう．

3.8 考察

ここまで536社の分析対象サンプルに基づき，設立10年を迎えた創造的中小企業の，①デモグラフィ，②生存状況，③企業属性と生存状況の関係，④事業環境認識と生存状況の関係，⑤戦略と生存状況の関係，⑥内部経営資源と生存状況の関係，⑦外部経営資源と生存状況の関係について分析を加えてきた．

本章を締めくくるに当たり，改めて郵送アンケート調査結果から得られた主な発見事実について整理しながら（統計的に有意な変数に注目しながら），設立10年の創造的中小企業の生存状況に影響を与える諸要因の役割について考えていくこととしたい．

まず，主要な発見事実について整理すると，分析サンプルから得られた1997年から1999年の3カ年の間に設立された創造的な中小企業の規模は，資本金で約1800万円，従業員で9人程度であったが，その後10年間で資本金規模は2700万円，従業員規模は16人，売上高規模は約5億円から6億円に迫る規模に成長を遂げていることがわかった．研究開発規模も4.5%を超える水準で推移し，過去3年間に新製品やサービスを複数開発した企業数は3割を超えていた．しかし，創業から10年を迎えた創造的な中小企業の生存状況（雇用成長状況と売上高成長状況）は一様ではなく，すべての企業が平等に成長を実現している訳ではなかった．

全体の雇用数をみると，企業設立当初は4800人，10年後は8654人で，その間3250人の雇用増加がみられた．しかし，このうち，雇用を増やした企業数は340社，雇用に変化がなかった企業数は84社，雇用を減らした企業数は91社であった．また，雇用創出の内訳をみると，雇用増加数の多い上位12社（雇用数の増加50人以上）で1102人の雇用を生み出し，企業数でみると全体の3.2%の企業が雇用全体の34%を創出していた．さらに，上位25社（全体の4.8%）で雇用増加数全体の約半数の雇用を生み出していることも明らかになった．

同様に，創造的な中小企業の設立時の平均売上高は約2億2500万円で，10年後の平均は約5億9000万円，その間約3億5000万円以上の売上高の伸びを示し，売上高成長率は4.8%に達した．一方，売上増加企業の数は

407 社，減少企業数は 78 社で，ほぼ変化がなかった企業数が 3 社であった．売上高増加額の内訳をみると，増加額 19.9 億円以上の上位 14 社（2.9％）で全体の約半数を占めることがわかった．すなわち，わずか 3％の成長中小企業で 10 年間に生み出された売上高のほぼ半分を担っていることが示された．雇用成長と同様に少数の成長中小企業の役割が売上成長においても際立っていた．英国の先行研究と同様の結果を得た（Storey, 1985; Storey et al., 1987）．

このように企業ライフサイクル論の視点から生存の危険性が最も高いといわれるアーリーステージを乗り越えているとは言え，その生存状況には違いがみられ，生存しているものの低迷基調にある創造的中小企業ならびに大きく成長を遂げている創造的中小企業が共存していることがわかった．それでは，こうした違いはどのようなマネジメント諸要因と関係があるのだろうか．本章では，その違いについて，企業属性，戦略，事業環境認識，内部経営資源，外部経営資源の分析枠組みを用いて分析を加えてきた．その結果については図表5-32 に示した通りであるが，以下では個別に議論を深めていくこととする．

3.8.1 企業属性

分析結果から雇用成長ならびに売上高成長の両面にプラスの影響を与えた要因として，経営者のバックグラウンド諸変数の 1 つである高学歴があげられた．生存状況に影響を与える変数として，従来は企業属性の中の企業規模や資金制約が主流であったが，Cressy（1996）の主張する人的資本に基づく諸変数，特に経営トップの戦略的意思決定に関わる知識蓄積やネットワーク構築などの事業継続や発展に影響を及ぼす人的要因の重要性が指摘できたといえよう．また，企業設立後 10 年の間に生存競争に勝ち成長を遂げるには，経営トップの気質や高い志など強い創業動機なども深く関わりをもつと考えられよう．ここでは，経営トップが創業者や外部からのスカウトであること，経営者の年齢が 30 代や 40 代と比較的若いこと，設立形態が独立型である点など経営者の事業継続と発展への強い意欲や情熱に関わる諸要因が生存状況（売上高成長）にプラスに影響を与えていることがわかった．

図表 5-32　生存する設立 10 年の創造的中小企業の成長要因

	成長状況*	
	雇用	売上
(企業属性)		
創業経営者・外部からのスカウト**		＋
所有・経営の経験**		
学歴〈学部卒〉	＋	
年齢〈30, 40 代〉**		＋
設立形態〈独立型〉**		＋
(事業環境認識)		
苛酷な事業環境認識	－	－
(戦略)		
重視する経営目標〈新市場／新製品開発〉**		＋
革新性〈Innovativeness〉		＋
能動的な行動〈Proactiveness〉		＋
リスク志向〈Risk-taking〉		＋
企業家的な戦略志向性〈EO〉	＋	＋
有機的な組織構造		＋
(内部経営資源)		
競争有意な経営資源の蓄積	＋	＋
(外部経営資源)		
銀行からの融資		
ベンチャーキャピタルからの支援		＋
民間からの経営アドバイス・コンサルティング		
先輩起業家からの経営アドバイス・コンサルティング		
民間からの技術指導		
民間からの支援		＋
国民生活金融公庫からの融資	－	
国・自治体からの制度融資		
国・自治体からの債務保証		
国・自治体からの各種補助金	＋	＋
大学からの技術指導	－	
公設試験研究機関からの技術指導		
政府・大学からの総合支援		

*すべての項目に t 検定あるいは分散分析を実施して有意確率 10％以内のものに＋，－の印を付している．
**分散分析を用いている．それ以外はすべて t 検定を実施．

後述する戦略姿勢の特性とも関わるが，企業家のバックグラウンドは，苛酷なアーリーステージを乗り越えて事業を発展起動に向かわせる経営トップの統率力や戦略の駆動力の源泉（資源）とも捉えられ，重要な人的資本蓄積の要として考えられよう．

3.8.2 事業環境認識

雇用成長ならびに売上高成長の両面にマイナスの影響を与えた変数として，苛酷な事業環境認識があげられた．すなわち，創造的な中小企業が苛酷な事業環境下に深く身を置けば成長は鈍化あるいは失速していることを示した．逆に，自社にとって友好的で有利な事業環境下にいれば高成長を遂げていることを意味する．このことは第2章で述べたPorter（1980）の5つの要因からなるポジショニング戦略と関わって，創造的な中小企業がアーリーステージの苛酷な事業環境の中で外から浸食されにくい競争優位な事業環境を一定程度築き上げつつある状況下で，次なる事業展開を図り成長を遂げている状況と解釈できるかもしれない．一定の安定した事業環境下に身を置くなかで，それをクッションあるいは担保としてリスクを伴う事業の開拓や発展に取り組む姿勢が浮かび上がる．高成長を遂げるにはその前提として市場の開拓や技術開発など先駆的で失敗を伴う事業活動を一定程度吸収できる組織の財政基盤，マネジメント体制，安定した顧客基盤や事業基盤が必要となると言えよう．ここでの発見事実はその点を明らかにしたと考えられる．

創造的な中小企業が苛酷な事業環境下に身を置いた場合は，どのような論理でどのような経営成果を導くのか．ここでは，事業環境変数と成長変数との関係性をみたが，先行研究においても，まだ明確にはその論理のプロセスやメカニズムはわかっていない（Wiklund and Shephered, 2011）．事業環境と成長との間に触媒要因や媒介要因など多数の諸要因が介在していることは間違いないものの，それぞれがどのような役割を担いながら相互に影響を与えているのか，まだ未確定な部分が多々ある．しかし，ここでの発見事実，すなわち苛酷な事業環境は成長にとってマイナスの影響を与える，という現象は，Covin and Slevin（1989）からの研究成果とはむしろ逆の結果であり，創造性や独創性を保持する創造的中小企業は，Porter（1980）の主張す

る競争均衡あるいは競争優位な環境下に身を置いた上で成長を可能にしていると解釈している．すなわち，技術力や高い成長志向性をもった創造的な中小企業の特性は，自らに有利な事業環境下を通じて（媒介機能を通じて）成長へと導かれているというものである．適切な業界内での身の置き方やそのための戦略や組織のマネジメントのあり様が，創造的な中小企業の生存状況の決め手となっていると考えられないだろうか．

3.8.3　戦略：企業家的な戦略志向性（EO）と有機的な組織

戦略要因の中で生存企業の雇用成長ならびに売上高成長の両面に強くプラスの影響を与えていたのは EO であった．特に，売上高成長においては単一統合化指標としての EO だけでなく，3 つのサブ指標においても個々にプラスの影響を示した．先駆的で革新的な戦略姿勢を保持してリスクを負いながら新たな事業を探索する戦略的な態度や志向が強いほど創造的な中小企業の成長は高まっていることがわかった．このことは，リスクを伴う新市場開拓や新製品開発など高い経営目標を掲げている企業の方がそうでない企業より売上高の面で高成長を遂げているとの別の調査結果とも整合する．また，EO と創造的な中小企業の成長との関係性については，第 2 章で紹介した国内外の先行研究結果ともほぼ整合するものであった．

しかし，前述したように創造的な中小企業を取り巻く事業環境の苛酷さが成長とマイナスの関係性にあることを踏まえ，かつ先行研究で事業環境の苛酷さは EO と経営成果との触媒要因として概ね認識されていることを考慮すると（Covin and Slevin, 1989; Lumpkin and Dess, 1996; Zahra and Covin, 1995)，自社が比較的有利な事業環境下（ポジショニング）にいることがリスクを伴う新たな事業開拓に向かう必要条件となっているといえないだろうか．リスクを負う戦略を実践するということは必然的に失敗の幅も広がることを意味する（Wiklund and Shepherd, 2011）．それでも，リスク負荷要素を含む EO が成長にプラスに影響を与えているということは，そのリスクを担保する，あるいはマネジメントできる状況が別途構築されていると考えられるのではないだろうか（Wiklund and Shepherd, 2011）．ここでは，その状況が比較的自社にとって好意的な事業環境下が築かれていること，とみて

いる.

　一方，Burns and Stalker（1961）やその考え方を基に分析したCovin and Slevin（1989）の研究は，苛酷な事業環境下でリスクを負って果敢に製品開発や技術開発に挑戦し，他社が入り込む前に先手を打って市場を開拓することを通じて，高成長を実現できることを主張する．すなわち，苛酷な事業環境は創造性や独創性をもったリスクを負う企業にとっては高成長できる機会であり（あるいは非生存を免れる機会），従って事業機会を発見出来るような柔軟な有機的組織マネジメントの有効性を指摘する．一方，Sine et al.（2000）は競争の激しいICT業界における新規開業企業の成長要因について分析して，敵意に満ちた競争激化の事業環境下では，組織の自由度を高めて事業機会を逃さないようにマネジメントするより，規律やルールに従い効率的かつ失敗を最小限に抑えて正確・適正に業務が遂行できるマネジメント体制の構築の方が高い経営成果を生み出すとしている．ここでの研究成果としては，設立10年を迎えた創造的な中小企業の場合，前者の自由度の比較的高い有機的組織機構の方が売上高の面で高い成長を遂げていることがわかった．

　前述した事業環境要因とここでの戦略要因との結果を総合すると，保守的な戦略志向性とは向きを逆にする先駆的で革新的な高リスク志向型の戦略態度は，自由度の高い柔軟な組織機構とともに，創造的な中小企業の成長を促す効果が期待できることがわかった．しかし，それは市場開拓や事業探索へのリスクを負う戦略姿勢であるため，同時に自社にとって苛酷な競争環境下ではなく，安定した顧客基盤や事業基盤を導く比較的自社にとって好意的な事業環境下に身を置くことの条件も示唆された．自社にとって有利な市場ポジショニングで失敗にともなうリスクを吸収できる状況下で，EOを有機的な組織を活用して鼓舞することにより，創造的中小企業の成長スピードが速まる可能性が指摘できたといえよう．

3.8.4　経営資源

　分析結果から，創造的中小企業の雇用成長ならびに売上高成長の両面において，競争優位な内部経営資源の蓄積が効果を発揮することがわかった[20]．

しかし，資源が潤沢でないスタートアップ企業にとっては，アーリーステージを乗り越えて生存と成長を勝ち取るためには，内部の経営資源以上に外部経営資源へのアクセスが重要と考えられよう．ここでは，実際に企業が利用する民間部門と政府部門からの金融面，技術面，経営面などの具体的な経営資源と生存状況との関係性を分析した．すなわち，どのような形態の経営資源の獲得が創造的中小企業の成長にどの程度影響を与えたかについて考察を加えた．その結果，ベンチャーキャピタル（売上高成長，＋），民間支援全体の有無（売上高成長，＋），国民生活金融公庫（雇用成長，－），国・自治体からの各種補助金（雇用および売上高成長，＋），大学からの技術指導（売上高成長，－）のみで統計上有意な結果が得られた．何かしらの民間部門からの支援を受けている場合は，そうでない場合と比べて生存企業の売上面での成長に違いがみられた．ただし，資金，技術，経営指導などその具体的な支援機能の違いについては明確な差は得られなかった．唯一，売上高成長面で違いが見られたのはベンチャーキャピタルからの支援で，その関与を受けている創造的中小企業は受けていない企業より成長軌道にあることがわかった．リスクマネーを提供するベンチャーキャピタルによるハンズオン型マネジメント支援による効果が反映された結果と解釈できよう．

一方，政府・大学部門からの経営資源の付与の効果については，国や自治体から提供されている各種補助金が雇用と売上高両面においてプラスの効果を発揮していることが示された．公的機関による資金面からの関与は創造的な中小企業のもつ潜在的な技術や事業創造力を顕在化する意味において効果を発揮したといっても良いかもしれない．江島（2002）における創造的中小企業の支援政策の効果分析においても，公的認定や補助金付与などの支援効果は企業情報の非対称性を緩和して成長を後押ししていることを示した．しかし，大学による企業への技術指導は個別具体的な製品の改良や改善には役

---

20 なお，ここで用いた経営資源変数は，組織内部に蓄積された競合他社と比較して有利な資源の集約を示しており，第3章で用いた個々の経営資源変数とは異なる．しかし，ここでの結果は，日本のデータを用いて競争優位な経営資源の蓄積を包括的に捉えた上で企業成長との有意な関係性を示したAnderson and Eshima（2011）の研究成果と整合し，統合指標の信頼性と妥当性は実証されている．

立つかもしれないが，それが直接的に雇用や売上といった全社の経営成果へは結び付きにくい面があることもわかった．

同様に，ここで分析を加えている外部経営資源の獲得自体も，それが単体で企業価値を生むものではないだろう．外部経営資源へのアクセスが可能であることは組織能力の重要な点ではあるが，獲得した資源をいかに活用しマネジメントできるかどうかが，さらに重要な組織能力であり経営全般に影響を及ぼすこととなろう．同じことは，内部経営資源の蓄積についても言える．経営資源の意義については第2章で詳述した通りであり，VRIO（Value, Rarity, Inimitability, Organization）の概念で表現されるが，価値があり希少で真似が困難である経営資源であっても，組織がそれを適切に活用できなければ競争優位な資源として価値を生み出さない．すなわち，経営トップによる戦略的な意思決定や組織のマネジメントが経営資源の活用にとって重要な鍵を握ることになるといえよう．この点については Wiklund and Shepherd（2003a, 2003b）や Anderson and Eshima（2011）の実証研究でも指摘している通りであり，内部ならびに外部からの経営資源の獲得は，先に述べた企業の戦略姿勢と相互に補完関係を保ち，その効果にも差をもたらしているといえるだろう．鍵を握るのは EO，事業環境認識，組織機構など戦略や組織のマネジメントと経営資源の利用のあり様との関係性といえよう．

第6章

創造的中小企業の存亡の鍵

　本書では，中小企業の中でも新たな事業開発を通じて発展を目指す創造的な中小企業が，変化する経済社会の中でどうすれば生き残り発展することができるのかについて検討を加えてきた．創造的中小企業は，事業創造や革新を通じて社会的富や雇用を創出する点において経済社会にとって重要な存在といえよう．しかし，その長期的な存続は確約されている訳ではない．安定して成長軌道に至る企業もいれば，失速して衰退する企業もいる．創造的中小企業といえども，そのマネジメントの方法次第で存続が危ぶまれることも多々あるはずである．

　いったいその要因はどこにあるのか．本研究では企業組織を環境と相互補完性をもつオープンシステムとして捉え，さらに企業ライフサイクルの各段階でそれぞれの置かれた環境に適合するために変革を繰り返すダイナミックな生き物とみて分析にあたってきた．こうした分析視角に立ち本書では，創造的中小企業の生存要因や生存状況を近代経営学における戦略や組織のマネジメントの視点から定量的に分析して，企業存続の本質に迫ろうと試みた．

　実証研究を通じて明らかになった創造的中小企業の生存に関わる主な論点は大きく分けて3つあったといえる．1つは，事業継続の生命線とも言える顧客や取引先との長期的な関係性の維持ともかかわり，それが可能な戦略やマネジメントの追求と実践のあり方についてである．分析結果からは，その中核的な要因を大胆かつ柔軟な戦略姿勢，すなわち戦略的な意思決定プロセスにおける企業家的な戦略志向性（EO）に求め，そうした戦略態度を促すマネジメントの重要性を指摘した．しかし，その追及は，事業の新鮮さや広がり，革新性などを要求し，経営の基本的な考え方と密接に関係する．従っ

て，戦略の意志決定に影響を与える経営トップの事業に対する志や経営ビジョンのあり様が戦略態度の選択と深く関わってくるといえよう．また，EOの概念には，その本質として新事業や技術開発への取り組みに対するリスク負荷の姿勢がある．従って，企業が新たな事業機会の発見プロセスを通じて存続と発展を目指すにはそのリスクをヘッジする必要もあろう．こうした経営トップのビジョンやリスク耐性など企業の戦略的な姿勢に影響を与える諸条件のあり様も，創造的な中小企業の生存やその後の成長に違いを生じさせる重要な要因としてマネジメントに留意する必要があるだろう．本章ではこの点についての議論を深めていきたい．

次に挙げられた論点は創造的な中小企業の苛酷な事業環境との付き合い方に関わる点である．事業の継続性とその後の成長性に対して，自社を取り巻く個別環境要因は極めて重要な要因であることは間違いなく，その認識が企業経営を大きく左右することになるといえよう．従って，前述した創造的な中小企業の戦略態度であるEOの前提条件として，事業環境認識は重要な意味をもつことになる．その捉え方と自社の事業環境内（業界内）での立ち位置の違いが企業の戦略姿勢との適合性に影響を与えて存続やその後の成長にも変化をもたらすことが分析結果から浮かび上がった．ここではこの点についての理解を深めていきたい．

3つ目は，創造的中小企業が生き残るための生命線といえる顧客との相互作用に関わる点である．それは顧客との中長期的な取引や組織間の仕組みや関係性の問題とも捉えることができ，生存を支えたバックボーンと考えられよう．そこでは，企業間の協働や取引制度のあり方の違いが企業存続の背後にあり影響を与えていたと考えられるのではないだろうか．事業の存続と発展を支えるための人材，技術，経営ノウハウの蓄積は，自社の組織内の力のみで積み重ねることは困難で，取引先や顧客を含む地域の社会的な資本（ソーシャルキャピタル）によって支えられながら，育まれてきたといえよう．そのバックボーンがあったからこそ大胆かつ柔軟な戦略を先手を打って実践でき，事業の継続と発展を維持できてきたのではないだろうか．

本章では，企業が存続し成長していくためには，その戦略姿勢としてのEOが鍵を握ることを主張するが，その前提として大胆な攻撃をしかけられ

る事業環境と，EOのバックボーンとしての協働の仕組みが必要であることを指摘する．以下では，これら3つの論点を中心に本書での実証分析結果にも触れながら，創造的中小企業の存亡の鍵について考察を深めていくこととする．

1．創造的中小企業と企業家的な戦略志向性（EO）

　主に第4章の実証分析の結果から，創造的中小企業のマネジメント変容に関わる重要な生存要因について，次の点が明らかになった．第1に，創造的中小企業がコスト重視の戦略を抑制すると，生存可能性も低下するということである．このことは，小規模だが一定期間に組織内で培った技術や経験，情報の蓄積をいかして経験曲線効果が発揮されれば，コスト低減が図られそれが価格競争に耐えられる状況を作り出す可能性を示唆したといえよう．しかし，それは生存にとっての必要条件ではあっても，十分条件とは必ずしもいえないだろう．実証分析の結果から，コスト優位性は，他のマネジメント要因と相互補完関係をもって企業の生存を勝ち取っている可能性が高いことも指摘している．

　第2に，分析の結果から，他社と差別化できる自社独自の製品開発に取り組む積極的な戦略の強化が，創造的中小企業の生存の可能性をより高めるとの結果が示された．そこでは，ニッチな市場で顧客が必要とする商品を試行錯誤しながら探索し開発する志向性とそれを可能にする技術開発力の維持への取り組みがあったといえよう．組織で蓄積した技術や経営ノウハウを新たな事業に活用し，革新的な技術や製品の開発の苗床として組織が機能していたといえるのではないだろうか．

　第3に，経営トップによる現場への権限委譲やリスクに果敢に挑戦させることが弱まると企業の存続可能性も低下することがわかった．特に，小規模企業の存続には，事業環境の変化に適合させた事業の展開や新製品開発は必須であり，そのためには事前にリスクを負う覚悟が経営トップには必要といえよう．その経営姿勢を現場に浸透させて組織が一体となり，技術開発や市場開拓へ能動的に取り組むことが企業存続に求められていたのではないだろうか．

第4に，トップの経営スタイルに関して，過去の成功体験や慣例にとらわれることなく，現在の経営課題に対して柔軟に環境適応できるような軌道修正能力が高まると企業存続の可能性が高まることが示された．この点はGreen et al. (2008) が指摘する EO の本来もつ弱点を補完するための戦略的反応性，すなわち誤った事業の方向性をいち早く察知して，軌道修正をする組織能力が，企業の戦略姿勢を補う重要な要素として存続に効いたことを示しているかもしれない．

　以上述べた点は，創造的中小企業の生存要因に関して，欧米諸国で 1980 年代から発展をみせた企業の戦略態度の一形態である EO の概念とほぼ一致し，創造的中小企業の存続にとって有効な戦略姿勢であることが示されたといえよう．この特徴は第3章でみた創業初期段階を超えたばかりの若年企業や第5章で詳述した創造的中小企業の生存状況へも大きく影響を与えていることがわかった．特に，生存中小企業の成長分析には（第5章），欧米諸国で頻繁に用いられつつある EO と同じ尺度を用いて実証分析を試みたところ，3つのサブ指標ならびに統合化指標の両面において当該概念の有効性が示された．創造的な中小企業の中でも，先駆的な戦略姿勢，革新的な態度，リスク志向で構成される EO 概念を，一体としてあるいは個々の特徴を鼓舞しながら市場に働きかけることが，企業の存続と成長のマネジメントの中心課題であることを指摘した．

　しかし，企業の存続と高い経営成果に有効とされる EO ではあるが，その機能に影響を与える諸要因や背景要因などそのメカニズムに関わる分析や議論は学会においても途に就いたばかりである．その諸要因の水準やプロセスのあり様によっては戦略的な姿勢の効力に変化が生じる可能性が高い．それでは，いったいどのような要因が直接的あるいは間接的に EO の水準を変化させるのだろうか．その背後に横たわる諸要因（antecedents）の中心的な課題とは何か．学会においても十分に理解が進んでいるとはいえないこの点について，ここでは既存の先行研究の議論を援用しながら，2つの重要な要因について考察を加えていきたい．

1.1 経営トップのビジョン

EOの強化とは，戦略形成プロセスにおいて，能動的でリスクを負いかつ革新的な方法を追及する姿勢を一層際立たせることに他ならない．その戦略姿勢は，小規模な創造的中小企業の場合，組織としての戦略志向というよりは，むしろ経営トップの考え方や経営理念を強く反映しているといっても良いのではないだろうか．そこでは，経営者個人やその家族などにマネジメントがコントロールされている場合も多いだろう．創造的中小企業の場合，その経営形態の半数以上は家族経営であり，中には企業が大きく発展することよりも，オーナーである家族の利益を中心に据えて，そのための戦略を思考する経営者もいることが考えられよう．また，創業経営者の事業への想いが自己満足であったり，平均的な生活ができる程度の利益の確保で満足する経営者もいるかもしれない．このように，創造的中小企業の中にも企業経営に対する考え方に違いがあり，そのことが大胆で革新的な戦略態度へのシフトを阻害し，その結果生存にマイナスの影響を与えていた可能性もあるといえないだろうか．

Carland, Hoy, Boulton and Carland (1984) は，企業家的な戦略志向性 (EO) をもつ中小企業とそうでない一般的な中小企業の戦略志向性 (SBO: Small Business Orientation) に注目をして，その違いを分析している．そこでは，その違いは，各々の抱く短期的ならびに長期的な経営目標に依存するとした．一般的な中小企業の場合，オーナー経営者は自己実現の延長線上に経営目標を位置づけたり，家計の収入を増加させるねらいで企業を経営する傾向があるとしている．Jenkins and Johnson (1997) の研究でも，企業家的でない中小企業経営者は，生活費や余暇時間を増やすための個人的な志向性を強調する．経営目標へのコミットメントや決意についても，一般的な中小企業の場合，経営成果の最大化を追求する企業家的な中小企業経営者とは異なり，経営成果達成の許容範囲を定めて一定の水準での自己満足を追求するとされる (Cooper, 1993; Filly and Aldag, 1978). また，経営目標以外に中小企業の経営姿勢はイノベーションへの関心度合いが少ないことが指摘されている (Stewart, Watson, Carland and Carland, 1999; Carland et al., 1984). 企業家は新製品や新サービス等を新たなルートの開発などを通じて

市場へ積極的に投入するが，そうした新市場の開拓や技術革新といった経営行動に対して中小企業は消極的であるとされる．

　平均的な中小企業の戦略志向性である SBO と企業家的な戦略志向性である EO とはこのように異なるものの，それは単純に逆方向を示すとは限らず明確に異なる 2 つの概念として構成される（Stewart et al., 1999; Carland et al., 1984）．すなわち，EO がリスク・テイキング，能動的な行動，革新性で構成されるのに対して，SBO は，事業目標の水準設定（自己実現の水準設定や許容度の設定）と経営者の事業に対する個人的な想いの強さで示される．同規模の中小企業でも 2 つの異なる戦略的な志向性はそれらが置かれた状況下や企業ライフサイクルの各段階において異なり，志向性のどちらかがその状況下でより際立っているということになろう．Runyan, Droge and Swinney (2008) は，この考え方を踏まえて 2 つの戦略姿勢の違いが経営成果に与える影響について，267 社の米国の中小企業を対象にして実証研究を行った．その結果，企業年齢 10 年以下の若い企業において EO が一般的な中小企業の戦略志向性である SBO より経営成果にプラスの効果を発揮したことを示した．

　このように中小企業の戦略的な姿勢の発揮の背後には，経営トップのビジョンや事業に対する考え方が深く関わっているといえるだろう．個人や家族の生活を一義的に捉えるのか，経済社会への影響や社会性を考慮するのか，創造的中小企業の経営トップは，そもそも企業経営や事業展開に対してどのようなビジョンや志をもって事業にあたっているのだろうか．それによって，戦略の志向性に違いが生じているのではないだろうか．

　金井（2002a）は中小企業とベンチャー企業との違いを企業家活動に基づく革新性としながらも，その根幹には志やビジョンが深く関与していると指摘する．また，それを具体的に規定したものとして，経営戦略論におけるドメインの定義の違いをあげて，次のように述べている．

　　つまり，志が高いとか大きなビジョンとは，企業が対象とする事業の広がりが大きいことであり，他の条件が等しい限り，志の大きな企業はより広範な環境を射程に入れて事業展開を行うことにな

り，それだけ発展のポテンシャルは大きいということができる．……ただ，このことはすべてのベンチャー企業が当初から大きな志やビジョンを持ってスタートしているということを主張しているわけではない．どの時点かは別にして，起業家や経営者が大きな志やビジョンを抱くことによって，一般の中小企業から離れてベンチャー企業として発展していく成長エネルギーを獲得することができるということなのである（p. 5）．

　金井（2002a）の指摘は，創造的中小企業でもその戦略志向性についてEOを失い，一般のSBOへ向かうこともあることを示唆している．逆に，一般的な中小企業が，事業や経営に対する基本的な考え方を変更するプロセスの中で，EOを取り込もうとする動きが生じるかもしれない．経営に対する大きな志やビジョンが事業ドメインの広がりを通じて，戦略志向性の変化を促す働きをしている可能性は否定できないのではないだろうか．
　この考察を踏まえて本研究での分析結果を解釈すると，大きな志やビジョンが基点となり戦略志向性や戦略態度を規定してEOを促し，創造的中小企業の存続に効果を発揮したといえるだろうし，逆にそうした経営ビジョンの広がりがなければEOの発揮を抑制し存続に負の効果をもたらしたといえるかもしれない．創造的中小企業が継続的に存続し続けるためには，その根幹に経営トップの志やビジョンが深く関与しているといえるのではないだろうか．

1.2　リスク負荷とリスクヘッジ

　EOとは，本質的に事業機会の探索・発見とその機会の利用・活用を軸とするアントレプレナーシップとリンクした，戦略形成プロセス論の中で議論され発展してきた概念を指す（Mintzberg, 1973; Khandwalla, 1977; Miller, 1983; Covin and Slevin, 1991）．従って，必然的にその戦略的なマインドや態度は戦略形成プロセスにおいて受動的ではなく能動的で，防衛的ではなく攻撃的で，通常のマネジメント手法や技術ではなく革新的な手法や技術を用いながら，組織としてあるいは経営トップが中心となり，市場において先取

り姿勢で迅速かつ大胆に競争をしかける,戦略態度を意味することになる.逆にいえば,綿密にビジネスプランを立てて経営資源の適切な組み合わせを行いマネジメントを実践したとしても,予期せぬ障害や失敗が生じるリスクが通常の戦略態度よりも大きい特性をもつことになる.EO は,その戦略姿勢が保守的で防衛的で失敗の可能性が極めて少ない軸とは真逆の軸に位置するものであり,リスク負荷の極めて高い性質をもつといえる.新事業や技術の開発には多くの資金,人材,時間などの投資が必要となり,失敗のリスクは付きまとうものである.ましてや規模の小さな中小企業の場合は,さらに失敗のリスクは高まるはずである.

　本研究では,実証分析結果として EO の保持あるいは高まりが創造的な中小企業の生存率ならびにその後の成長にプラスの効果を発揮することを示した.すなわち,先駆的で,革新的な,リスク負荷を伴う戦略態度の高まりが,企業の生存やその後の成長に好影響を与えることを主張した.それは,企業による新事業への先行的な大型投資などは失敗の可能性も高いが同時に生存可能性も高める,というやや逆説的な見解にも聞こえるかもしれない.企業が率先して高いリスクを取ろうとすれば,必然的に失敗の可能性が高まり,当然ながら事業の失敗や企業の倒産など生存リスクが高まることも予想されるが,ここでの発見事実はむしろ逆の見解を示している.この一見すると逆説的にみえる見解についてどのように理解をすれば良いのだろうか.

　Wiklund and Shepherd(2011)は同様の問題点を指摘している.同研究は,EO が経営成果に与える関係性の分布状況に注目をして,これまでの研究は分布の平均に焦点をあてて,そのすそ野の広がり(分散状況)への注目は少なかったと主張する.その結果,図表 6-1 に示すように,分散の大きなサンプル分布(サンプル A)と小さなサンプル分布(サンプル B)では,生存や成長を含む経営成果の平均は同じだがその分布状況は異なり,その結果,生存に最低限必要な経営成果の水準に照らして,失敗・非生存企業数に影響を与える,とした.すなわち,分散の大きな場合は,生存のために必要な経営成果(例:売上高など)の最低水準を下回る企業(左端グループ)が増えて,その結果,非生存数が増えるとした.逆に,分散の小さな場合は,生存のために必要となる最低経営成果を下回る企業(左端グループ)は減少

第6章　創造的中小企業の存亡の鍵　197

して，その結果，非生存数は減少するとした．

　従来の研究では，図表6-2に示したように2つの企業サンプルの平均値の違い（左側と右側）に注目をして（分散は同じ），EOを採用するグループ（サンプルA）とそうでない保守的で受動的な戦略を保持するグループ（サンプルB）による経営成果の違いを説明してきた．その場合，右側に移動す

図表6-1　企業家的な戦略指向性（EO）を実験志向的な戦略態度とみるタイプ

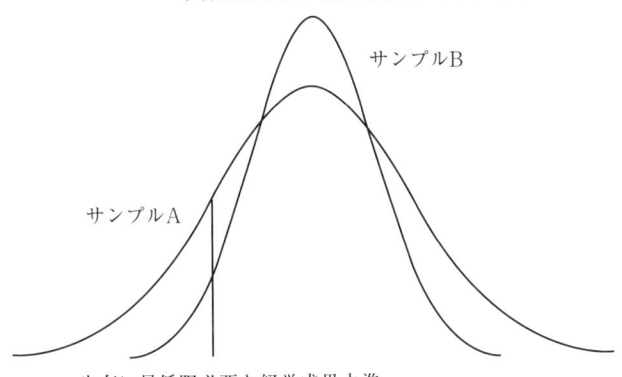

サンプルB
サンプルA
生存に最低限必要な経営成果水準
出所：Wiklund and Shepherd（2011），p.928

図表6-2　企業家的な戦略志向性（EO）を優位な戦略態度とみるタイプ

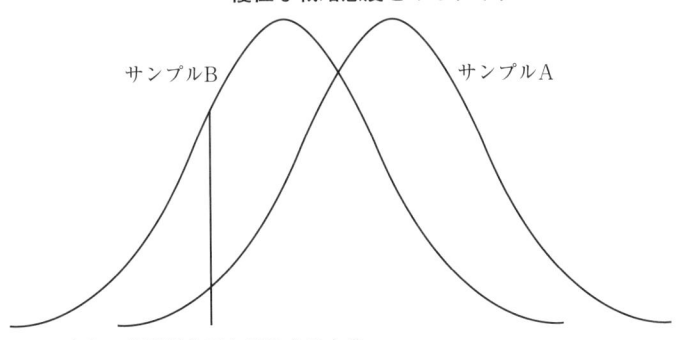

サンプルB
サンプルA
生存に最低限必要な経営成果水準
出所：Wiklund and Shepherd（2011），p.928

るサンプル（EO 保持グループ：サンプル A）の方が，生存に必要な最低限の経営成果を下回る企業が減少して，そうでないサンプル B より，生存率が高まることになる（Baum and Silverman, 2004; Brush and Changanti, 1999; Carroll and Delacroix, 1982; Romanelli, 1989）．逆に，前述した分布の分散の違いに注目をした場合は（図表 6-1），経営成果の高い EO 採用グループ（サンプル A）の数が増えると，同時に非生存の可能性も高まる．

図表 6-2 で示した捉え方は EO を優位な戦略態度とみるタイプで，第 2 章で詳述した企業家活動の中心を担う概念の 1 つである事業機会の活用・利用に適した視点と考えられる．一方，図表 6-1 で示した捉え方は，EO をより実験志向的な戦略態度とみるタイプで，企業家活動の概念の 1 つである事業機会の探索・開拓活動に適した視点で，よりダイナミックな戦略姿勢とみられよう（Wiklund and Shepherd, 2011; March, 1991）．従って，企業を高い成長へ導く可能性がある一方で，高リスクであるため失敗して失速する可能性も高いと考えられる．

では，EO をより実験志向的な戦略態度とみた場合，どのようなマネジメントで，生存率を高めることができるのだろうか．Green et al. (2008) はその本来もつ弱点を指摘した上で，それを補完するための戦略的反応性（strategic reactiveness）の概念を主張する．EO の発揮は，本来，新たな事業機会を探索・開拓することを目的とするために，必然的に企業を誤った方向へ導く可能性が高まるといえよう．従って，この危険な状況から抜け出すには，誤った事業の方向性をいち早く察知して，軌道修正をする組織能力の発揮が必要となる．この戦略の軌道修正を状況に応じてすばやく実行できる能力，すなわち戦略的反応性が，リスク志向の戦略態度を補い事業の存続可能性を高めて成長軌道へと導く鍵になると主張する．

こうした組織能力は，組織学習を通じて競争優位な企業固有の経営資源として，戦略姿勢と相互補完関係を保ちながら企業の生存とその後の成長に寄与していると考えられる．従って，EO はそれ単独では企業の生存や成長の可能性を高めるには不十分であり，新たな事業や技術の開発に不可欠な失敗を補完する内部経営資源，外部経営資源，経営トップの態度など失敗を跳ね返すマネジメント・クッションが企業の存続を支えているといえよう．それ

らは，リスクを伴う能動的な戦略姿勢の背後にある，組織や経営トップの，事業失敗に対する態度，失敗から立ち直る回復プロセス，失敗からの学習，事業廃止のスピードや意思決定など（Shepherd, 2003; Shepherd and Cardon, 2009; Shepherd, Wiklund and Haynie, 2009）に深く関わる要因であり，同時に，それらが構成（整合性）要因（configurational factors）として，生存リスクを低減している可能性が高いと考える．また，EOの背後にある，経営者や組織の能力に関わる経営資源とともに，戦略姿勢の強弱と企業の生存やその後の成長に影響を与える適合条件要因（contingency factors）としての自社を取り巻く事業環境要因も生存に影響を与えると考えられよう．この点については後述するとして，リスク負荷による生存を脅かすという，EOの潜在的なリスクについて，そのマネジメントのあり様の重要性が先行研究においても現在注目されていることは間違いない（Wiklund and Shepherd, 2011）．

　こうした企業のリスク耐性に関わる包括的な概念モデルの研究は少数ではあるが，日本にもみられる．そこでは，企業の経営組織の内部と外部に起因する不確実性の広がりを指摘した上で，それに対する適応能力の不足とマネジメント対応の必要性を指摘している（港，2000）．また，国際的に認知されているEOを構成する主要な3つのサブ指標の概念構成の意義については既に述べたが（先駆的，革新的，リスク負荷），そのリスク負荷要因を当該概念の一部あるいは同等とみなす構成要素（reflective factor）ではなく，因果関係要素（formative factor）として，組織や経営トップに依拠する特性として，戦略態度とは別に位置付けようとする考え方もみられ始めた（Anderson, Kreiser, Kuratko and Hornsby, 2012）．彼らは，EOは，先駆性や革新性など戦略態度とそれを支えるリスク負荷という組織の特質に支えられた，新たな構成概念の妥当性と有効性を実証分析結果から主張する．EOを実験志向的な立場から捉えた場合，こうした新たに再構成された概念に基づく見方はその概念の理解と幅を深めることに一定の貢献を果たしているといえよう．

　なお，こうした考え方に基づき，改めて第3章，第4章，第5章の創造的な中小企業の実証分析結果について解釈を加えてみると，概ね，創造的な中

小企業の生存要因については，EO 構成概念の 1 つの指標である，果敢にリスクをとる姿勢については生存には強く反応しておらず[1]，むしろ能動的で先駆的な戦略姿勢や新たな手法に基づく革新的な戦略姿勢により反応していることがわかった．さらに，生存リスクを乗り越えて存続する創造的中小企業の成長状況について分析したところ，リスク負荷を含む 3 つのサブ指標から構成される EO の概念が存続企業の成長に強く影響を与えていることがわかった．ここでの分析結果については，前述した EO を実験志向的な戦略態度として捉えた場合，その戦略姿勢は存続する企業の成長は牽引するものの，同時に EO を構成するリスク負荷要因が失敗リスクを高めて生存可能性をやや低減させていることも示唆できよう．本研究では，EO が創造的中小企業の生存の核を担う重要な要因であること発見した．しかし，その前提となる企業家活動の捉え方を，事業機会の探索・開発活動（exploration）を中心とする実験志向的な戦略態度と，事業機会の活用・利用（exploitation）に優位な戦略態度とに明示的に分けずに分析と考察にあたってきた．こうした研究課題も含めて，改めて，失敗へのマネジメント研究の蓄積の重要性がここでは指摘できたといえよう．

2. 創造的中小企業と環境適応

2.1 環境適応

創造的中小企業を取り巻く事業環境要因が企業の存続に影響を与えることは理論的にも経営の実践面においても一定の理解は得られていることであろう．それは，苛酷な事業環境や逆に有利な事業環境などへの市場の変化が，

---

[1] 例えば，第 3 章や第 4 章では「製品開発のリスクを回避するフォロアー型」「時に突出した戦略を打ち出し，できないことに挑戦することを望む」などリスク変数は有意に生存に効いていない．なお，第 4 章では「権限委譲，リスクに挑戦させる」は有意な変数と位置付けているが，生存企業ならびに非生存企業ともその変化はマイナスであり積極的にリスクを負っている訳ではなかった．むしろ，「販路の確保」「ニッチで小さな市場の確保」「多様な技術・ノウハウを重視」（第 3 章），「他社にない製品開発」「過去の経験にとらわれず柔軟に軌道修正」（第 4 章）など新たな製品市場や技術開発に向けた能動的で先駆的かつ新たな手法や方法を駆使する戦略姿勢が際立っていたと言えよう．一方，生存を勝ち得た後の場合は（生存バイアスを考慮に入れない場合は），先駆性，革新性，リスク志向性ともに創造的な中小企業の成長にプラスに効いていた（第 5 章）．

経営トップを中心とする戦略や組織のマネジメントの思考や方法にも影響を与えて，事業を失速させたり，安定軌道に乗せるなど経営成果に変化をもたらす可能性を示している．ここでの実証分析結果においても，成長企業における事業環境はリスキーであることや（第3章），競争者の行動が予想しがたい状況下（第4章）においては，生存可能性が低減することが示された．同様に，生存を勝ち得たアーリーステージ企業の成長状況への苛酷な事業環境下がマイナスに影響を与えていた（第5章）．さらに，Yamada and Eshima（2009）の研究においては，苛酷な事業環境下を触媒要因として戦略態度と成長との関係性を分析したところ，EOは自社に比較的好意的で有利な事業環境下において経営成果を高める可能性が高いことがわかった．すなわち，苛酷な事業環境下よりも自社に有利な事業環境下において，EOの効果はより強く発揮されて経営成果にプラスの影響を与えることが示唆された．

2.2 環境適応と企業家的な戦略志向性（EO）

しかし，この結果は，欧米諸国を中心とする先行研究結果とは逆であった（Khandwalla, 1977; Miller, 1983; Covin and Slevin, 1989）．EOと事業環境要因との適合条件に関わる実証研究結果の多くは，敵対的な事業環境下（自社に有利な事業環境下とは逆の位置）において，EOによりフィットして新たな事業開拓や発見に成功して経営成果を高める，との見解を示す．それは，EOという戦略態度は，リスクを負って果敢に新たな事業機会を開拓する姿勢なので，競合が激しく苛酷な事業環境から抜け出すために最適な方法と考えられた．EOと逆の位置となる保守的で受動的な戦略態度では，敵対的な事業環境のもと，じり貧となり失速してしまうことになる．従って，企業が存続し続けるためには，必然的に攻撃的で大胆な戦略態度をとり，危機的な状況から脱するしか方法がないと考えられた．

この考え方は繁栄理論（prospect theory）に依拠し（Kahneman and Tversky, 1979），企業が比較的有利な立場にいると既存の経営資源や現在の能力に依存して，あえて先駆的で革新的な取り組みは控える傾向になるとし，特に大胆で攻撃的な戦略姿勢も必要としない，と考える．EOを発揮す

るには，そうせざるを得ない過酷な事業環境下に企業が置かれている必要があると主張する．そもそも繁栄理論は，人々は，確実な成果と比較して可能性が低い成果を軽視するため，確かな得が絡む選択ではリスクを回避し，確かな損が絡む選択ではリスクを追求することを主張する．従って，苛酷な経営環境下にある企業にとっては，直面する大きなロスを解消するために，リスクを取り敢えて先駆的な態度で物事に望むことが考えられる．

　なお，先行研究の多くは，この敵対的な環境要因と同時に，事業機会の要因も EO とフィットして企業成長を促す事業環境要因として提起する．EO が探索的・開拓的な実験志向的戦略態度であることが，豊富な事業機会が提供される環境下で新たな技術開発や事業開発を志向するのに有利に働く戦略姿勢と考えられ，その結果，経営成果を高めると捉え，先行研究もそれを指示する（Zahra, 1993; Zahra and Covin, 1995）．

　一方，近年の研究は，従来の苛酷な事業環境が能動的で革新的かつリスク負荷の戦略態度と整合する，という見解とは異なる分析結果を示している（Miles, Arnold and Thompson, 1993; George, Wood and Khan, 2001; Wiklund et al., 2009; Yamada and Eshima, 2009; Wikland and Shepherd, 2005）．換言すると，企業は苛酷で硬直的な事業環境下に置かれると，経営資源は枯渇し，利益幅も縮小し，行動範囲も狭まり，資源の保守に注力するようになると指摘する（Miller and Friesen, 1982）．その結果，企業の戦略態度は能動的な姿勢から保守的な姿勢にシフトすることになる．EO と苛酷な事業環境との関係性について分析した既存の 23 の学術論文のうち，7 つはその関係性を肯定的に，6 つは否定的に，そして 11 は統計的には有意な関係性を見い出せなかったと分析している（Kreiser, Anderson, Marino and Kuratko, 2013）．すなわち，企業を取り巻く厳しい事業環境が戦略態度の一形態である EO にフィットするのか，逆に，比較的自社に有利な事業環境下で EO が機能するのか，実証研究においては両方の見解が混在し議論は収れんしていないのが実情といえる．

　本研究では，事業環境が比較的厳しくはない自社に有利な状況下において EO は効果を発揮して生存を含む経営成果にプラスの影響を及ぼしていた可能性を示唆した．すなわち，繁栄理論からは説明が難しい結果であった．そ

れでは，ここでの分析結果をどのように解釈すべきであろうか．

　ここでの解釈のポイントは3つあると考えられる．1つ目はPorter (1980) の競争優位なポジショニングという考え方である．第2章で詳述した通り，企業が業界内で業界平均以上の業績を達成して競争優位な状況を作り出すためには，5つの障壁を意識して自身の立ち位置を決定する必要がある，とされる．5つの障壁すべてに同時に対応する立ち位置を築くことは，中小企業にとって難しいかもしれないが，販路に関わる顧客との関係性など一定の安定した基盤を昔ながらの方法で地域で形成して競争優位を保持している場合も考えられよう．そうした環境が存在する状況のもとで，人材や資金など比較的大きな投資を要する技術開発や事業開発に望むことは，失敗に対するクッションが整備され財務的にも経営トップの心理的にも安心して大胆にリスクに挑戦することが可能となると考えられよう．こうした競争優位な立場が業界内で一定程度構築されている，あるいはされつつある事業環境が，大胆でリスク負荷を原則とするEOを発揮する前提を作り出し，その結果，企業の生存とその後の成長を導いていると考えられるだろう．

　前述したリスク負荷を担保するマネジメントがEOの発揮に影響を与えるとの指摘において，ここでは，業界内での競争優位な立ち位置（苛酷でない事業環境）が失敗のリスクを吸収して大胆かつ先駆的に事業開拓や発見を可能にしているといえよう．このリスク負荷のヘッジ要因として事業環境要因が捉えられている点が解釈の2つ目のポイントとなる．この考え方は脅威硬直性アプローチ（threat-rigidity perspective）という視点から支持される（Sitkin and Pablo, 1992; Staw, Sandelands and Dutton, 1981）．脅威硬直性アプローチは，経営資源の枯渇，激しい競争，市場の収縮など脅威に感じられる経営環境下で，ビジネスは委縮的な姿勢を示すとする．そこでは，ビジネス情報の収集や加工が制限されるとともに，組織内の管理や締めつけも厳しくなってくる．その結果，組織の柔軟性や前向きな志向性が減退していくと主張する．従って，脅威に感じる環境に直面すると企業は新規投資や実験は控えて，既に成果が一定程度わかっているリスクの低い取り組みに限定する．逆に，企業が好意的な事業環境にいると，それが新たな事業機会と認識されてより先取り姿勢で革新的な事業に取り組むことになる．

すなわち，創造的な中小企業が苛酷な事業環境のもとでEOを発揮するのではなく，自らにとって有利な事業環境や事業機会を発見するプロセスの中で，あるいは有利な立ち位置を構築するプロセスの中で，能動的な戦略姿勢を発揮もしくは強化することによって新たな技術や事業の開拓や発見に結びつけている可能性が高い，といえよう．それは，まさに事業環境要因を自社に有利な立ち位置に変化させる経路を通じてEOが経営成果へと結びつくことを指し，事業環境要因を媒介要因とみなす立場と合致する．逆に，先行研究の多くは，事業環境要因を媒介要因とはみなさず，戦略態度との適合条件，すなわち触媒要因とみなして，苛酷な事業環境あるいは自社に有利な環境のもとでこそEOは効果を発揮する，とみる．多くの先行研究が事業環境要因を触媒要因とみなすのに対して，ここでの分析結果はこれを媒介要因と解釈することで，よりEOの有効性の範囲（boundary issues）についての理解と新たな研究課題の領域が広がったといえよう．これが3つ目のポイントである[2]．

　本書の主題である創造的な中小企業の生存要因ならびにその後の成長状況に影響を与える要因の中心は，前述したEOであった．しかし，ここでは，その本質的なリスク負荷姿勢をマネジメントによってヘッジすることで，その効果は高まることを主張してきた．その要因の1つが，自社にとって有利な事業環境の構築，例えば，実証分析結果（第3章）からも挙げられた安定した販路など顧客とのグリップの堅い関係性の構築であった．敵対的ではなく，むしろ好意的な事業環境の構築を通じて，それがクッションとなり大胆で攻撃的なリスク負荷な競争態度を後押しすると考えられよう．以下に述べる創造的な中小企業の存続の背後に横たわる顧客を中心とする関係性の議論（協働の仕組み）も，その競争優位なシステムとしての意義とともに，脅威硬直性アプローチの視点から，EOの大胆で先駆的なリスク負荷の姿勢を支えるクッションとしての役割を担っていると考える．前述した安定した事業

---

[2] ただし，ここでの分析結果は事業環境要因を媒介要因として設定して分析モデルを構築して，2時点あるいは3時点調査データを用いて分析を実施した訳ではない．あくまでも，発見事実を基に，先行研究結果からの解釈を用いて考察を加えているに過ぎない．詳細の実証分析は今後の課題としたい．

環境とも深く関わり協働の仕組みが背後に広くかつ深く根付き，創造的な中小企業の戦略態度に影響を与えて生存や成長を規定していると考えられないだろうか．以下，その仕組みと役割についてみていくこととする．

3. 創造的中小企業と協働の仕組み

創造的中小企業の生存に関わる第3の論点は，主に1時点調査（第3章）から導出された協働の仕組みに関わるものであった．そこでの実証分析から明らかになった日本の創造的中小企業の生存要因の特徴は次の通りである．まず，全体分析からわかった点は，生存企業は非生存企業と比較して，業界構造を理解してニッチな市場で希少な資源を駆使し，またコスト競争に巻き込まれないために，新たな事業を常に探索する能動的だが一定の守備範囲の中で行動する欧米諸国とはやや異なる戦略姿勢が際立っていたことである．その上で，企業ライフサイクル論からみた企業存続の特徴として，若年企業には，革新性を背後に秘めた戦略態度の重要性を見い出し，成長基調にある企業には，脅威の少ない環境に身を置き，全社的な資源を蓄積，管理，配分することの有用性が示された．

創造的中小企業の全体，若年企業，成長企業のグループ別の分析結果に共通する生存要因としては，他社と差別化できる独自の販路の確保やそれに関する仕組みの有無が挙げられた．それは，創造的中小企業が設立された直後のアーリーステージでも，成長軌道に乗った後でも，顧客を結ぶ生命線として企業存続の鍵となっていた．創造的中小企業は技術開発力を中核に据え，新たな成長分野での事業開発を志向する特徴をもつ．従って，事業開発プロセスのどの段階で顧客との相互作用を開始して，どのようにその関係を維持，発展させていくのかという製品開発プロセスに関わる戦略や仕組みづくりが，事業の継続性と深く関わっていることが示唆された．こうした製品開発や製品取引プロセスでの顧客との強い関係性が持続的に維持・発展できる企業とそうでない企業とで，企業の存亡を分けた可能性があるといえないだろうか．

岡室（2004）の実証研究成果も同様に，密度の高い取引関係が資源の乏しい小規模企業の発展の鍵を握ると主張する．そこでは，1万社の新規開業企

業を対象とした大規模アンケート調査をベースにして，新規開業後の成長率に影響を与える要因を分析している．その結果，新規顧客開拓に積極的であること，開業時に少数の大規模な顧客に取引を集中していること，顧客からの支援を多く得ていることを成長要因として挙げる．また，その支援内容は，技術・品質，経営，資金調達に関わる助言など多岐にわたる．単に販売先を確保するだけではなく，開業初期段階で主要な販売先と緊密な関係を結ぶことが後の成功の重要な条件になることを示した．こうした点を踏まえると，創造的中小企業が事業を継続している重要な背景の1つには，取引構造に関わる顧客との協働の仕組みが深く関わっているといえるかもしれない．

3.1 協働の仕組み

加護野・山田（2008）は企業取引の様々なルールの束としての取引制度の違いに注目をして，それに影響を与える5つの基本的次元を提示している．それらは，取引の継続性，取引条件の決め方，約束の明文化，約束の遵守を支える強制力，仲介者の介在で，各々の次元で経済的行為としての企業取引に影響を与えているとした．その中で，企業取引が長期にわたって継続的に行われる仕組みについて，それを可能としているのは長期取引によって生み出される利益の広がりとそれに対する当事者間の相互認識にあることを指摘している．それは，日本の文化や慣習に起因して，持続そのものに対する価値の置き方と関係するとした．

例えば，近江商人の基本的な経営姿勢として知られる「三方よし」の精神は，当事者だけが得をする商取引ではなく，顧客や地域社会との長期的な関係の持続を念頭に置いた取引が，その利益を高めるとして広く地域社会の中で根付いていったことを主張している．こうした企業取引に関わる協働の価値観が，地域の関係者の間で広く理解されて共有されていき，そのプロセスの中で長期取引による利益を大きくしていったと考えられよう．この協働を通じた長期的な取引関係への認識の強さは，利害関係者にとって，そこから得られる利益は大きい反面，そこから排除されれば存続それ自体も危うくなる危機意識も内包しているとされる．ルールを破って相手の弱みに付け込む行動は取引ネットワークから締め出される認識も広がることになる．長期的

な取引を継続的に持続させられる理由の1つは，こうした企業間の協働プロセスの中で生まれる取引に伴う利益の大きさとその取引を維持して遵守させるためのシステムの存在が破壊的競争を回避したためと指摘している．

　また，長期にわたる企業間の協働プロセスからは，継続的な取引を発展させるための重要な要因が生み出されていることにも言及している．それは，組織内での学習効果である．企業間での協働を通じて企業が相互に学習しあい，その相互作用が長期的な利益の広がりをもたらしていると考えられる．

　こうした企業間での協働の仕組みについて，創造的中小企業の場合どのような状況にあったのだろうか．製造業の場合，その多くが技術力を武器にした小規模な企業群で，最終製品を手がける大手製造メーカーに対して部品などを提供している．関（1993）は，大田区など中小企業が集積する地域のフィールドワークを通じて，競争力をもつ中小製造業は，ニッチな市場で多品種少量生産システムを敷き，取引する製造メーカーからの注文に対してカスタム化した特殊な製品を効率的かつ迅速に提供する能力をもつことを示唆した．こうした取引関係は大手製造メーカーと中小製造企業の両者にとってなくてはならないものである．創造的中小企業は，高度技術を要する加工，特殊装置を必要とする製造，採算に合わない仕事など多くの難題が取引先の大手企業から降りかかっても，それに誠実に応じてきた（江島，2003）．依頼する大手企業にとっては，こうした無理のきく中小企業の存在は顧客への信頼を確保する上でも大切な存在であったといえよう．

　従来からいわれてきた，いわゆる下請構造とは，大企業が設計，注文，価格など取引全般に対して圧倒的な主導権を握り，中小企業はその言いなりになり，それが事業を継続できる唯一の方法として認識して，大企業に依存するシステムと捉えられてきた．すなわち，中小企業が特定の大企業からの仕事に一方的に依存する中で，事業継続を実現してきた．その構図は資源に依存する代替として取引に関わる権限が大企業に与えられる資源依存理論（RDT: Resource Dependency Theory）からも説明できよう（Drees and Heugens, 2013; Hayward and Boeker, 1998; Hillman, Withers and Collins, 2009）．ある組織が必要とする資源は外部の別の組織の中に存在して，その

外部資源に依存することによって事業が成立する．しかし，その引き換えに一定の権限を外部組織に付与することになる．ただし，その関係性は相互依存の中身やタイプによって，相互に利益を分け与える関係性へと結びつく場合や関係性が途切れる場合も考えられる．前述した創造的中小企業と取引先である大企業との関係については，一方的な資源依存関係による下請け構造ではなく，相互に資源を依存しあい，価値を共有しあう共存関係にあるといえよう．規模は小さいながらも1つの独立した企業組織として，多くの大企業を中心とする取引先との緊張感をもった依存関係が，企業としての成長を促し，同様に，大企業にとっても創造的中小企業との依存関係が自社の事業基盤に厚みを与え新たな事業展開の礎になっている，といえよう．

　こうした企業間の関係が成り立った背景には，中小企業にとっては，長期的な取引による事業継続への安心と長い目でみた利益があったからにほかならないだろう．すなわち，その関係は長期的な取引を前提としていたために成立していたと考えられるのでないだろうか．加護野・山田（2008）が指摘した継続的な取引関係を維持することに対する価値の認識が顧客であるメーカーと供給側である中小企業との間に強く働いていたといえるのではないだろうか．

　町工場が集積する東京都墨田区に立地する岡野工業株式会社は，1935年に設立された中小規模の金属加工会社であるが，その技術力は高く大手企業からの依頼が殺到する．例えば，大手企業からの依頼に対して，ステンレス板で長さが20ミリメートル，穴の直径が90マイクロメートル（1マイクロメートルは0.001ミリメートル），外径が200マイクロメートルの蚊の針と同じ細さの「痛くない注射針」の開発に成功して，現在，世界シェア100％を占める．また，「精密深絞り技術」により，1枚のアルミニウム板から厚さ0.8ミリメートル以下，加工精度10マイクロメートルのハイブリッドカー用の電池ケースを作ることに成功している．同社社長の岡野雅行氏は，その著書に，大手企業からこれまで様々な困難な加工の依頼が寄せられたが，その難題に応えるプロセスの中で様々な情報や知識が養われていったと語っている．物理学者が不可能といっても，それを可能にする方法をこれまで蓄えた情報や知識を組み合わせることにより見つけ出して，あきらめずに試行

錯誤を続けて，その結果，刺しても痛くない注射針は開発されている．顧客からの仕事がいわば宿題となり，それを解くことによって新たな知恵が身につく．この繰り返しが岡野工業の高い技術力を支えているといえよう．岡野社長は，大手企業にはできない仕事に果敢に挑戦し，そこに自らの存在意義を見い出している．同じ仕事は3年はやらず，値引き競争が始まる頃には次の仕事に取りかかっている（岡野，2003）．

このように，創造的中小企業は長期的な取引の中で，顧客や取引先から高度な加工や様々な難しい依頼を受けることが多々ある．それは，依頼する大手メーカーにとって誰も引き受け手がない技術開発に関わるものを含む場合もあるだろう．こうした依頼に対して，創造的な中小企業は真摯にその課題を受け止めて迅速に解決するように取り組んでいる．しかし，その対応プロセスの中では，試行錯誤を通じて間接的に様々な経営資源も同時に蓄積されているはずである．顧客からの多様なニーズに対応するプロセスの中で自社の技術の改良が進み，新たな情報（知識）が蓄積されて学習効果を生み，事業の新しい芽が組織に生まれているのではないだろうか．長期的な顧客との協働作業は創造的中小企業の技術開発や人材開発にもつながり，その結果さらに顧客からの信頼と期待が増して相互の関係性が強化されていくスパイラルが起きているともいえよう．この協働の関係性，すなわち取引ネットワークの強化が創造的中小企業の存続の背後にあるのではないだろうか．

3.2　協働の仕組みの実際

創造的中小企業の存続に取引ネットワークが強く影響を与える点は，Granovetter（1973）のクリークと橋渡しの概念やBurt（2001）の構造的隙間の議論からも理解できる．Granovetter（1973）の一連の研究では，組織間をつなぐブリッジ（紐帯）の強さがそこに流れる情報の価値の程度に影響を与えることを想定して，強い連結は既にクリーク内で共有化されている情報の橋渡しにとどまり，弱い連結は逆に新しい価値の流通を促すことを示している（弱いブリッジの仮説）．いくつもの組織の間で形成される局所的なブリッジの程度が弱くかつ広がりをもって遠くまで結びつくことによって，新しい情報や役に立つ資源に接する傾向が強まる．同様に，Burt（2001）

も閉鎖的で分断されているネットワークの間にある構造的な隙間に橋をかけるような関係性ができると競争上有利な状況を作り出すと指摘する．創造的中小企業に共通する生存要因の背後には，こうした局所ブリッジの形成と深く関わりのある要因が横たわっているといえるかもしれない．多くの企業が接することができる情報ではなく特定の中小企業にしか接近できない経路をもつことが存続の鍵を握り，そのブリッジの広がりが競争優位をもたらし存続の可能性をさらに広げているといえるのではないだろうか．

　一方，企業同士がクリーク内で結びつく形態も，経営環境の変化に十分に耐えるために変容が求められている．加藤（2006）は東大阪地域の金型産業の事例研究を通じて，仲間型取引ネットワークが零細金型企業の存続を可能にしている1つの重要な要因であることを示唆した．金型産業はそもそも需要変動が大きく，繁忙期と閑散期のバランスを保つためにバッファーが必要であるとされる．従って，零細企業の経営を圧迫する固定費を最小限に抑えて，企業それぞれの専門性と得意先を保ちながら，仕事を配分する同業者間の取引ネットワークが存続に有効に機能している可能性を指摘した．その仲間型ネットワークの形成プロセスには，零細企業の倒産や廃業，リストラクチャリングによって放出された人たちの自己雇用のための創業も関わっている．それは，彼らが，倒産や廃業の危機から創業を通じて固定費の小さな企業として生まれ変わり，それに伴い取引ネットワークの厚みが増し技術や用途面で企業の多様性が生まれて取引ネットワークが強まっていくことを意味するとされる．加藤（2006）の研究は，こうした既存零細企業からの人材の独立や創業が，仲間型取引の仕組みの中に新たに組み込まれて，ネットワークが再編され，その強靭さが維持されていくことを示した．

　この協働の仕組みが創造的な製造中小企業の創意工夫によって成り立っている事例について，山田（2008a）は事例調査を通じて分析を加えている．対象とした事例は，京都試作ネットで，それは京都の中小企業の間で形成された試作づくりを通じた共同事業に関わるネットワーク組織の名称である．京都試作ネットは，下請け体質からの脱却を目指し設立された．技術開発や生産システムなどで特徴をもつ中小企業が集まり，それらの強みを組み合わせることにより，高いレベルの試作をすばやく提供できる協働の仕組みを提

供している．その成果として，2003年からの3年間で依頼案件数や制約件数は増加傾向にあるとされる．

　ネットワークが維持して一定の成果をあげている理由には4つの組織的な特徴が関係していることが指摘されている（山田，2008a）．1つ目は，この組織の目標が収益性には置かれておらず，顧客の問題解決プロセスの中で得られる個々の企業の人材価値や技術価値の向上に重点が置かれていることである．2つ目は，試作の共同事業活動を通じて長年ビジネスを営んできた京都の産業活性化に寄与することを意図している点である．3つ目は，構成メンバーの選定には中核的な企業による目利きが行われてきたことである．そこでは，試作ネットの信頼性に悪影響を与えないように，「知己，意欲，ルール」が共有できる企業のみが選別されている．4つ目は，中心的なメンバー企業の間に形成された信頼とそれらチームメンバーの役割の相互補完性である．それは，京都の文化的な風土に対する認識が中核的な企業経営者の間で長い歴史の中に共有化されて共通の価値観が築かれてきたこととも関係するとされる．これらの特徴は，通常の企業の異業種間ネットワークや共同受注活動とは異なるユニークで粘着性の高いものであるとされる．

　曽根（2010）は，地域に根付く価値と企業の長期にわたる存続の関係について，企業と地域社会との良好な関係性に着目して分析を加えている．そこでは，老舗宮大工企業の代表ともいえる金剛組（578年創業），松井建設（1586年創業），竹中工務店（1610年創業），大彦組（1704年創業）の4社を丹念にケース分析して，事業が継続して組織が何百年もの間存続できているのは，単に組織文化や暖簾を守り続けていたからではなく，むしろ地元の領袖や顧客など他者による支援や協力があったからであるとする．その長い付き合いの中で他者と密接に関わり，そこから必要とされる技術や経営手法を探索しながら地域社会で評価されてきている．そして，地元企業との分業や協業をはじめ職人技術や熟練労働の地元への還元など地域産業や地域社会と一体となった関係性の維持が企業存続の背景にあったと主張する．

　Granovetter（1992）は，こうした強固な組織間の取引関係について2つの様相があることを指摘して，それらを関係性に埋め込まれた結びつき（relational embedded tie）と構造的に埋め込まれた結びつき (structural embedded tie) として説明している．関係性に埋め込まれた結びつきとは，長い年月をかけて築き上げられた信用（trust）が核となり企業間関係の競争優位な資産として捉えられる．従って，こうした関係性が保たれている企業間における，情報や資源など様々な関連する取引コストは，そうでない場合と比べて低く抑えられることが知られている．一方，構造的に埋め込まれた結びつきとは，企業と企業の間に相互利益（reciprocity），すなわちギブ・アンド・テイクを核とする強い関係性が長い年月をかけて構築されている状況をさす．そこでは，様々な情報や資源が市場取引価格より極めて安く，あるいはコストをかけずに取引できる場が形成されており，相互に利益（リターン）を依存し合っている．極めて凝縮性の強い家族のような関係性としても捉えられる．

　このように，関係性に埋め込まれた組織間の結びつきは，様々な取引に関わるコストを低く抑えることを可能として，さらに構造的に埋め込まれた組織間では相互利益や相互依存という関係性が生まれて，極めて粘着性の強い取引ネットワークを構築することを可能にする．

　本書で分析対象としてきた創造的中小企業は，規模も小さく従業員数は平均30人程度に過ぎない企業であった．取引先の数もそれほど多くはなく，限られた範囲で事業を成立させなければならず，需要変動に適応可能な生産システムの維持は顧客からの要望に迅速に対応して信用を獲得するためにも必要な機能といえよう．創造的中小企業の生存を支える背後には，地域に根付く利害関係者ならびに同業者を含む広範な協働の仕組みや粘着性の強い取引ネットワークが有機的に機能して，不況を乗り越える背景要因の1つになっていたと考えられよう．しかし，顧客との関係性を強みとして維持していくためには，創造的中小企業も顧客を含む地域の利害関係者に対する情報や信頼という財の蓄積に努める必要があるといえよう．そのためには，創造的中小企業の戦略やマネジメントも固定的ではないはずである．前述したEOを軸とするマネジメントのあり様も，企業間の協働の仕組みとともに創造的中小企業の存続に影響を与える重要な鍵となっていると考えられよう．

3.3 協働の仕組みと企業家的な戦略志向性（EO）

協働の仕組みについては，顧客や取引先など利害関係者の間での長期取引が相互に大きな利益を生み出すことに対する価値が共有されていることが重要であった．その仕組みは創造的中小企業にとって，事業環境の変化に伴うバッファーともなる．広範な取引ネットワークの中では，強い連結による仲間だけとの取引ではなく，多くの顧客や取引先からの様々な依頼や要求もあったはずである．こうした要求には，製品開発や加工に関わる低次の技術を要するものから高次の技術を要するものまで含まれ，そのことが創造的中小企業の技術開発や人材育成に結びつき事業の新しい芽が生まれたこともあったと考えられよう．協働を通じた学習効果によって創造的中小企業には，技術，人材，市場に関わる様々な情報（知識）が蓄積されていき，その組み合わせがさらに情報の価値を高めて協働を通じて利害関係者への信頼も高めていったといえるのではないだろうか．その結果，創造的中小企業は常に新鮮で顧客価値を意識した事業を探索し，能動的な技術開発や市場開拓への姿勢を強めていったと考えられよう．協働の仕組みを通じて創造的中小企業の大胆で革新的な戦略態度が再び喚起されていると捉えられないだろうか．

協働を通じて必然的に変換を迫られる創造的中小企業の戦略態度は，業界や市場に対して新たな成果を求めて，革新的，能動的，リスク負荷の姿勢などを強調することになろう．その結果，製品改良や新製品づくり，技術開発，顧客・市場開拓，設備投資など新たな事業機会の開拓に向けた事業にアクセルを踏むことになり，そこから新たな取引や協働の芽が生まれ，その一連のプロセスの中で，創造的中小企業の活力が養われEOの機能が一層鼓舞されてくると考えられよう．

協働の仕組みが不安定であれば，いくらEOが際立っていたとしても事業の継続性を安定させるために必要な販路や顧客に関する情報（知識）は十分に蓄積することは難しく，その活用への手掛かりも見つけにくいといって良いだろう．固定費の小さな数人の従業員から構成される小規模な創造的中小企業は，取引ネットワークの中で相互に切磋琢磨しながら技術や用途に関わる競争優位性を築き，その多様性が協働の仕組みの幅をさらに広げて，競争に勝ち抜く戦略態度を一層洗練させているのではないだろうか．

このように創造的中小企業の戦略態度の一形態であるEOと協働の仕組みとは有機的な補完関係をもちながら生存を相互に支えているといって良いだろう．EOを武器にして市場や技術に関わる新鮮で多様な情報（知識）が取引ネットワークに提供されて，それらが共有化されるプロセスの中で新たな技術や事業の芽を生むとともに，協働を通じた顧客からのニーズや要求に企業が適切に応えることを通じてEOを維持あるいは強化させて，創造的中小企業を新たな技術フロンティアや事業開発へと促すことにもつながっているのではないだろうか．こうして，顧客や取引先など利害関係者との信頼関係や相互依存関係は強まることになり，創造的中小企業の技術力や経営基盤も安定することになろう．EOと協働の仕組みが一体となり機能することにより，創造的中小企業の生存可能性は高まるといえないだろうか．この2つの有機的な相互作用が，創造的中小企業の生存の鍵を握っていると考えられよう．

4. 政策的含意

創造的中小企業は，事業創造や技術開発を通じて社会的富や雇用を生み出す点において，経済社会の中で重要な役割を果たしていることは既に述べた．こうした企業が増加するとともに，長期的に存続して発展を遂げていくことは経済社会にとって有益なことといえよう．従って，政府による中小企業支援政策も一定の合理性をもつといえる．しかし，従来の支援内容や方法は必ずしも有効であったとは言いがたい．それは，1990年代からの中小企業政策の大転換の有用性は認められるものの，依然として補助金を中心としたハード支援が主で，マネジメント変革などソフト支援は希薄であったために他ならない（清成，2009；江島，2002）．

本実証分析からの政策的含意はこの問題を指摘して，従来の資金や技術を中心とした政策手段から経営陣の能力開発へと大きく政策転換を促す点にある．数十人足らずの小規模な企業が小さな隙間市場で事業開発を通じて組織を長期的に維持させていくためには，経営成果に大きな影響を与える経営トップ自らの戦略性や経営姿勢に関わる能力の開発が欠かせない．もちろん，事業を円滑に進めるためには資金の確保や技術的な支援は必要である．しか

し，その用途や目的を決めるのは経営者本人であり，調達先や支援先へのアクセスも経営トップの判断に委ねられよう．

中小企業支援政策の柱はアントレプレナーシップを促す人に焦点をあてた能力開発に力点を置く必要があるのではないだろうか．例えば，米国や英国には小規模な企業経営者や起業家予備軍に対して，アントレプレナーシップを促すビジネス・カウンセリング支援政策が試行錯誤を続けながらようやく根付きはじめ，一定の成果が報告されている．

米国では，中小企業に対する情報提供，相談窓口事業，研修事業を主目的として，1976年に Small Business Development Centre (SBDC) プログラムが制度化された．それは，これから起業を考えている個人や既に事業を開始したオーナー経営者など小規模な企業経営者やその予備軍に，様々な経営課題に対して専門家が経営者とともに解決策を探る協働的なアプローチによる支援である．経営者に代わって専門家が事業計画を立案したり，経営計画を策定するやや一方的に情報（知識）が流れるコンサルティングサービスではなく，経営能力の向上を通じた企業の自立を促す双方向の知識提供サービスとしての，ビジネス・カウンセリングが実施されている．支援分野は，金融・資金調達，マーケティング，生産管理など幅が広いが，その支援方法はビジネスカウンセラーが直接経営者などの自立や経営能力を高めようとするハンズオン型で，経営者の抱える課題の本質に迫る手法を用いている．各支援分野における経営課題は個々の経営者によって異なり，解決方法にも違いがあるとの前提にたち，同時に経営現場での課題は，突発的あるいは目に見えにくい根深いケースが多く，それへの対処が企業の存続や自立に重要な影響を与えると考えられている．従って，SBDC プログラムでは，経営トップが，こうした様々な経営課題に適応できる知識や能力を開発することに主眼が置かれて，比較的長い期間をかけて専門家と経営者とのビジネス・カウンセリング活動が実施されている[3]．

3　米国 SBDC の数は全米で 1100 を超えている．米国 SBDC プログラムの詳細については，江島・石井（2003）に紹介しているので参照してほしい．また，ここでの情報は各種先行研究での議論とともに，筆者が独自に実施したインタビュー調査結果にも基づいている．同調査は 2003 年 8 月に実施したもので，米国ペンシルバニア州 SBDC 担当者（The State

図表6-3 1990-91年の米国SBDCプログラム（ビジネスカウンセリング）の経済効果

	既存企業（N = 24,654）	スタートアップ企業（N = 18,982）	全企業（N = 43,636）
売上げ	$ 1,279,483,400	$ 2,453,810,200	$ 3,733,293,600
雇用（人）	16,370	48,563	64,933
税収（州）	$ 53,195,412	$ 107,890,342	$ 161,085,754
税収（連邦）	$ 32,134,813	$ 95,329,501	$ 127,464,314
税収（全体）	$ 85,330,224	$ 203,219,843	$ 288,550,068
費用	$ 25,472,588	$ 14,556,890	$ 40,029,478
費用対便益	1.00:3.35	1.00:13.97	1.00:7.21

出所：Chrisman and Katrishen (1994)

　こうした経営トップへの能力開発に対する政策支援効果について，米国ではいくつかの実証研究成果が報告されている。米国SBDC制度の実施以降，1980年代に入ってから同制度の効果を測定する評価研究が実施されて，その結果多くの研究が組織の自立と能力開発に一定の効果があったことを示唆し，企業の革新性の高まり，経営成果への寄与，存続効果などを定量的に分析している。

　例えば，Chrisman and McMullan (2000) は2時点調査によるパネルデータを用いて，米国SBDCプログラムの支援を受けた企業の革新性，生存，成長の変化を分析して，全米の類似中小企業とを比較した上で，同プログラムの支援効果を確認している。また，Chrisman and Katrishen (1994) は米国SBDCプログラムの経済効果を推計して，政策コストに対する便益効果を算出している（図表6-3参照）。それは，支援提供コストや税率などに一定の前提を置いた上での簡易推計による分析結果ではあるが，政府が負担するコストに対する便益としての税収の割合を示して，米国SBDCプログラムによる支援効果を示している。その結果，米国SBDCプログラム支援を受けた企業の中でも，新規開業企業が生み出す雇用や売上の割合が高く，

　Director of Pennsylvania Small Business Development Centers）と米国ペンシルバニア大学ウォートンSBDC担当者（The Director of Wharton Small Business Development Center）へインタビュー調査を行っている。

支援コストに対する税収の割合も約14倍に達している．このことは，米国SBDCプログラムによる支援が，経営トップの経営姿勢やマネジメント手法に影響を与えて，自立して経営していける組織の基盤をつくりだした結果といえよう．

Chrisman and McMullan（2000, 2004）の研究では，米国SBDCプログラムはビジネスカウンセラーと経営者との間で知識の創造と交換が行われる場であると分析している．そこでは相互のやりとりを通じて，形式知とともに暗黙知の創造と共有化が図られて，その知識の蓄積が競争優位を発揮する源泉として経営者や起業家予備軍の事業創造に向けた固有の資源になっていると考えられている（Berman, Down and Hill, 2002; Grant, 1996）．米国における経営トップの経営姿勢の変革のために実施されたビジネス・カウンセリング支援政策の効果は確認できたといえよう．

英国ではビジネスリンク（business link）という中小企業の経営面の改善を重視した支援サービスを1992年に制度化している．そこでは，小規模企業を含めた幅広い中小企業を対象として，中小企業が1ヵ所の相談窓口で多様な課題の解決策の提供を受けられる「ワンストップ・ショップ」の実現を目指した．ビジネスリンクの支援方法は，①情報提供，②窓口相談（パーソナル・ビジネス・アドバイザー），③専門家派遣，④セミナー・研修・カンファレンス等があり，支援の分野もマーケティング，人事管理・人材開発，金融など幅広く，米国のSBDCプログラムと支援内容や方法に関する考え方は類似しているといえる．そこでは，支援対象企業の自立に照準が置かれて，そのための適切な支援メニューが準備されて企業にあった支援が効率的に施される仕組みになっている[4]．

---

4 英国ビジネスリンクについては，江島・石井（2003）を参照のこと．ただし，同制度の支援対象や支援方法は変化しており，そのことは筆者が実施したビジネスリンク（business link surrey）と英国経済産業省（BERR）へのインタビュー調査（2008.9）でも確認しているが，その時点においては，経営者の経営能力の開発や小規模企業の自立と発展という基本的なプログラムの目的については制度設立当初と同じで，かつ米国SBDCプログラムと類似する政策であることを確認している．ただし，同制度は今後，改革・廃止の方向に向かう可能性があることを2011年の秋におけるAston大学の研究者へのインタビュー調査で把握しており，今後の動向に注視する必要があろう．

英国ビジネスリンクによる支援効果については，大規模な調査に基づく研究成果がいくつか報告されている（Ernst and Young, 1996, 1997; Roper, Hart, Bramley, Dale and Anderson, 2001）．そこでは，英国ビジネスリンクによる支援を受けた企業と受けていない企業との差異に着目をした分析やその支援方法の集中度に焦点をあてた分析など多岐にわたる．例えば，Mole et al.（2009）は英国内の 3000 を超える中小企業のデータを用いて，ビジネスリンクの効果について定量的に分析を加えている．その結果，ビジネスアドバイザーの提供するサービスの付加価値を確認し，同時に英国ビジネスリンクによる支援の集中度の高い支援サービスが雇用増に効果を発揮したことを示した．総じて英国ビジネスリンクの支援が企業の経営成果に与える影響はプラスであるとの報告が多い．

　こうした研究成果とそこから導出された実践的含意とが中小企業支援政策の改善に向けて適切に連結されていることも，英国ビジネスリンクが発展して中小企業経営者にとって有効な支援策となっている理由の 1 つといえる．英国ビジネスリンクと同様に，こうした支援政策の実証研究と政策へのフィードバックは米国 SBDC プログラムにおいても実践されている．

　このように，米英の中小企業支援政策の実態を踏まえると，中小企業や起業家予備軍の経営マインドの自立やアントレプレナーシップの促進に焦点をあてた支援政策のスキームとそれを地道に改善・進化させようとする政策サイドのマインドの両輪が，息の長い中小企業の繁栄に影響を与えてきたことが推察できる．そこでは，技術指導や制度融資など重要だが一時的な事業の活動に役立つ経営資源の付与ではなく，持続可能な経営の根幹を担う人材への訓練に経営資源を付与している．Cressy（1996）が英国の新規開業企業の生存要因を分析した結果，財務要因よりも企業家の人的資本（human capital）が重要な要因になっていることを明らかにしている．また，金融機関からの資金調達に人的資本が深く関わっていることも指摘して，人的資本を強化する企業家への訓練に政府支援をあてるべきことを示唆した．このことは Storey（1994）が中小企業の発展に影響を及ぼすとして指摘した企業家要因とも合致し，動機，教育，経験，社会的周辺性，機能的スキル，訓練など企業家の人的資本に関連する要素の開発の重要性を強調しているといえ

よう．

　日本の中小企業の長期にわたる継続と発展には，人的資本の開発に焦点をあてアントレプレナーシップを発揮できる経営トップが育ってくることが求められよう．本研究での分析結果からも，経営トップが高い志と広範なビジョンをもち新たな事業機会の探索に大胆かつ攻撃的な戦略性を武器に取り組むことによって，企業組織の存続と成長性が高まることが示された．政府が経営トップを中心とする人的資本の開発に深くかつ継続的に関与することにより，創造的中小企業の事業の広がりが期待でき，活躍の裾野も拡大していくことになろう．そのことが，新たな事業創造や革新を生み，着実に経済社会の発展に寄与していくことになるのではないだろうか．

　分析結果を踏まえて，ここでは創造的中小企業の協働の仕組みがその背後にあって企業の戦略態度を補完しながら一体となって創造的中小企業の生存を高めている可能性を指摘した．企業間の取り組みが盛んな産業集積地では，生き残りをかけてあるいは新たな発展を目指して自主的に様々な仕組みが試行されているだろう．日本の中小製造業の産業集積地として知られる東京都の大田区や墨田区ならびに東大阪地域は，景気後退の波を一気に受ける地域である反面，取引ネットワークを通じて環境適応を図りたくましく存続する地域としても知られる．こうした環境の変化に適応した協働の仕組みが生み出される背景には，地域や産業が発展する長い年月の間に培われてきた技術や事業に関わる知恵が地域に根付き伝承されてきたことと深く関わっているだろう．この地域産業に根付く文化的な取引ネットワークやそれを支える精神や風土に価値を見い出すことによって，地域産業の中核を担う中小企業の技術開発や人材育成面での広がりが期待でき，その結果，競争優位な経営資源の蓄積に結びついていくと考えられよう．

　協働の仕組みを生み出す地域の文化的特徴とその取り組みを引き出す方法を視野に入れることにより，前述した企業経営者への人的資本の開発とあいまって，地域経済の発展に寄与していくといえないだろうか．政府は，地域に根付くビジネスシステムの仕組みを妨げないように，あるいは維持発展させるように，規制や制度などその障壁を除去する取り組みを検討していく必要があるだろう．創造的中小企業が協働の仕組みづくりを主導し，EOを発

揮するための周辺整備に重点をおくべきといえるのではないだろうか．

5. 残された研究課題

　本書では日本の経済社会の中で重要な役割を果たす創造的中小企業が，どのようにすれば中長期にわたって存続を勝ち取ることができるのかについて，包括的かつ定量的に考察を加えてきた．しかし，その研究範囲は重層的で広がりをもつため実証分析の限界も存在した．同時に，本分析から新たな研究面での課題や発展領域の可能性も見えてきた．以下では，そうした中小企業の存亡に関わる残された研究課題や今後の研究の発展可能性について展望し，本章を締めくくることとしたい．

　本研究は，創造的中小企業の戦略やマネジメントが，その後の生存に大きく影響を与えているとの前提にたち分析を進めてきた．また，その実証分析においては，1時点での経営状況による影響にとどまらず，創造的中小企業の2時点での戦略やマネジメントの変化を測定して客観的に生存への影響を分析した．その結果，これまでの研究からは明らかにされてこなかった，創造的中小企業の生存要因に関わる新たな発見事実と重要な示唆を得ることができた．しかし，2時点調査を用いた実証研究で分析対象とした創造的中小企業のサンプル数は過少であったこと，ならびに2ヵ年での戦略やマネジメントの変化に明確な違いが出なかったことなど，分析の母体となった創造的中小企業の経営に関わる調査規模や期間など調査スキーム全体に関わる限界が分析結果に多少の影響を与えた可能性は残った．従って，創造的中小企業の存続要因として，本実証分析からは十分に捉えきれなかった諸要因がまだ顕在化していない可能性は考えられる．また，本研究で扱った戦略や組織のマネジメントに関わる諸変数は多岐にわたったものの，組織学習や知識経営など企業存続に影響を与えると考えられる他の重要な変数すべてが加味されていた訳ではなかった．今後，新たに分析される国内外の中小企業の生存要因に関わる実証研究を丹念にレビューして包括的な分析枠組みの再構築をしていく必要があるといえるだろう．

　企業の生存やその後の成長に影響を与える戦略やマネジメントの変化に関わる包括的な研究は，中小企業経営にとって実践的な意味をもつといえ，一

層の研究関心と多角的な分析が求められるところでもあろう．そのためにも，本研究で実施した定量的分析アプローチ以外にも，経営の実態を丹念に観察してその変化について緻密に分析するケース分析アプローチやグラウンデッド・セオリーアプローチも有効であることはいうまでもない．挑戦する中小企業の経営プロセスを分析した江島 (2003) の事例研究は，中小企業が創造性を発揮して事業を維持・発展させるための諸機能の重要性を示して本研究の分析の下地となった．こうした特定の創造的な中小企業の実態を時間をかけて定点観測を重ねながら追跡調査を実施する研究アプローチは，企業の継続の本質や生存の鍵を握るマネジメント諸機能の特定に有効であるといえよう．同時に，本研究で実施した計量的分析アプローチの発展余地はまだ大きく，充実した中小企業データベースを蓄積することにより，2時点間あるいは3時点間のマネジメントの経年変化と生存との関係分析も可能となり，企業の生存・成長研究の発展に大いに期待がもてるといえよう．

　本研究から導出された重要な知見の1つにEOがあげられた．しかし，前述した通り，その概念は企業をとりまく諸要因によって，その駆動力が増幅したり減退したりすることも知られている．企業の外部要因がどの程度，EOと経営成果に影響を与えるのか．また，どのようにリスク負荷要因をマネジメントして存続とその後の成長を勝ち取ることができるのか．このように，EOの持続可能性やそれを取り巻く諸条件の特定などEO全体の体系化やモデル化とその検証作業はまだ発展途上にあるといってもよいだろう．

　一方，従来のEOの研究蓄積や議論は欧米諸国が中心となり全体をリードし，日本の研究蓄積は世界的な議論にあまり反映されてこなかった．逆に，近年，韓国や中国からの研究報告が顕著になってきており，そこでは国や地域を越えた当該概念の普遍性と特殊性の議論にも言及している．今後は，日本型，中国型，米国型など国や地域の制度ならびにビジネスシステムの違いを踏まえたグローバルな視点から重層的に戦略態度に関わる研究の幅を広げていく必要があるのではないだろうか．その研究の広がりがEOの理論研究の発展に結びついていくといえよう．

　中小企業のライフサイクルに関して，本実証研究では企業年齢が平均20年から30年程度の中で，存続できた企業とできなかった企業，成長基調か

ら失速して消滅した企業とそうでない企業，ハザードレートにある若年企業の中でも生き残っている企業とそうでない企業など，いくつかのライフサイクルの段階で生存と非生存との違いについて考察を加えてきた．また，企業ライフサイクル段階のハザードレートを脱して生存を続ける設立10年を迎える創造的中小企業の生存状況についての分析も実施した．その結果，成長段階ごとの生存要因や各段階に共通する生存要因，成長状況とその要因についての発見事実を抽出している．こうした生存に影響を与える諸要因が明らかになったことが，日常的に経営の舵をとる中小企業の経営トップには重要な実践的視座を提供したといえるだろう．しかし，中小企業の中には，さらに長いライフサイクルをもつところも多いはずである．本研究で分析して導出した知見は，果たしてこうした長い中小企業のライフサイクルにも適応するのか．創造的中小企業と長寿企業の生存要因に共通する点や異なる点はどこにあるのか．これらの点については，実証分析結果から明らかになっておらず今後の研究課題として残ったといえよう．

　日本経済が今後とも持続的に発展を遂げていくことは極めて重要な今日的な課題といえる．そのために，創造性と独創性をあわせもった中小企業や経営トップが，新たな技術開発や事業創造活動に臨み，継続的に起業機会の探索や利用に取り組むことは市場を活性化し経済発展の新たな芽を生む点において重要な役割を担うことになる．そして，何よりそうした創造的中小企業が事業を継続して長期的に存続していくことが経済社会にとって重要な意味をもつと考える．その駆動力としてEOの発揮は，企業経営のみならず長期的には地域経済や一国経済の活性化にとっても重要な役割を果たすことになるだろう．自立した中小企業組織や起業家予備軍としての個人が，大きな志をもって事業創造活動に取り組むことを通じて，経済社会は活発化する．こうした経済基盤の構築が日本経済の持続的発展の重要な鍵の1つになる．活力ある日本経済社会の構築のためのアントレプレナーシップの活発化が望まれる．

Acs, Z. J. (1999) *Are Small Firms Important? Their Role and Impact*, Boston, MA: Kluwer Academic Publishers.

Agarwal, R. and D. B. Audretsch (2001) "Does Entry Size Matter? The Impact of the Life Cycle and Technology on Firm Survival," *The Journal of Industrial Economics*, Vol. 49 (1) : 21-43.

Anderson, B. S. and Y. Eshima (2013) "The Influence of Firm Age and Intangible Resources on the Relationship Between Entrepreneurial Orientation and Firm Growth Among Japanese SMEs," *Journal of Business Venturing*, Vol. 28 (3) : 413-429.

Anderson, B. S., J. G. Covin and D. P. Slevin (2009) "Understanding the Relationship Between Entrepreneurial Orientation and Strategic Learning Capability: An Empirical Investigation," *Strategic Entrepreneurship Journal*, Vol. 3 (3) : 218-240.

Anderson, B., M. P. Kreiser, D. F. Kuratko and J. S. Hornsby (2012) "Reconceptualizing Entrepreneurial Orientation: Revisiting a Vital but Troublesome Construct," *A Best Paper Proceeding of the 2012 Academy of Management Annual Meeting in Boston*, Academy of Management.

Antoncic, B. and R. D. Hisrich (2003) "Clarifying the Intrapreneurship Concept," *Journal of Small Business and Enterprise Development*, Vol. 10 (1) : 7-24.

Audretsch, D.B. (1995) *Innovation and Industry Evolution*, Cambridge, MA: MIT Press.

Barney, J. B. (1991) "Firm Resources and Sustained Competitive Advantage," *Journal of Management*, Vol. 17 (1) : 99-120.

Barney, J. B. (1997) *Gaining and Sustaining Competitive Advantage*. Reading, MA: Addison-Wesley.

Baum, J. A. C. and B. S. Silverman (2004) "Picking Winners or Building Them? Alliance, Intellectual and Human Capital as Selection Criteria in Venture Financing and Performance of Biotechnology Start-ups," *Journal of Business Venturing*, Vol. 19 (3) : 411-436.

Berman, S. L., J. Down and C. W. L. Hill (2002) "Tacit Knowledge as a Source of

Competitive Advantage in the National Basketball Association," *Academy of Management Journal*, Vol. 45 (1) : 13-31.

Birch, D. L. (1987) *Job Creation in America*, New York: Free Press.

Bradburd, R. M. and D.R. Ross (1989) "Can Small Firms Find and Defend Strategic Niches ? A Test of the Porter Hypothesis," *Review of Economics and Statistics*, Vol. 71 (2) : 258-262.

Bruderl, J., P. Preisendorfer and R. Ziegler (1992) "Survival Chances of Newly Founded Business Organization," *American Sociological Review*, Vol. 57 (2) : 227-242.

Brush, C. G. and R. Chaganti (1999) "Business Without Glamour? An Analysis of Resources on Performance by Size and Age in Small Service and Retail Firms," *Journal of Business Venturing*, Vol. 14 (3) : 233-257.

Burns, T. and G. M. Stalker (1961) *The Management of Innovation*, London: Oxford University Press.

Burt, R. S. (2001) "Structural Holes versus Network Closure as Social Capital," in N. Lin, K. Cook and R. Burt (eds.), *Social Capital: Theory and Research*, Adline de Gruyter.

Carland, J. W., F. Hoy, W. R. Boulton and J. C. Carland (1984) "Differentiating Entrepreneurs from Small Business Owners: A Conceptualization," *Academy of Management Review*, Vol. 9 (2) : 354-359.

Carroll, G. R. and J. Delacroix (1982) "Organizational Mortality in the Newspaper Industries of Argentina and Ireland: An Ecological Approach," *Administrative Science Quarterly*, Vol. 27 (2) :169-198.

Chrisman, J. J. and F. Katrishen (1994) "The economic impact of small business development center counseling activities in the United States : 1990-1991," *Journal of Business Venturing*, Vol. 9 (4) : 271-280.

Chrisman, J. J. and W. E. McMullan (2000) "A Preliminary Assessment of Outsider Assistance Resource: The Longer-Term Impact of New Venture Counseling," *Entrepreneurship Theory and Practice*, Vol. 24 (3) : 37-53.

Chrisman, J. J. and W. E. McMullan (2004) "Outsider Assistance as a Knowledge Resource for New Venture Survival," *Journal of Small Business Management*, Vol. 42 (3) : 229-244.

Chrisman, J. J., W. E. McMullan and J. Hall (2005) "The Influence of Guided Preparation on the Long-term Performance of New Ventures," *Journal of Business Ventures*, Vol. 20 (6) : 769-791.

中小企業庁 (1999)『中小企業政策の新たな展開』同友館。

中小企業庁 (2002)「第2部 誕生, 発展・成長する存在としての中小企業」『中小企業白書』ぎょうせい。

中小企業庁（2006）「第 2 章 中小企業の開廃業・倒産・事業再生の動向」『中小企業白書』ぎょうせい．
中小企業庁（2009）「2008 年度における中小企業を巡る経済金融情勢」『中小企業白書』ぎょうせい．
Cooper, A. C. (1993) "Challenges in Predicting New Firm Performance," *Journal of Business Venturing*, Vol. 8 (3): 241–253.
Covin, J. G. and D. P. Slevin (1989) "Strategic Management of Small Firms in Hostile and Benign Environments," *Strategic Management Journal*, Vol. 10 (1): 75–87.
Covin, J. G. and D. P. Slevin (1991) "A Conceptual Model of Entrepreneurship as Firm Behavior," *Entrepreneurship Theory and Practice*, Vol. 16 (1): 7–25.
Covin, J.G. and W.J. Wales (2011) "The Measurement of Entrepreneurial Orientation," *Entrepreneurship Theory and Practice*, doi: 10.1111/j.1540-6520. 2010. 00432. x.
Covin, J. G., Green, K. M. and D. P. Slevin (2006) "Strategic Process Effects on the Entrepreneurial Orientation-Sales Growth Rate Relationship," *Entrepreneurship Theory and Practice*, Vol. 30: 57–81.
Cressy, R. C. (1996) "Are Business Startups Debt-Rationed?" *The Economic Journal*, Vol.106 (438): 1253–1270.
Cressy, R. C. (2006a) "Why do Most Firms Die Young?" *Small Business Economics*, Vol. 26 (2): 103–116.
Cressy, R. C. (2006b) "Determinants of Small Firm Survival and Growth," in M. Casson, B. Yeung, A. Basu and N. Waseson (eds.), *Oxford Handbook of Entrepreneurship*, New York: Oxford University Press.
Davidson, R. W., D. A. Bates and J. S. Bass (1976) "The Retail Life Cycle," *Harvard Business Review*, Vol. 54 (6), November-December: 89–96.
Davis, P. and D. Stern (1981) "Adaption, Survival and Growth of the Family Business: An Integrated Systems Perspective," *Human Relations*, Vol. 34 (3): 207–224.
Dennis, W. J., B. D. Phillips and E. Starr (1994) "Small Business Job Creation: The Findings and Their Critics," *Business Economics*, Vol. 29 (3): 23–30.
Dess, G. G. and D. W. Beard (1984) "Dimensions of Organizational Task Environments," *Administrative Science Quarterly*, Vol. 29 (1): 52–73.
Drees, J. M. and P. P. M. A. R. Heugens (2013) "Synthesizing and Extending Resource Dependence Theory: A Meta-Analysis," *Journal of Management*, Vol. 39 (6): 1666–1698.
Drucker, P. F. (1985) *Innovation and Entrepreneurship*, Harper & Row.（小林宏治監訳，上田惇生・佐々木美智雄訳〔1985〕『イノベーションと企業家精神』

ダイヤモンド社)
江島由裕 (2002)「創造的中小企業支援政策の評価」『一橋ビジネスレビュー』Vol.50 (2): 206-220.
江島由裕 (2003)「第Ⅳ部 創造的中小企業の胎動」中村良平・江島由裕『地域産業創生と創造的中小企業』大学教育出版.
Eshima, Y. (2003) "Impact of Public Policy on Innovative SMEs in Japan," *Journal of Small Business Management*, Vol. 41 (1): 85-93.
江島由裕 (2006)「技術開発型中小企業の生存率：発見事実の提示」『ワーキング・ペーパー』2006-3, 大阪経済大学.
江島由裕 (2008)「新事業開発中小企業の生存要因分析」『日本ベンチャー学会誌 VENTURES REVIEW』No. 11: 21-30.
江島由裕 (2010)「日本のスタートアップ企業の成長要因 (1) ―デモグラフィーと企業成長―」『大阪経大論集』第61巻第4号: 49-64.
江島由裕 (2011a)「日本のスタートアップ企業の成長要因 (2) ―企業家特性・戦略姿勢・政府支援と企業成長―」『大阪経大論集』第61巻第5号: 109-124.
江島由裕 (2011b)「中小企業が成長する駆動力―企業家的な戦略志向性―」『一橋ビジネスレビュー』Vol. 59 (3): 208-218.
江島由裕・石井芳明 (2003)「米・英・日の中小企業施策の現状と評価」『UFJ Institute Report』. Vol. 8 (3): 40-51.
Ernst & Young (1996) *Evaluation of Business Links*, Department of Trade and Industry.
Ernst & Young (1997) *Business Links Follow Up Survey*, Department of Trade and Industry.
Evans, D. S. and B. Jovanovic (1989) "An Estimated Model of Entrepreneurial Choice Under Liquidity Constraints," *Journal of Political Economy*, Vol. 97 (4): 808-827.
Filly, A. C and R. J. Aldag (1978) "Characteristics and Measurement of an Organizational Typology," *Academy of Management Journal*, Vol. 21 (4): 578-591.
Gavron, R., M. Cowling, G. Holtham and A. Westall (1998) *The Entrepreneurial Society*, Institute for Public Policy Research (IPPR)（忽那憲治・高田亮爾・前田啓一・篠原健一訳〔2000〕『起業家社会』同友館).
George, G., D. Wood and R. Khan (2001) "Networking Strategy of Boards: Implications for Small and Medium-sized Enterprises," *Entrepreneurship and Regional Development*, Vol. 13: 583-591.
Geus, A. D. (1995) *The Living Company*, Harvard Business School Press（堀出一郎訳〔1997〕『リビングカンパニー』日経BP社).
Granovetter, M. S. (1973) "The Strength of Weak Ties," *American Journal*

of Sociology, Vol. 78 (6) : 1360-1380.
Grant, R. M. (1996) "Toward a Knowledge-Based Theory of the Firm," *Strategic Management Journal*, Vol. 17 (Winter Special Issue) : 109-122.
Green, M. K., J. G. Covin and D. P. Slevin (2008) "Exploring the Relationship Between Strategic Reactiveness and Entrepreneurial Orientation: The Role of Structure-style Fit," *Journal of Business Venturing*, Vol. 23 (3) : 356-283.
Hamel, G. P. and C. K. Prahalad (1994) *Competing for the Future*, Harvard Business School Press (一條和生訳〔1995〕『コア・コンピタンス経営』日本経済新聞社).
Hannan, M. T. and J. Freeman (1989) *Organizational Ecology*, Harvard University Press.
Hayward, M. L. A. and W. Boeker (1998) "Power and Conflicts of Interest in Professional Firms: Evidence from Investment Banking," *Administrative Science Quarterly*, Vol. 43 (1) : 1-22.
Headd, B. and B. Kirchhoff (2009) "The Growth, Decline and Survival of Small Business: An Exploratory Study of Life Cycles," *Journal of Small Business Management*, Vol. 47 (4) : 531-550.
Hillman, A. J., M. C. Withers and B. J. Collins (2009) "Resource Dependence Theory : A review," *Journal of Management*, Vol. 35 : 1404-1427.
Honjo, Y. (2000a) "Business Failure of New Firms: An Empirical Analysis Using a Multiplicative Hazards Model," *International Journal of Industrial Organization*, Vol. 18 (4) : 557-574.
Honjo, Y. (2000b) "Business Failure of New Software Firms," *Applied Economics Letters*, Vol. 7 (9) : 575-579.
Jenkins, M. and G. Johnson (1997) "Entrepreneurial Intentions and Outcomes: A Comparative Causal Mapping Study," *Journal of Management Studies*, Vol. 34 (6) : 895-920.
加護野忠男 (1987)「企業家的活動とパラダイム創造」市原ゼミナール研究会編『経営と人間』森山書店.
加護野忠男・山田幸三 (2008)「取引制度はいかにして決まるか」加護野忠男・角田隆太郎・山田幸三・上野恭裕・吉村典久『取引制度から読みとく現代企業』有斐閣.
加護野忠男・野中郁次郎・榊原清則・奥村昭博 (1983)『日米企業の経営比較』日本経済新聞社
Kahneman, D. and Tversky, A. (1979). "Prospect Theory: An Analysis of Decisions Under Risk," *Econometrica*, 47, 263-291.
Kalleberg, A. L. and K. T. Leicht (1991) "Gender and Organizational Performance: Determinants of Small Business Survival and Success," *Academy of*

Management Journal, Vol. 34 (1) : 136-161.
金井一賴 (2002a)「ベンチャー企業とは」金井一賴・角田隆太郎編『ベンチャー企業経営論』有斐閣.
金井一賴 (2002b)「起業のプロセスと成長戦略」金井一賴・角田隆太郎編『ベンチャー企業経営論』有斐閣.
関西新技術研究所 (2003)「中小企業の創造的事業活動の促進に関する臨時措置法 (創造法) に関する調査・研究」.
Kanuk, L. and C. Berenson (1975) "Mail Surveys and Response Rates : A Literature Review," *Journal of Marketing Research*, Vol. 12 (4) : 440-453.
加藤厚海 (2006)「産業集積における仲間型取引ネットワークの機能と形成プロセス―東大阪地域の金型産業の事例―」組織科学 Vol.39 (4) : 56-68.
経済産業省 (2010)「工業統計表」.
Keh, H. T., T. T. M. Nguyen and H. P. Ng (2007) "The Effects of Entrepreneurial Orientation and Marketing Information on the Performance of SMEs," *Journal of Business Venturing*, Vol. 22 : 592-611.
Khandwalla, P. N. (1977) *The Design of Organizations*, New York: Harcourt, Brace, Javanovich.
Kirzner, I. M. (1973) *Competition and Entrepreneurship*, The University of Chicago (田島義博監訳〔1985〕『競争と企業家精神』千倉書房).
清成忠男 (1997)『中小企業読本』東洋経済新報社.
清成忠男 (2009)『日本中小企業政策史』有斐閣.
Knaup, A. E. and M. C. Piazza (2007) "Business Employment Dynamics Data: Survival and Longevity, II," *Monthly Labor Review*, Vol. 130 (9) : 3-10.
国民生活金融公庫総合研究所編 (2005)『2005年版新規開業白書』中小企業リサーチセンター.
Kreiser, P. M., B. S. Anderson, L. D. Marino and D. F. Kuratko (2013) "Entrepreneurial Responses to Hostile Environments," *Presented at the 73th Annual Meeting of the Academy of Management*, Academy of Management.
Kroeger, V. C. (1974) "Managerial Development in the Small Firm," *California Management Review*, Vol. 17 (1) : 41-47.
Lawrence, P. R. and J. W. Lorsch (1967) *Organization and Environment*, Cambridge : Harvard Press.
忽那憲治 (2004)「雇用を創出する成長中小企業の経営戦略」『国民生活金融公庫調査月報』No. 523 : 12-19.
Lee, C., K. Lee. and J. M. Pennings (2001) "Internal Capabilities, External Networks, and Performance: A Study on Technology-Based Ventures," *Strategic Management Journal*, Vol. 22 (6-7) : 615-640.

Lerner, J. (1999) "The Government as Venture Capitalist: The Long-Run Impact of the SBIR Program," *Journal of Business*, Vol. 72 (3) : 285-318.
Lumpkin, G. T. and G. G. Dess (1996) "Clarifying the Entrepreneurial Orientation Construct and Linking it to Performance," *Academy of Management Review*, Vol.21 (1) : 135-173.
Madsen, E. L. (2007) "The Significance of Sustained Entrepreneurial Orientation on Performance of Firms-A Longitudinal Analysis," *Entrepreneurship and Regional Development*, Vol. 19 (2) : 185-204.
Mata, J. and P. Portugal (1994) "Life Duration of New Firms," *The Journal of Industrial Economics*, Vol.42 (3) : 227-245.
March, J. G. (1991) "Exploration and Exploitation in Organizational Learning," *Organization Science*, Vol. 2 : 71-87
松田修一 (2006)「日本の新規事業の開業率は急激に上向いているのではないか」『日本ベンチャー学会誌　VENTURES REVIEW』No. 8 : 3-11.
松永桂子 (2009)「地域経済における社会的企業の役割」明石芳彦編『ベンチャーが社会を変える』ミネルヴァ書房.
松繁寿和 (2002)「第二章　開業，成長，廃業と雇用創出」三谷直己・脇坂明編『マイクロビジネスの経済分析』東京大学出版会.
McGrath, R. G. and I. C. MacMillan (2000) The Entrepreneurial Mindset: Strategies for *Continuously Creating Opportunity in an Age of Uncertainty*, Boston: Harvard Business School Press.
Miles, R. E. and C. C. Snow (1978) *Organizational Strategy, Structure, and Process*, McGraw-Hill（土屋守章・内野崇・中野工訳『戦略型経営』〔1983〕ダイヤモンド社）.
Miller, D. (1983) "The Correlates of Entrepreneurship in Three Types of firms," Management Science, Vol. 29 (7) : 770-791.
Miller, D. and P. H. Friesen (1982) "Innovation in Conservative and Entrepreneurial Firms: Two Models of Strategic Momentum," *Strategic Management Journal*, Vol. 3 (1) : 1-25.
Miller, D. and P. H. Friesen (1983) "Strategy-Making and Environment: The Third Link," *Strategic Management Journal*, Vol. 4 (3) : 221-235.
Miles, M. P., D. R. Arnold and D. L. Thompson (1993) "The Interrelationship Between Environmental Hostility and Entrepreneurial Orientation," *Journal of Applied Business Research*, Vol. 9 : 12-24.
港徹雄 (2000)「ニューベンチャーのリスク耐性と開発提携」『青山国際政経論集』（青山学院大学国際政治経済学会), No. 49 : 13-31.
Mintzberg, H. (1973) *The nature of managerial work*, Harper & Row (New York).
Mole, K. F., M. Hart, S. Roper and D. S. Saal (2009) "Assessing the Effectiveness

of Business Support Service in England," *International Small Business Journal*, Vol. 27 (5) : 557-582.
Morris, M. H. and D. F. Kuratko (2002) *Corporate Entrepreneurship: Entrepreneurial Development Within Organizations*, Mason: South-Western Publishing.
中村秀一郎 (1990)『新中堅企業論』東洋経済新報社.
日経ビジネス (1984)『会社の寿命』日経ビジネス.
日経ビジネス (1985a)『続 会社の寿命』日経ビジネス.
日経ビジネス (1985b)『続々 会社の寿命』日経ビジネス.
North, D., R. Leigh and D. Smallbone (1992) "A Comparison of Surviving and Non-Surviving Small and Medium Sized Manufacturing Firms in London During the 1980s," in K. Caley, E. Chell, F. Chittenden and C. Mason (eds), *Small Enterprise Development: Policy and Practice in Action*, London: Paul Chapman Publishing.
Okamuro, H. (2004) "Survival of New Firms in an Industry Agglomeration: An Empirical Analysis Using Telephone Directory of Tokyo," *COE/RES Discussion Paper Series*, No. 65, Hitotsubashi University.
岡室博之 (2004)「新規開業企業の取引関係と成長率」『調査季報』(国民生活金融公庫), No. 69 : 1-18.
岡野雅行 (2003)『俺が, つくる』中経出版.
Oppenheim, A. N. (1966) *Questionnaire design and attitude measurement*. New York : Basic Books.
Organization of Economic Cooperation and Development (1994) *Industrial Policy in OECD Countries*, Paris: OECD.
Organization of Economic Cooperation and Development (1997) *Government Venture Capital for Technology-Based Firms*, Paris: OECD.
Organization of Economic Cooperation and Development (1998) *Spotlight on Public Support to Industry*, Paris: OECD.
Penrose, E. T. (1959) *The Theory of the Growth of the Firm*, Oxford: Basil Blackwell. (末松玄六訳〔1980〕『会社成長の理論:第二版』ダイヤモンド社).
Phillips, B. D. and B. A. Kirchhoff (1989) "Formation, Growth and Survival: Small Firm Dynamics in the US Economy," *Small Business Economics* Vol. 1: 65-74.
Porter, M. E. (1980) *Competitive Strategy*, Macmillan Publishing Co., Inc. (土岐坤・中辻萬治・服部照夫〔1982〕『競争の戦略』ダイヤモンド社).
Rauch, A., J. Wiklund, G. T. Lumpkin and M. Frese (2009) "Entrepreneurial Orientation and Business Performance: An Assessment of Past Research and Suggestions for the Future," *Entrepreneurship Theory and Practice*,

Vol. 33 (3) : 761-787.
Reid, G. C. (1991) "Staying in Business," *International Journal of Industrial Organization*, Vol. 9 (4) : 545-56.
Reid, G. C. (1993) *Small Business Enterprise : An Economic Analysis*, London: Routledge.
Romanelli, E. (1987) "New Ventures Strategies in the Microcomputer Industry," *California Management Review*, Vol. 30 (1) : 160-175.
Romanelli, E. (1989) "Environments and Strategies of Organization Start-up: Effects on Early Survival," *Administrative Science Quarterly*, Vol. 34 (3) : 369-387.
Roper S., M. Hart, G. Bramley, I. Dale and C. Anderson (2001) "Paradise Gained?- The Business Link Tracker Study," *Proceedings of the 24th ISBA National Small Firms Conference: Exploring the Frontiers of Small Business*, The Institute for Small Business Affairs.
Runyan, R., C. Droge and J. Swinney (2008). "Entrepreneurial Orientation versus Small Business Orientation: What Are Their Relationships to Firm Performance?" *Journal of Small Business Management*, Vol. 46 (4) : 567-588.
榊原清則 (2002)『経営学入門 上・下』日経文庫.
関満博 (1993)『フルセット型産業構造を超えて』中公新書.
Shane, S. and S. Venkataraman (2000) "The Promise of Entrepreneurship as a Field of Research," *Academy of Management Review*, Vol. 25 (1) : 217-226.
Shepherd, D. (2003)" Learning From business Failure: Propositions of Grief Recovery for the Self-Employed," *Academy of Management Review*, Vol. 28: 318-328.
Shepherd, D. and M. S. Cardon (2009) "Negative Emotional Reactions to Project Failure and the Self-Compassion to Learn from the Experience," *Journal of Management Studies*, 46 : 923-949.
Shepherd, D., Wiklund, J. and J. M. Haynie (2009) "Moving Forward: Balancing the Financial and Emotional Costs of Business Failure," *Journal of Business Venturing*, Vol. 24 (2) : 134-148.
清水龍瑩 (1986)『中堅・中小企業成長論』千倉書房.
Shumpeter, J. A. (1961) *The Theory of Economic Development*, Oxford University Press (塩野谷祐一・中山伊知郎・東畑精一訳〔1977〕『経済発展の理論』(上)(下) 岩波書店).
Sine, W. D., H. Mitsuhashi and D. A. Kirsch (2006) "Revisiting Burns and Stalker: Formal Structure and New Venture Performance in Emerging Economic Sectors," *Academy of Management Journal*, Vol. 49 (1) : 121-132.

Singh, J. V. (1986) "Performance, Slack and Risk-taking in Organizational Decision Making," *Academy of Management Journal*, Vol. 29 : 562–585.
Sitkin, S. B. and Pablo, A. L. (1992) "Reconceptualizing the Determinants of Risk Behavior," *Academy of Management Review*, Vol. 14, 9–13.
Smallbone, D., D. North and R. Leigh (1992) "Managing Change for Growth and Survival: The Study of Mature Manufacturing Firms in London During the 1980s," *Working Paper*, No. 3, Planning Research Center, Middlesex Polytechnic.
曽根秀一 (2008)「老舗企業における長期存続要因にかんする研究―金剛組の経営理念と組織を中心に―」『びわこ経済論集』第6巻 第1・2号合併号.
曽根秀一 (2010)「老舗企業と地元企業との相互依存関係について」『地域学研究』第40巻第3号.
総務省統計局 (1999)『平成11年事業所・企業統計調査』.
総務省統計局 (2001)『平成13年事業所・企業統計調査』.
総務省統計局 (2004)『平成16年事業所・企業統計調査』.
総務省統計局 (2006)『平成18年事業所・企業統計調査』.
総務省統計局 (2009)『平成21年経済センサス―基礎調査』.
Staw, B. M., Sandelands, L. E., and Dutton, J. E. (1981) "Threat Rigidity Effects in Organizational Behavior: A Multilevel Analysis," *Administrative Science Quarterly*, Vol. 26 : 501–524.
Stewart, W. H., W. E. Watson, J. C. Carland and J. W. Carland (1999) "A Proclivity for Entrepreneurship: A Comparison of Entrepreneurs, Small Business Owners, and Corporate Managers," *Journal of Business Venturing*, Vol. 14 (2) : 189–214.
Storey, D. J. (1985) "Manufacturing Employment Change in Northern England 1965–78: The Role of Small Business," in D.J. Storey (ed.), *Small Firms in Regional Economic Development*, Cambridge University Press.
Storey, D. J. (1994) *Understanding the Small Business Sector*, London: Routledge.
Storey, D. J., K. Keasey, R. Watson and P. Wynarczyk (1987) *The Performance of Small Firms: Profits, Jobs and Failure*, London: Croom Helm.
橘木俊安詔・安田武彦 (2006)『企業の一生の経済学』ナカニシヤ出版.
Tan, J. and M. W. Peng (2003) "Organizational slack and firm performance during economic transitions : Two studies from an emerging economy," *Strategic Management Journal*, Vol. 24 : 1249–1263.
Tang, J., Z. Tang., L. D. Marino, Y. Zhang and Q. Li (2008) "Exploring an Inverted U-shape Relationship between Entrepreneurial Orientation and Performance in Chinese Ventures," *Entrepreneurship Theory and Practice*, Vol. 32 (1) : 219–239.

Timmons, J. A. (1994) *New Venture Creation*, 4th edition, Illinois: Richard D. Irwin（千本倖生・金井信次訳〔1997〕『ベンチャー創造の理論と戦略』ダイヤモンド社）.
戸田俊彦 (1983)「企業のライフサイクルと倒産・成功」『彦根論叢』 第222・223号，滋賀大学経済学会.
戸田俊彦 (1991)「環境激変下の中小企業の成長要因・衰退要因 (1)」『彦根論叢』第273・274号，滋賀大学経済学会.
戸田俊彦 (1992)「環境激変下の中小企業の成長要因・衰退要因 (2)」『彦根論叢』第275号，滋賀大学経済学会.
Tushman, M. L. and E. Romanelli (1985) "Organizational Evolusion: A Metamorphosis Model of Convergence and Reorientation," in L.L. Commings and B. M. Staw (eds.), *Research in Organizational Behavior*, Vol. 7, JAI Press.
Wernerfelt, B. (1984) "A Resource-based View of the Firm," *Strategic Management Journal*, Vol. 5 (2) : 171-180.
Westhead, P. (1995) "Survival and Employment Growth Contrasts Between Types of Owner-Managed High-Technology Firms," *Entrepreneurship Theory and Practice*, Vol. 20 (1) : 5-27.
Westhead, P. and M. Cowling (1996) "Demographic Contrasts Between Family and Non-Family Unquoted Companies in the UK," *Working Paper*, No. 32, Warwick Business School.
Westhead, P., M. Cowling and C. Howorth (2002) "Ownership and Managerial Differences Between Family and Non-Family Firms in the UK," *Family Business Review*, Vol. 14 : 247-269.
Westhead, P., D. Ucbasaran and Wright, M. (2005) "Decisions, Actions, and Performance: Do Novice, Serial, and Portfolio Entrepreneurs Differ?," *Journal of Small Business Management*, Vol. 43 (4) : 393-417.
Wickham, P. A. (1998) *Strategic Entrepreneurship*, London: Financial Times Pitman Publishing.
Wiklund, J. (1999) "The Sustainability of the Entrepreneurial Orientation-Performance Relationship," *Entrepreneurship Theory and Practice*, Vol. 24 (1) : 37-48.
Wiklund, J. and D. Shepherd (2003a) "Aspiring for, and Achieving Growth: The Moderating Role of Resources and Opportunities," *Journal of Management Studies*, Vol. 40 (8) : 1919-1941.
Wiklund, J. and D. Shepherd (2003b) "Knowledge-based Resources, Entrepreneurial Orientation, and the Performance of Small Medium-sized Businesses," *Strategic Management Journal*, Vol. 24 (13) : 1307-1314.

Wiklund, J. and D. Shepherd (2005) "Entrepreneurial Orientation and Small Business Performance: A Configurational Approach," *Journal of Business Venturing*, Vol. 20 (1) : 71-91.

Wiklund, J. and D. Shepherd (2011) "Where to From Here? EO-as-Experimentation, Failure, and Distribution of Outcomes," *Entrepreneurship Theory and Practice*, doi: 10. 1111/j. 1540-6520. 2011. 00454. x.

Wiklund, J., H. Patzelt and D. Shepherd (2009) "Building an Integrative Model of Small Business Growth," *Small Business Economics*, Vol. 32 : 351-374.

山田幸三 (2000)『新事業開発の戦略と組織』白桃書房.

山田幸三 (2006)「第Ⅰ部　私企業の経営」佐々木弘・山田幸三『経営システムⅠ』放送大学教育振興会.

山田幸三 (2008a)「情報の取引」加護野忠男・角田隆太郎・山田幸三・上野恭裕・吉村典久『取引制度から読みとく現代企業』有斐閣.

山田幸三 (2008b)「企業家的活動と大学発ベンチャーの創出」*Discussion Paper Series*, No. 43, Economic Research Society of Sophia University.

山田幸三・江島由裕 (2003)「創造的中小企業の経営と戦略的決定」『日本ベンチャー学会誌 VENTURES REVIEW』No. 4 : 13-23.

Yamada, K., Y. Eshima and S. Kurokawa (2003) "Determinants of Strategy and Performance in Small Technology-based Private Firms in Japan: Their Governance Structure, Core Capabilities, Organizational Culture and Environment," *Discussion Paper Series*, No. 32, Economic Research Society of Sophia University

Yamada, K., Y. Eshima and S. Kurokawa (2008) "Causality Identification Between Entrepreneurial Orientation and Corporate Performance: Use of Two-Period Data from Small Private Firms in Japan," *Presented at the 68th Annual Meeting of the Academy of Management*, Academy of Management.

Yamada, K. and Y. Eshima (2009) "Impact of Entrepreneurial Orientation: Longitudinal Analysis of Small Technology Firms in Japan," *A Best Paper Proceeding of the 2009 Academy of Management Annual Meeting in Chicago*, Academy of Management.

安田武彦・高橋徳行・忽那憲治・本庄裕司 (2007)『ライフサイクルから見た中小企業論』同友館.

横澤利昌 (2000)『老舗企業の研究』生産性出版.

Zahra, S. A. (1993) "Environment, Corporate Entrepreneurship and Financial Performance: A Taxonomic Approach," *Journal of Business Venturing*, Vol. 8 (4) : 319-340.

Zahra, S. A. and J. G. Covin (1995) "Contextual Influence on the Corporate Entrepreneurship-Performance Relationship: A Longitudinal Analysis,"

Journal of Business Venturing, Vol. 10 (1) : 43-58.

付録1 創造的中小企業実態調査 調査票（第1回および第2回）

※以下では，調査票の全質問項目の中から本研究の主要因に関わる質問項目に限定して掲載している．なお，第1回調査と第2回調査では同じ質問項目を使用している．

■経営環境についてについてお尋ねします．

売上高でみた場合の貴社の主要な事業において，現実の状況に最もよくあてはまる番号を一つ選択してください．"3"はどちらともいえない状況を示します．

1. 我々の事業は市場や競争者に遅れないように実際のマーケティングを変えることはめったにない	1　2　3　4　5	我々の事業は実際のマーケティングを頻繁に変えなければならない
2. 我々の事業では製品やサービスの廃れる速度は非常に遅い	1　2　3　4　5	我々の事業では製品やサービスの廃れる速度は非常に速い
3. 競争者の行動は予想できる	1　2　3　4　5	競争者の行動は予想しがたい
4. 需要動向や消費者の趣向は簡単に予測しうる	1　2　3　4　5	需要動向や消費者の趣向は予測しがたい
5. 製品やサービスの技術はたいした変更を必要とせず十分に確立されている	1　2　3　4　5	製品やサービスの技術はしばしば主要な変更がある
6. 事業環境は安全で，事業の存続や安定にほとんど脅威はない	1　2　3　4　5	事業環境はリスキーで誤った手段は事業を破滅へ導く
7. 事業環境は投資やマーケティング機会が豊富にある	1　2　3　4　5	事業環境は非常に緊張感があり過酷で敵意に満ちている．事業が沈まないようにするのは非常に困難である

■経営目標・経営戦略についてについてお尋ねします．

以下の記述は貴社の経営戦略にどの程度あてはまりますか．主力事業分野を念頭において一つ選択してください．"3"はどちらともいえない状況を示します．

付録1：創造的中小企業実態調査 調査票（第1回および第2回）

1.「自社の事業は何か」について独自の生存領域を明確に定義している
（まったく違う）1 ― 2 ― 3 ― 4 ― 5（まったくその通り）

2. 業界の慣例にとらわれない事業領域の捉え方をしている
（まったく違う）1 ― 2 ― 3 ― 4 ― 5（まったくその通り）

3. 5年先にどのような会社にしたいかというビジョンがはっきりとしている
（まったく違う）1 ― 2 ― 3 ― 4 ― 5（まったくその通り）

4. 事業の定義は環境変化に応じて随時再定義されている
（まったく違う）1 ― 2 ― 3 ― 4 ― 5（まったくその通り）

5. 企業全体のポテンシャルを高める多様な技術ノウハウの蓄積を重視する
（まったく違う）1 ― 2 ― 3 ― 4 ― 5（まったくその通り）

6. 経営資源（ヒト、モノ、カネ、情報）の展開は，即戦力よりも長期計画に基づいて行われる
（まったく違う）1 ― 2 ― 3 ― 4 ― 5（まったくその通り）

7. 一貫してトップ・シェアを志向し，その維持のために大規模な経営資源を投入する
（まったく違う）1 ― 2 ― 3 ― 4 ― 5（まったくその通り）

8. マーケット・リーダーと正面から対決し，その座にチャレンジする
（まったく違う）1 ― 2 ― 3 ― 4 ― 5（まったくその通り）

9. 新製品・新市場開発のリスクを回避し，フォロワーの利点を追及している
（まったく違う）1 ― 2 ― 3 ― 4 ― 5（まったくその通り）

10. オールラインに近い製品群を扱い，総合力を発揮している
（まったく違う）1 ― 2 ― 3 ― 4 ― 5（まったくその通り）

11. 市場戦略は「狭くとも深く耕す」ことをモットーにしている
（まったく違う）1 ― 2 ― 3 ― 4 ― 5（まったくその通り）

12. コスト上の優位性が，貴社の競争上の武器になっている
（まったく違う）1 ― 2 ― 3 ― 4 ― 5（まったくその通り）

13. 他社にはないユニークな製品の企画・開発力が競争上の武器になっている
（まったく違う）1 ― 2 ― 3 ― 4 ― 5（まったくその通り）

14. 競争者に比べて高品質の製品を開発している
（まったく違う）1 － 2 － 3 － 4 － 5 （まったくその通り）

15. 競争者に比べて新製品の導入頻度は高い
（まったく違う）1 － 2 － 3 － 4 － 5 （まったくその通り）

16. 広告・宣伝を通じてのブランド力の維持・向上が競争上の武器になっている
（まったく違う）1 － 2 － 3 － 4 － 5 （まったくその通り）

17. 世界市場を前提に国際商品の開発を積極的に行っている
（まったく違う）1 － 2 － 3 － 4 － 5 （まったくその通り）

■**トップマネジメントについてについてお尋ねします.**

　以下の記述は貴社にどの程度あてはまりますか．一つ選んでください．"3"はどちらともいえない状況を示します．

1. 経営陣は環境変化に敏感である
（まったく違う） 1 － 2 － 3 － 4 － 5 （まったくその通り）

2. 経営陣は社外に多様な情報源を持っている
（まったく違う）1 － 2 － 3 － 4 － 5 （まったくその通り）

3. 経営陣は会社のあるべき姿をはっきりと持っている
（まったく違う）1 － 2 － 3 － 4 － 5 （まったくその通り）

4. 経営陣は思い切った権限委譲をし，リスクに挑戦させる
（まったく違う）1 － 2 － 3 － 4 － 5 （まったくその通り）

5. トップの価値観が経営戦略や管理制度に色濃く反映されている
（まったく違う）1 － 2 － 3 － 4 － 5 （まったくその通り）

6. 経営トップ自ら外部の技術情報に目を光らせている
（まったく違う） 1－2－3－4－5 （まったくその通り）

7. 経営トップは時に突出した戦略を打ち出し，できないことに挑戦することを望む
（まったく違う） 1 － 2 － 3 － 4 － 5 （まったくその通り）

8. 経営陣は社内の和に気を配っている
（まったく違う） 1 － 2 － 3 － 4 － 5 （まったくその通り）

9. 経営陣は現場の自発性を尊重する
（まったく違う）　1　—　2　—　3　—　4　—　5　（まったくその通り）

10. 経営陣は現場の提案を重視する
（まったく違う）　1　—　2　—　3　—　4　—　5　（まったくその通り）

11. 経営トップは現場に顔を出し社内で何が起こりつつあるかを掌握しようとしている
（まったく違う）　1　—　2　—　3　—　4　—　5　（まったくその通り）

12. 経営陣は戦略計画に精通している
（まったく違う）　1　—　2　—　3　—　4　—　5　（まったくその通り）

13. トップは戦略に従って機動的な対応策を講じる
（まったく違う）　1　—　2　—　3　—　4　—　5　（まったくその通り）

14. 経営陣は分析過多と言えるほど，論理的・分析的アプローチを重視する
（まったく違う）　1　—　2　—　3　—　4　—　5　（まったくその通り）

15. 経営トップは絶えず緊張をつくり，ハングリー精神を維持させようとしている
（まったく違う）1　—　2　—　3　—　4　—　5（まったくその通り）

16. 経営陣の多くは生え抜きである
（まったく違う）　1　—　2　—　3　—　4　—　5　（まったくその通り）

17. 経営陣は業界に精通している
（まったく違う）　1　—　2　—　3　—　4　—　5　（まったくその通り）

18. 経営陣は現場へ出向き会社の基本方針やものの考え方をしつこく説いてまわる
（まったく違う）　1　—　2　—　3　—　4　—　5　（まったくその通り）

19. 一旦，決定したことをやり抜く経営管理者がリーダーにふさわしい
（まったく違う）　1　—　2　—　3　—　4　—　5　（まったくその通り）

20. 過去の決定にとらわれず柔軟に軌道修正する経営管理者がリーダーにふさわしい
（まったく違う）　1　—　2　—　3　—　4　—　5　（まったくその通り）

付録2

設立10年の創造的中小企業の実態調査 調査票

※以下では，調査票の全質問項目の中から本研究の主要因に関わる質問項目に限定して掲載している．

■**貴社の戦略姿勢**についてお尋ねします．

以下，戦略姿勢の考え方について記述しています．貴社のお考えはどちら側に近いですか．1～7の中から一つ選択してください．「4」はどちらともいえない状況を示します．

1. 経営陣は既存製品・サービスの販売に興味がある	1 2 3 4 5 6 7	経営陣は研究開発，技術的リーダーシップ，イノベーションに興味がある
2. 過去5年間，新製品・サービスを市場に出してない	1 2 3 4 5 6 7	過去5年間，非常に多くの新製品・サービスを市場に提供
3. 過去5年間の新製品・サービス群の変化は小さい	1 2 3 4 5 6 7	過去5年間の新製品・サービス群の変化は大きい
4. ライバル企業の行動に我々が反応する傾向にある	1 2 3 4 5 6 7	我々の行動にライバル企業が反応する傾向にある
5. ライバル企業との競争で新製品・サービス・管理技法・生産方法等を最初に導入したことはない	1 2 3 4 5 6 7	ライバル企業との競争で新製品・サービス・管理技法・生産方法等を最初に導入
6. ライバル企業との競争は避け共存共栄の立場をとる	1 2 3 4 5 6 7	非常に競争的でライバル企業に挑戦する立場をとる
7. 経営陣はリスクの低い（一定の収益性の）プロジェクトを採用する傾向にある	1 2 3 4 5 6 7	経営陣はリスクの高い（高い収益性の）プロジェクトを採用する傾向にある
8. 経営陣は外部環境に対して徐々に対応・探索するのが良いと考える	1 2 3 4 5 6 7	経営陣は目的を達成するために，外部環境に対して大胆で広範な行動が必要と考える
9. 不確実性の高い状況下では注意深い決定を下しコストを抑える	1 2 3 4 5 6 7	不確実性の高い状況下では大胆で攻撃的な立場をとり，潜在的な機会発掘の可能性を高める．

■貴社の組織についてお尋ねします．

以下，業務管理の考え方について記述しています．貴社のお考えはどちら側に近いですか．1～7から番号を一つ選択してください．「4」はどちらともいえない状況を示します．

1. 財務・業務情報は組織内の階層ごとに厳格に管理・伝達．	1 2 3 4 5 6 7	財務・業務情報は組織内で自由かつオープンに管理・伝達
2. 型にはめた経営スタイルで組織運営	1 2 3 4 5 6 7	公式・非公式なスタイルを含めて幅広く自由に組織運営
3. 意思決定では組織階層ごとの管理者の意見を重視	1 2 3 4 5 6 7	意思決定では状況に応じて，階層を越えて組織内の専門家の意見を重視
4. 事業環境が変わろうともこれまでの経営の原理原則を重視	1 2 3 4 5 6 7	過去の慣習にとらわれず環境変化への対応を重視
5. 公式なルールや手続きに従業員を常に従わせる	1 2 3 4 5 6 7	公式な手続きをとらずとも従業員の仕事がはかどることを重視
6. 厳格な方法で業務を徹底かつ公式に管理	1 2 3 4 5 6 7	従業員との非公式な関係性と協調性で業務を管理．
7. 従業員は業務マニュアルに従うことが重要．	1 2 3 4 5 6 7	従業員は状況を理解して個々人が適切な業務方法を決めることが重要

■貴社の経営環境認識についてお尋ねします．

以下，経営環境の状況について記述しています．貴社のお考えはどちら側に近いですか．1～7から番号を一つ選択してください．「4」はどちらともいえない状況を示します．

1. 企業の生存や存続に対して脅威もなく，とても安全な環境	1 2 3 4 5 6 7	極めて危険で一歩間違うと破滅する環境
2. 投資やマーケティング機会が豊富	1 2 3 4 5 6 7	倒産しないで活動することが困難．緊張感と敵意に満ちた過酷な環境
3. 競争や障害も少ない業界で自社の優位性を有利に扱える環境	1 2 3 4 5 6 7	競争，政治，技術的な圧力があり自社の力ではほぼ太刀打ちできない環境

■**外部経営資源についてお伺いします.**

企業設立後これまで以下のような支援を受けたことがありますか.

1. 銀行からの融資	1. はい	2. いいえ
2. ベンチャーキャピタルからの支援	1. はい	2. いいえ
3. 国民生活金融公庫からの融資	1. はい	2. いいえ
4. 国・自治体からの制度融資	1. はい	2. いいえ
5. 国・自治体からの債務保証	1. はい	2. いいえ
6. 国・自治体からの各種補助金	1. はい	2. いいえ
7. 民間からの経営アドバイス・コンサルティング	1. はい	2. いいえ
8. 国・自治体等からの経営アドバイス・コンサルティング	1. はい	2. いいえ
9. 先輩起業家からの経営アドバイス・コンサルティング	1. はい	2. いいえ
10. 民間からの技術指導	1. はい	2. いいえ
11. 大学からの技術指導	1. はい	2. いいえ
12. 公設試験研究機関からの技術指導	1. はい	2. いいえ

■**貴社の中核と位置づけられる技術・アイディア・概念の独自性についてお尋ねします.**

以下の記述はどの程度該当しますか.1～5の中から一つ選択してください.「3」はどちらともいえない状況を示します.

1. 特定社員だけが持つ技能によるところがあって他社の追随は困難
　　　　　　　　　　　　　1 ― 2 ― 3 ― 4 ― 5
　　　　　　　（該当しない）　　　　　　　　　（該当する）

2. 組織固有のノウハウがあって他社の追随は困難
　　　　　　　　　　　　　1 ― 2 ― 3 ― 4 ― 5
　　　　　　　（該当しない）　　　　　　　　　（該当する）

3. 特許などの専有権制度によって他社の追随は困難
　　　　　　　　　　　　　1 ― 2 ― 3 ― 4 ― 5
　　　　　　　（該当しない）　　　　　　　　　（該当する）

4. 販路を確保しているから他社の追随は困難
　　　　　　　　　　　　　1 ― 2 ― 3 ― 4 ― 5
　　　　　　　（該当しない）　　　　　　　　　（該当する）

5. 生産設備に必要な投資額からみて他社の追随は困難
　　　　　　　　　　　　　1 ― 2 ― 3 ― 4 ― 5
　　　　　　　（該当しない）　　　　　　　　　（該当する）

6. 他の事業との相乗効果のために他社の追随は困難
　　　　　　　　　　　　　1 ― 2 ― 3 ― 4 ― 5
　　　　　　　（該当しない）　　　　　　　　　（該当する）

7. 戦略上やポリシー上の理由（例：ブランドイメージなど）から他社の追随は困難
　　　　　　　　　　　　　1 ― 2 ― 3 ― 4 ― 5
　　　　　　　（該当しない）　　　　　　　　　（該当する）

8. 経営者や社員のもつネットワークの面で他社の追随は困難
　　　　　　　　　　　　　1 ― 2 ― 3 ― 4 ― 5
　　　　　　　（該当しない）　　　　　　　　　（該当する）

人名索引

A～C

Acs, Z. J. 9, 25
Agarwal, R. 47
Aldag, R. J. 193
Anderson, B. S. 90, 199, 202
Anderson, C. 218
Antoncic, B. 58
Arnold, D. R. 202
Audretsch, D. B. 16, 19, 47, 48
Barney, J. B. 62, 63
Bass, J. S. 33
Bates, D. A. 33
Berman, S. L. 65
Birch, D. L. 19, 84
Boeker, W. 207
Boulton, W. R. 193
Bradburd, R. M. 91, 125
Bramley, G. 218
Bruderl, J. 21
Burns, T. 53
Burt, R. S. 209
Cardon, M. S. 199
Carland, J. C. 193
Carland, J. W. 193
Chrisman, J. J. 65, 216
Collins, B. J. 207
Cooper, A. C. 193
Covin, J. G. 52, 62, 90, 93, 136, 195, 198
Cowling, M. 9, 82, 154
Cressy, R. C. 21, 46, 47, 84

D～G

Dale, I. 218
Davidson, R. W. 33
Dess, G. G. 59, 62, 96
Down, J. 65
Drees, J. M. 207
Droge, C. 194
Drucker, P. F. 30, 31
Dutton, J. E. 203
Eshima, Y. 68, 201
Evans, D. S. 46
Filly, A. C. 193
Freeman, J. 29
Frese, M. 59, 60, 130
Friesen, P. H. 202
Gavron, R. 9
George, G. 202
Geus, A. D. 37
Granovetter, M. S. 209, 211
Grant, R. M. 65
Green, M. K. 61, 90, 198

H～K

Hamel, G. P. 63
Hannan, M. T. 29
Hart, M. 216
Haynie, J. M. 199
Hayward M. L. A. 207
Headd, B. 19, 20, 84
Heugens, P. P. M. A. R. 207
Hill, C. W. L. 65
Hillman, A. J. 207
Hisrich, R. D. 58
Holtham, G. 9
Honjo, Y. 48
Hornsby, J. S. 199
Hoy, F. 193
Jenkins, M. 193
Johnson, G. 193
Jovanovic, B. 46
Kahneman, D. 201
Katrishen, F. 216
Keasey, K. 156
Keh, H. T. 60
Khan, R. 202
Khandwalla, P. N. 195
Kirchhoff, B. A. 19, 20, 48, 84
Kirsch, D. A. (2006) 53

Kirzner, I. M. ·····56
Kreiser, P. M. ····· 199, 202
Kroeger, V. C. ·····33
Kuratko, D. F. ····· 61, 199, 202
Kurokawa, S. ·····68

L~R

Lee, C. ····· 62, 64, 96
Lee, K. ····· 62, 64, 96
Leigh, R. ····· 54, 89, 91, 98, 125, 126
Lerner, J. ·····71
Li, Q. ·····60
Lumpkin, G. T. ····· 59, 60, 62, 96, 130
MacMillan, I. C. ····· 58, 61, 127
Madsen, E. L. ·····60
Marino, L. D. ····· 60, 202
Mata, J. ·····46
McGrath, R. G. ····· 61, 127
McMullan, W. E. ·····65
Miles, M. P. ····· 202
Miles, R. E. ·····57
Miller, D. ····· 59, 195, 202
Mintzberg, H. ····· 195
Mitsuhashi, H. ·····53
Mole, K. F. ····· 218
Morris, M. H. ·····61
Ng, H. P. ·····60
Nguyen, T.T.M. ·····60
North, D. ····· 54, 89, 91, 98, 125, 126
Okamuro, H. ····· 22, 84
Pablo, A. L. ····· 203
Patzelt, H. ····· 202
Pennings, J. M. ····· 62, 64, 96
Penrose, E. T. ·····62
Phillips, B. D. ····· 19, 48, 84
Porter, M. E. ·····50
Portugal, P. ·····46
Prahalad, C. K. ·····63
Preisendorfer, P. ·····21
Rauch, A. ····· 59, 60, 130
Reid, G. C. ····· 54, 91, 125
Romanelli, E. ·····30
Roper, S. ····· 218
Ross, D. R. ····· 91, 125
Runyan, R. ····· 194

S~U

Saal, D. S. ····· 218
Sandelands, L. E. ····· 203
Shane, S. ·····56
Shepherd, D. ····· 62, 196, 199, 202
Shumpeter, J. A. ·····56
Silverman, B. S. ····· 198
Sine, W. D. ·····53
Singh, J. V. ····· 171
Sitkin, S. B. ····· 203
Slevin, D. P. ····· 52, 62, 90, 93, 195, 198
Smallbone, D. ····· 54, 89, 91, 98, 125, 126
Snow, C.C. ·····57
Stalker, G. M ·····53
Staw, B. M. ····· 203
Stewart, W. H. ····· 193
Storey, D. J. ····· 8, 15, 24, 43, 156
Swinney, J. ····· 194
Tang, J. ·····60
Tang, Z. ·····60
Thompson, D. L. ····· 202
Timmons, J. A. ·····55
Tushman, M. L. ·····30
Tversky, A. ····· 201

V~Z

Venkataraman, S. ·····56
Wales, W. J. ····· 136
Watson, R. ····· 156
Watson, W. E. ····· 193
Wernerfelt, B. ····· 62, 65
Westall, A. ····· 9
Westhead, P. ····· 82, 154
Wiklund, J. ····· 59, 60, 62, 64, 130, 196, 199, 202
Withers, M. C. ····· 207
Wood, D. ····· 202
Wynarczyk, P. ····· 156
Yamada, K. ····· 68, 201
Zahra, S. A. ·····62
Zhang, Y. ·····60
Ziegler, R. ·····21

ア〜サ

有沢広巳 … 1
江島由裕 … 64, 68, 71, 117, 187
岡室博之 … 205
奥村昭博 … 50, 93
加護野忠男 … 50, 56, 93, 206
加藤厚海 … 210
金井一賴 … 34, 56, 194
清成忠男 … 1, 2, 4, 5
忽那憲治 … 24, 156
榊原清則 … 50, 93
清水龍瑩 … 33, 34, 41

タ〜ワ

関満博 … 11, 207
曽根秀一 … 39
橘木俊安詔 … 32
戸田俊彦 … 32, 41
中村秀一郎 … 3, 5
野中郁次郎 … 50, 93
松永桂子 … 12
港徹雄 … 199
安田武彦 … 32
山田幸三 … 68, 97, 206, 210
横澤利昌 … 38

事項索引

欧

formative factor	135
habitual entrepreneurs	160
novice entrepreneurs	160
OECD	18
portfolio entrepreneurs	160
reflective model	136
SBDC プログラムの経済効果	216
Small Business Orientation（SBO）	193
serial entrepreneurs	160
Small Business Development Centre（SBDC）	215
Small Business Innovation Research（SBIR）	71
VRIO	63

ア

安定期	33, 35
暗黙知	65
痛くない注射針	208
一般的な環境要因	50
イノベーション	30–31
受身型戦略（reactor）	58
エコノミック・カンパニー	37
大田区	206
オーストリア学派	56

カ

開業率	17
革新性（innovativeness）	58, 59
家族経営企業	82, 115
環境適応理論	50
環境バラエティ	51
関係性に埋め込まれた結びつき（relational embedded tie）	211
機械的適応モード	51
機械的な組織構造	52
企業家活動（アントレプレナーシップ）	55
企業家的な戦略志向性（EO）	57, 64, 130, 135, 167, 197
企業属性	46
企業の失敗	17
企業のライフサイクル	32
基盤的技術	11
旧中小企業基本法	5
脅威硬直性アプローチ（threat-rigidity perspective）	203
競争的攻撃性（competitive aggressiveness）	58, 59
協働の仕組み	205
経営資源	62
経営姿勢	54
経営トップのビジョン	193
経験曲線効果	124–125
経済的な付加価値	9
形式知	65
京浜地区	11
元気なモノ作り中小企業300社	11
コア能力	63
更生手続き	17
構造的隙間	209
構造的に埋め込まれた結びつき（structural embedded tie）	211
個別環境要因	50

サ

最小効率規模	48
再倒産の件数	15
債務保証	178
産業群のライフサイクル	47
三方よし	206
事業環境	49
事業所・企業統計調査	6, 18, 22
資源依存理論（RDT: Resource Dependency Theory）	207
資源ベースアプローチ（RBV: Resource Based View）	62
下請構造	207
下請取引	9, 10

小規模企業者の定義·················· 5
小規模企業数····························· 7
小規模企業の雇用者数··············· 8
新規・成長15分野·····················78
信用（trust）························· 212
スタートアップ期················ 33, 34
墨田区································ 208
スラック資源························ 171
生産資源の集合体·····················62
生存の定義······························17
成長期································ 33, 35
成長指標······························ 139
成長中小企業···························5, 24
制度融資······························ 177
政府信用保証制度·····················14
設立形態······························ 164
センサス・データ·····················20
戦略···54
戦略主導型·······························97
戦略的反応性（strategic reactiveness）
·································· 61, 198
創造的中小企業····················23, 68
創造法·····································68
創造法認定件数························70
創造法認定プロセス··················69
相互利益（reciprocity）········· 212
創発性·····································97
組織生態論······························29
組織の存続，発展，衰退···········29
組織バラエティ························51

タ

代位弁済··································14
多品種少量生産システム········ 207
探索型戦略（prospector）·········58
知識資源··································65
中堅企業···································3
中小企業観·····························1, 4
中小企業基本法······················4, 68
中小企業金融円滑化法··············14
中小企業の概念························ 1
中小企業の数···························· 7
中小企業の雇用者数··················· 8
中小企業の存立形態··················· 4
中小企業の定義························· 4

長寿企業··································37
倒産···17
倒産件数··································13
特別清算··································17
独立的な行動能力（a capacity for
  autonomous action）········· 58, 59

ナ

仲間型取引ネットワーク········ 210
二重構造論······························1, 2
任意再建··································17
任意清算··································17
能動的な行動（proactiveness）···· 58, 59

ハ

廃業率·····································17
破産手続··································17
繁栄理論（prospect theory）··· 201
東大坂地域··························· 210
ビジネスリンク（business link）··· 217
ファイブ・フォース··················50
不確実性··································48
ブリッジ（紐帯）·················· 209
分析型戦略（analyzer）·············58
ベンチャー企業·····················5, 34
ベンチャーブーム····················· 3
防衛型戦略（defender）·············57
ポジショニング························50
ボルトン委員会························· 8

マ

マネジメント・クッション···· 198

ヤ

有機的適応モード·····················51
有機的な組織構造·····················52

ラ

リスク・テイキング（risk-taking）··· 58, 59
リスク負荷··························· 195
リスクヘッジ························ 195
リスケ（リ・スケジューリング）··· 15
リビング・カンパニー··············37
流動性制約説··························46

ワ

ワンストップ・ショップ............ 217

■著者紹介

江島 由裕（えしま　よしひろ）
- 1963 年　大阪府生まれ
- 1986 年　立命館大学法学部卒業
- 1989 年　米国ピッツバーグ大学大学院公共政策・国際事情研究科修了 修士（MPIA）
- 1990 年　（株）三和総合研究所（現 三菱 UFJ リサーチ＆コンサルティング（株））研究員
- 1999-2002 年　岡山大学経済学部 客員助教授
- 2002-10 年　関西学院大学大学院総合政策研究科 客員助教授（07 年より客員教授）
- 2004 年　島根県立大学総合政策学部 助教授
- 2005 年　大阪経済大学経営学部 助教授
- 2010 年　上智大学 博士（経営学）
- 現　在　大阪経済大学経営学部 教授
  　　　　大阪経済大学中小企業・経営研究所 研究員

主要著書・論文

「創造的中小企業支援政策の評価」（単著,『一橋ビジネスレビュー』50 巻 2 号，2002 年）

"Impact of public policy on innovative SMEs in Japan", *Journal of Small Business Management*, Vol. 41 (1), 2003（単著）

『地域産業創生と創造的中小企業』（共著，大学教育出版，2004 年）

「新事業開発中小企業の生存要因分析」（単著，日本ベンチャー学会誌『VENTURES REVIEW』No.11, 2008 年：日本ベンチャー学会 学会論文賞（清成忠男賞））

"The influence of firm age and intangible resources on the relationship between entrepreneurial orientation and firm growth among Japanese SMEs." *Journal of Business Venturing*, Vol. 28 (3), 2013（共著）.

■創造的中小企業の存亡
——生存要因の実証分析——　（大阪経済大学研究叢書第 80 冊）

■　発行日——2014年2月26日　初版発行　　　　〈検印省略〉

■　著　者——江島 由裕

■　発行者——大矢栄一郎

■　発行所——株式会社 白桃書房
　　　〒101-0021　東京都千代田区外神田5-1-15
　　　☎ 03-3836-4781　📠 03-3836-9370　振替 00100-4-20192
　　　http://www.hakutou.co.jp/

■　印刷・製本——シナノパブリッシングプレス

© Yoshihiro Eshima　2014　Printed in Japan　ISBN 978-4-561-26626-6　C3034

本書のコピー，スキャン，デジタル化等の無断複製は著作権法上での例外を除き禁じられています。本書を代行業者等の第三者に依頼してスキャンやデジタル化することは，たとえ個人や家庭内の利用であっても著作権法上認められておりません。

JCOPY　〈(社)出版者著作権管理機構 委託出版物〉
本書の無断複写は著作権法上での例外を除き禁じられています。複写される場合は、そのつど事前に、(社)出版者著作権管理機構（電話 03-3513-6969, FAX 03-3513-6979, e-mail : info@jcopy.or.jp）の許諾を得てください。

落丁本・乱丁本はおとりかえいたします。

好評書

山田幸三 著
新事業開発の戦略と組織
—プロトタイプの構築とドメインの変革—
本体価格 2800 円

上野恭裕 著
戦略本社のマネジメント
—多角化戦略と組織構造の再検討—
本体価格 3600 円

川村稲造 著
企業再生プロセスの研究
本体価格 3300 円

加藤厚海 著
需要変動と産業集積の力学
—仲間型取引ネットワークの研究—
本体価格 3300 円

伊藤博之 著
アメリカン・カンパニー
—異文化としてのアメリカ企業を解釈する—
本体価格 4200 円

古瀬公博 著
贈与と売買の混在する交換
—中小企業M&Aにおける経営者の葛藤とその解消プロセス—
本体価格 4600 円

平井孝志 著
日本企業の収益不全
—収益性向上のための最適成長速度—
本体価格 3000 円

東京 白桃書房 神田

本広告の価格は本体価格です。別途消費税が加算されます。